Heilender Dienst

D1917073

Bernhard Häring

Heilender Dienst

Ethische Probleme
der modernen Medizin

Bibliothek
* BASEL *
Borromäum

Grünewald

© 1972 by Matthias-Grünewald-Verlag, Mainz
ISBN 3 7867 0366 3
Umschlag: Kröhl/Offenberg
Gesamtherstellung: Butzon & Bercker, Kevelaer

Inhalt

Vorwort

Bald nach dem Konzil bat mich der italienische Verlag Editioni Paoline, das mehrfach aufgelegte Buch von Healey, Moral und Medizin, in seiner italienischen Ausgabe neu zu bearbeiten. Das Buch war sowohl in englischer wie in italienischer Ausgabe sehr erfolgreich gewesen. Nach einer Überprüfung des Inhaltes nach Aussage und Aussageweise kam ich jedoch zum Schluß, daß es leichter sein würde, ein völlig neues Buch zu schreiben, als dieses gewiß verdiente Werk im Lichte des medizinischen Fortschritts und des interdisziplinären Dialogs neu zu bearbeiten. Nach einigem Zögern versprach ich dem Verlag, ein neues Buch vorzubereiten. Seitdem stand in den Verlagsprospekten »Medizinische Ethik, in Vorbereitung, von Bernhard Häring«.

Trotz meiner vielfältigen Interessen und Aufgaben verlor ich dieses Projekt nie aus den Augen. Kein anderes Gebiet der Moral war für mich eine größere Herausforderung. Seit etwa 15 Jahren hat sich kein Moraltheologe erkühnt, dieses Gebiet systematisch zu bearbeiten. Die letzten Jahrzehnte bedeuten eine wahre Revolution auf dem Gebiet der Medizin. Und ähnlich tiefgreifend ist die Neubesinnung der katholischen Moraltheologie, oder besser gesagt: der ökumenischen Ethik. Wir können nicht mehr einfach die einmal gegebenen Antworten wiederholen, denn die Fragen und die Fragestellungen sind völlig neu. Wir wissen zudem als Theologen um die Grenzen unserer Zuständigkeit. Wir müssen uns einem sehr anspruchsvollen, aber auch sehr bereichernden Dialog mit den anderen Disziplinen stellen.

Mein dem italienischen Verlag gegebenes Versprechen wäre vielleicht nie erfüllt worden ohne das Angebot von Schwester Gabriele L. Jean, Professor der klinischen Psychologie an der Universität von Road Island, ihr vorlesungsfreies Jahr ganz zur Mitarbeit zur Verfügung zu stellen. Das ganze akademische Jahr 1970/71 war eine Zeit intensivster Zusammenarbeit. Bei ihrer Zuständigkeit sowohl in Biologie wie in Psychologie konnte sie vor allem behilflich sein in der Auswahl und Ordnung der Literatur, die durchzuarbeiten war. Darüber hinaus half sie weithin bei der endgültigen Formulierung der einzelnen Titel. Ich möchte ihr hier meinen herzlichsten Dank aussprechen.

Unschätzbare Hilfe leistete Frau Claire Couchon, Bibliothekarin am Fatima-Hospital in Nord-Providence. Unermüdlich forschte sie in den medizinischen Zeitschriften nach den Aufsätzen, die ethische Fragen betreffen, und machte sie mir – auch in Form von Kopien – zugänglich. Wenn immer ich weiterer Dokumentation bedurfte, war sie zu Diensten.

Die Arbeit wurde gefördert durch meine Aufgabe, an der Academia Alphonsiana medizinische Ethik zu dozieren für Männer, die sich in Fragen der Moraltheologie spezialisieren. Eine Reihe von Vorlesungen an der medizinischen Fakultät in Bologna boten mir ausgezeichnete Gelegenheit, strittige Fragen zu diskutieren. Einen herzlichen Dank möchte ich Fräulein Anna Valentinin, Dr. habil. der Medizin, Assistentin an der medizinischen Fakultät Bologna, aussprechen. Sie arbeitete den ganzen Entwurf im Blick auf den Dialog mit der medizinischen Disziplin durch. Unter den Ärzten, die mein Manuskript durcharbeiteten und mir Anregungen und Kritik gaben, möchte ich ganz besonders Dr. James J. Scanlan, Direktor des Gesundheitsdienstes am Road-Island-College, erwähnen. Ich übernahm eine ganze Reihe von seinen Anregungen. Ich danke auch Dr. med. Götze-Claren, der meine Vorlesungen regelmäßig hörte und mit mir die Fragen durchdiskutierte.

1. Kapitel

Der »Sitz im Leben« der medizinischen Ethik

Einen Gesamtentwurf einer medizinischen Ethik verfassen zu wollen, ist heute ein nicht geringes Wagnis. Eine Moraltheologie, die sich in einem tiefgreifenden Prozeß der Selbstbesinnung befindet, läßt sich hinterfragen von einer Medizin, die ihrerseits nicht nur durch epochemachende Fortschritte, sondern auch durch ein neues Selbstverständnis gekennzeichnet ist. Die zum Teil atemberaubenden Möglichkeiten des Menschen, seine eigene Natur umzugestalten, haben ihren Sitz im Leben im Gesamt der modernen Kultur, die rückblickend ganz neue Einsichten über Evolution und Entwicklung gewonnen hat und gleichzeitig die bestehenden Kulturen mit ihrem verschiedenen Menschenbild vergleicht. Der Mensch des technischen Zeitalters hat sich eine neue Umwelt geschaffen und erlebt ihre Rückwirkungen auf seine Natur. Nun ist er daran, nicht nur sich gegen die Rückwirkungen zu schützen, sondern auch planend einen Menschen zu entwerfen, der in dieser neuen Welt daheim sein soll.
Die Geschichte der Medizin und der medizinischen Ethik kann nur im jeweiligen Kulturraum und auf dem Hintergrund der jeweiligen Weltanschauung verstanden werden. Ein magisches Weltverständnis brachte den Zauberer hervor, der dann zugleich als Medizinmann funktionierte. In der sakralen Verfassung der Kultur der semitischen Völker wie auch Israels und vieler anderer Kulturen war es nur natürlich, daß der Priester zugleich auch als Arzt diente. Der ethische Prophetismus bestand vor allem auf einer geheimnisvollen Verbindung zwischen Sünde und Krankheit; sein Ruf zur Umkehr enthielt ein Versprechen der Heilung. Mystizismus und esoterische Religionen der Eingeweihten förderten eine Symbiose von Ritualismus und primitiver Psychotherapie.
Die ärztliche Kunst und medizinische Ethik der Schule des Hippokrates wäre unverständlich ohne den Fortschritt der griechischen Naturphilosophie und ohne eine beginnende Entsakralisierung des Verständnisses von Krankheit und Tod. Doch der Einfluß religiöser Überzeugungen darf nicht unterschätzt werden. Die Begegnung zwischen hippokratischer Medizin und stoischer Moralphilosophie führte zu einer neuen Form der Sakralisierung: Die Natur (physis) galt als heilig und forderte zur Ehrfurcht vor dem Weltgeist auf.
Medizinische Praxis und Wissenschaft des Mittelalters und der beginnenden Neuzeit sind beeinflußt von dem Konflikt zwischen semitischer und griechischer Weltanschauung, zwischen der ethischen Sakralisierung der gegebenen

Natur und einer neuen Bewußtseinshaltung, in der der Mensch sich für sich selbst und seine Natur verantwortlich fühlt. Der Einfluß des Aristotelismus auf die arabische Medizin und von dort auf unsere europäische Kultur darf wohl nicht unterschätzt werden.

Die grandiose Entwicklung der Medizin innerhalb des Bereiches der Naturwissenschaften trug zu einer weiteren Desakralisierung der gegebenen Natur bei und erweiterte so den Raum eines möglichen medizinischen Eingriffs. Die Medizin erwirbt nicht nur eine größere Kenntnis der natürlichen Determinismen und Gesetze, sondern lernt auch, dieselben einzufangen und in den Dienst der leidenden Menschheit zu stellen. Die moderne Medizin hat sich fast restlos von jeder Sakralisation befreit und zögert nicht mehr, physische Prozesse umzukehren, wenn dies dem Wohl des Menschen dient.

Darf man seine Überzeugung, daß die gegebene Natur (physis) für die menschliche Person und nicht die menschliche Person für die physis gemacht ist, in Beziehung setzen zu dem Wort des Herrn: »Der Sabbat ist für den Menschen gemacht, und nicht der Mensch für den Sabbat«? Vor allem die anthropologische Schule der Medizin hat deutlich diese Resakralisierung herausgearbeitet, wobei die Würde der menschlichen Person als ein absolut als heilig anzusehender Wert in den Vordergrund rückt.

Der Vorgang der Säkularisierung hat einen Punkt erreicht, in dem die Moraltheologie die Autonomie der Medizin ernster zu nehmen hat. Anderseits ist im Bereich der Medizin das Bewußtsein vertieft, daß sie nur im Geiste des Ganzen und damit im Hinhören auf alle Stimmen der Menschheit ihren Dienst zu erfüllen vermag. Beschränkt sich die Medizin auf das bloße Blickfeld der Naturwissenschaften, so kann sie einer totalen Desakralisierung nicht nur der Natur, sondern der menschlichen Person selbst zum Opfer fallen. Das bedeutet die Gefahr eines entwürdigenden Materialismus, der sehr deutlich hervortritt in jenem Feldzug zugunsten der Abtreibung, wobei letztlich allein Nützlichkeitsgründe den Ausschlag geben sollen. Anderseits treibt die mythische Weltauffassung neue Sprößlinge: Ich denke nicht nur an die »Christian Science« (Christliche Wissenschaft, eine Sekte, die mit bloßem Gebet heilen will) und an das Hoffen auf Erlösung durch LSD, sondern auch an gewisse Übertreibungen der psychosomatischen Medizin und an den Mythus der *libido* von Sigmund Freud.

Ohne das Anliegen der Säkularisierung aus dem Auge zu verlieren, wendet dieser Versuch einer Gesamtdarstellung der medizinischen Ethik sein Augenmerk ganz besonders auf die Resakralisierung der menschlichen Person, d. h. die Ehrfurcht vor der Heiligkeit der menschlichen Person vor Gott in ihrer Fähigkeit, echte Liebe auszutauschen, in ihrer Verantwortung für die Welt des Menschen. Dabei macht sie viele Anleihen bei der anthropologischen Medizin, wie sie z. B. Viktor von Weizsäcker und Viktor von Gebsattl entwickelt haben.

An diesem Wendepunkt der Geschichte muß sich die medizinische Ethik den neuen Herausforderungen des Fortschritts stellen, aufmerksam gegenüber dem Reichtum der Tradition, aber auch mit einem geschärften Bewußtsein von der Neuheit der Situation und neuer Einsichten, mit neuen Perspektiven und einer wachsenden Verantwortungsbereitschaft für die Zukunft der Menschheit.

1. Selbstverständnis der Medizin und Dialog zwischen den Disziplinen

Der Fortschritt auf dem gesamten Feld der Medizin übt einen stets nachhaltigeren Einfluß auf das ganze menschliche Leben aus. Die Medizin und ihre vorbeugenden Maßnahmen begleiten die menschliche Person vom Augenblick der Empfängnis bis zur Stunde des Todes. Aber das ist nicht alles. Der Fortschritt sowohl der medizinischen Wissenschaft wie der Praxis hat zu tiefreichenden Veränderungen der menschlichen Lebensbedingungen geführt, und die Medizin der Zukunft wird noch größere Macht ausüben.

Die Medizin häuft immer mehr Erfahrung über Leib und Geist des Menschen an, sie führt zu neuen Einsichten in die Natur und Personhaftigkeit des Menschen und die mannigfachen Wechselwirkungen zwischen menschlichem Dasein und Daseinsraum. Die medizinische Forschung und der Gesamtberuf der Ärzte weitet das Interesse immer mehr auf das Verhältnis des Menschen zu seinem Milieu und dessen Einfluß auf leibliche und seelische Gesundheit aus.

Solange sich die Medizin hauptsächlich auf symptomatische Behandlung und die Sorge für die Gesundheit der Einzelperson beschränkte, konnte sie es wagen, ihren Sinn und ihre Aufgabe innerhalb der menschlichen Gesellschaft selbst zu bestimmen und jeweils zu modifizieren. Sie konnte sich freilich nie von der Reflexion über den Sinn menschlichen Daseins und über ihre Ortsbestimmung innerhalb der Gesamtkultur dispensieren. Heute ist es der ärztlichen Berufsgemeinschaft schlechthin unmöglich, einer radikalen Neubesinnung über ihr Selbstverständnis und dem interdisziplinären Dialog auszuweichen. Die Medizin trägt heute eine unerhörte Verantwortung für das Wohl, das Wohlbefinden und die Daseinserhellung des Menschen. Ganz neue Möglichkeiten der Manipulation, ständige Ausweitung der Prophylaxe, immer realistischere Zukunftsplanung, die nicht nur die einzelne Nation, sondern die ganze Menschheit umfaßt, legen der ärztlichen Berufsgemeinschaft neue Verantwortungen auf.

In dieser Situation brauchen die Ethiker und Moraltheologen den Ärzten nichts zu sagen über die Notwendigkeit eines gemeinsamen Ringens um ihr Selbstverständnis. Es ist vielmehr die Ärzteschaft selbst, die im Wahrnehmen der neuen Situation und der Überprüfung des traditionellen Ethos den Dialog mit den anderen Fakultäten sucht.

In der eben abgelaufenen Epoche der Medizin bestand bisweilen die ernste Gefahr, daß die Medizin in einseitiger Blickrichtung auf ihre eigenen Erfahrungen mit Methoden und Praktiken so etwas wie eine eigenständige Anthropologie oder Wissenschaft vom menschlichen Dasein entwickelte. Wie jede Berufsgemeinschaft so ist auch der Arzt der Gefahr der Berufskrankheit ausgesetzt, d. h. einer einseitigen Blickrichtung, die von seiner Tätigkeit her bestimmt ist. In der Medizin bedeutete das eine einseitige Auffassung vom Menschen, die sich ihr Gesetz von den Methoden der Diagnostik und von dem vorherrschenden Gebrauch der naturwissenschaftlichen Erkenntnisse auferlegen ließ. Will man jedoch der Medizin Gerechtigkeit widerfahren lassen, so muß mit Bewunderung anerkannt werden, daß der ärztliche Berufsstand mehr als andere Berufe und wissenschaftliche Gruppen immer wieder nach dem Sinn des Ganzen suchte. Und wenn es zu einer Aufspaltung und einseitigen Blickrichtung innerhalb der Medizin kam, so galt ähnliches für Philosophie und Theologie. Im gegenwärtigen Wendepunkt der Geschichte ist die medizinische Wissenschaft in einem hohen Grad vom Bewußtsein charakterisiert, daß sie sich nicht in den elfenbeinernen Turm ihrer eigenen Methoden und Sichtweisen einschließen darf.

Die anthropologische Schule der Medizin in ihren verschiedenen Zweigen wie psychosomatische Medizin und klinische Psychologie hat einen bedeutsamen Schritt nach vorwärts getan in dem gesamten Selbstverständnis der modernen Medizin. Die sozialen Dienstleistungen der Medizin und vor allem die vorbeugende medizinische Planung lenkten die Aufmerksamkeit auf die Wechselwirkungen zwischen Gesundheit und dem Zustand der Familie, der Arbeitswelt, der Freizeitgestaltung, der Struktur der Gesellschaft, des Staates und der Kirche. Hervorragende Vertreter der Ärzteschaft werden zu prophetischen Stimmen, die nicht nur das Gewissen in bezug auf Luft- und Wasserverschmutzung schärfen, sondern auch nach menschlicheren Lebensbedingungen rufen, die die Würde und Gesamtgesundheit der menschlichen Person schützen und fördern. Die prophylaktische Medizin ist nicht denkbar ohne Erforschung des gesamten Lebensraums und der Lebensbedingungen des Menschen.

Die Medizin steht im fortwährenden interdisziplinären Dialog über die drängendsten Probleme der Menschheit. Die ärztliche Berufsgemeinschaft hat ein Wort zu sagen über Wasser- und Luftverschmutzung, über die vielseitigen Bevölkerungsprobleme, die psychologischen Auswirkungen der modernen Städteanballungen, die verheerenden Wirkungen vieler Slums, über die Auswirkungen des gegenwärtigen Gebrauchs der Massenmedien, über die verminderte Fähigkeit eines Großteils der Menschheit zum Ertragen von Leiden und nicht zuletzt über die atemberaubenden Ausblicke eugenischer Gefahren und eugenischer Planungsmöglichkeiten für die Zukunft der Menschheit. Mit der Akzentverschiebung von einer einseitigen Therapie hin zur vorsorgenden und verhütenden Planung verschiebt sich die Blickrichtung von der Gegenwart zur Zukunftsverantwortung der Medizin, von einem mehr individualistisch bestimmten Verhältnis zwischen Arzt und Patient zu einer sozial bestimmten Verantwortung der gesamten ärztlichen Berufsgemeinschaft für das Gesamt der menschlichen Gesellschaft. Der Übergang vom Hausarzt zu den zahlreichen Teams von Ärzten, Pflegern und Spezialisten im modernen Krankenhaus und in der medizinischen Forschung hat weitreichende Auswirkungen. Die Medizin sucht ihr Selbstverständnis in dem neuen kulturellen Kontext, der gekennzeichnet ist durch den Übergang von einem starken Individualismus zu einer immer ausgeprägteren Form der Sozialisation der modernen Lebenserfahrung.

Die großen Siege der Medizin sind die Ursache von ernsten Problemen, die die ganze Menschheit beschäftigen. Die plötzliche Verlängerung des durchschnittlichen Lebensalters und die drastische Herabsetzung der Kindersterblichkeit haben in vielen Teilen der Welt zu einer Bevölkerungsexplosion geführt, die neue Probleme für den Arzt und für die gesamte Menschheit mit sich bringt. Immer mehr wird man sich auch bewußt, wie sehr die Verlängerung des Lebens von Personen mit einem belasteten eugenischen Erbe, die in vergangener Zeit keine Nachkommenschaft gehabt hätten, neue Verantwortungen für die Erbgesundheit der zukünftigen menschlichen Generationen stellt. Die medizinische Berufsgemeinschaft, die die Rückschläge und Seitenwirkungen des medizinischen Fortschritts ständig vor Augen hat, kann die Verantwortung nicht allein tragen. Sie sucht nach Lösungen in absoluter Solidarität mit anderen Disziplinen und mit den Eliten der gesamten Gesellschaft und der Kirche.

In der Vergangenheit erfreute sich der Arzt einer ausgezeichneten Freiheit in seinen selbstgewählten Beziehungen mit den Familien seiner Patienten, die seine Dienste dankbar anerkannten und seine Freiheit schützten. Heute ist in den meisten Ländern der medizinische Dienst sozialisiert. Das Recht auf ärztliche Hilfe ist als eines der Grundrechte der menschlichen Person anerkannt und geschützt. Diese neue Situation führt unvermeidlich zu einer Sozialisierung des Berufsstandes selbst. Der Arzt reiht sich ein in die vielfältigen sozialen Dienste und erfährt seine Abhängigkeit in Zusammenarbeit mit Krankenversicherungen und anderen sozialen Einrichtungen. Das ist ganz besonders der Fall in den sozialistischen Ländern Osteuropas und, wenn auch in anderer Weise, in den skandinavischen Ländern und in England. Die Entwicklung auf dem europäischen Kontinent und auch anderswo weist in dieselbe Richtung.

Die Ärtzeschaft ist insbesondere durch ihre Berufsvereinigungen eine soziale Kraft, die sich in den meisten weitreichenden Entscheidungen der modernen Gesellschaft Gehör zu verschaffen weiß. Außer den bereits genannten Gebieten wie der Luft- und Wasserverschmutzung, der Bevölkerungsexplosion und der eugenischen Fragen erheben die Ärzte ihre Stimme nicht nur warnend gegen maßloses Rauchen, sondern auch gegen die Methoden der Werbung. Sie haben ein wichtiges Wort zu sagen über die Lebensbedingungen, die zu Süchtigkeit, vielfältigem Mißbrauch von Alkohol und Rauschgift führen. Von der Stellungnahme der Ärzte hängt nicht nur die streng therapeutisch indizierte Schwangerschaftsunterbrechung ab, sondern auch die Gesamteinstellung zu den Problemen der Abtreibung. Die Fragen der Medizin und der Jurisprudenz berühren sich in zahllosen Fällen.

Der rasche Fortschritt auf dem gesamten Feld der Pharmazeutik, der technischen Hilfsmittel der Medizin und der chirurgischen Kunst – um nur einiges zu erwähnen: die Antibiotika, die Virusforschung, Organübertragung, die sich abzeichnenden Aussichten auf dem Feld der Eugenik und die neuen Einsichten in die Biochemie –, all das stellt neue Fragen an uns. Zum Beispiel: Was ist die Natur des Menschen? Wo und wann beginnt menschliches Leben? Was ist der Augenblick des Todes? Wo beginnen die Grenzen der unzulässigen Manipulation? Welche Art biochemischer, pharmazeutischer, chirurgischer oder psycho-therapeutisch-analytischer Behandlung gefährdet die Identität der menschlichen Person? Die Medizin stellt diese Fragen auch an uns Theologen. Dies ist der Kontext, in dem die medizinische Ethik ihre Aufgabe zu erfüllen sucht. Die Moraltheologen wissen, daß sie nicht zuerst ihre Fragen der Ärzteschaft vorlegen dürfen, sondern daß es ihre erste Aufgabe ist, auf die Ärzteschaft zu hören, sich eine möglichst breite Information zu verschaffen und auf die von der Medizin selbst gestellten Fragen einzugehen.

Es sind ja doch nicht nur die Ärzte, die uns befragen. Angesichts der Neuheit der Möglichkeiten und Aussichten auf die Zukunft stellt sich jeder denkende Mensch auf neue Weise solche Fragen: Was ist der Sinn des Lebens, dem der Arzt dienen soll? Was ist der Wert der immer mehr in Aussicht stehenden Verlängerung des Lebens, und was bedeutet der Tod angesichts neuer Möglichkeiten, den Kampf gegen ihn zu verlängern? Wo liegen die Grenzen der Freiheit und Verantwortung der Medizin, die durch den wirksamen Schutz erblich schwer belasteter Personen, die ihr unglückliches Erbe weitergeben können, zur Verschlechterung des Erbstroms und möglicherweise auch zu einer wesentlichen Verminderung des Gesamtvermögens menschlicher Freiheit beitragen? Müssen und dürfen Medizin und die Verantwortlichen in der menschlichen Gesellschaft untätig zuschauen, wie die ungesunden Wohnungsverhältnisse und ein unnatürlicher Lebensstil der technisierten Gesellschaft weithin das menschliche Erbgefüge prägen? Könnte nicht die Verantwortung für Bewahrung und Ausweitung des menschlichen Freiheitsvermögens die Ärzteschaft und die Gesellschaft verpflichten, diesen Folgen konstruktiv entgegenzuwirken? Wo liegen die Grenzen einer solchen konstruktiven Gegenwirkung?

Das Ausmaß, in dem moderne Medizin Macht über biologische Gesetzlichkeiten und Determinismen gewonnen hat, wird sich immer mehr auf die Entfaltung oder aber Verminderung der menschlichen Freiheit auswirken. Es dürfte wohl jedermann einleuchten, daß in dem neuen sozialen und kulturellen Kontext die medizinische Ethik sich nicht erlauben kann, sich diesen Fragen in einer individualistischen Blickrichtung zu stellen, die für die vergangenen Jahrhunderte typisch war. Wir sind gezwungen, einen kühnen Schritt vorwärts zu wagen in einem Verständnis der Freiheit, das der Gesamtverantwortung für die Menschheit, ihren Lebensraum und ihrer Zukunft entspricht. Die Freiheit aller und die Entfaltung der Freiheit eines jeden einzelnen ist zu einer vordringlichen Sorge der gesamten Menschheit geworden. Auch diesbezüglich erleben wir einen Vorgang der Desakralisierung in dem Sinne, daß wir nicht mehr an früheren Modellen des Freiheitsverständnisses festhalten können, als ob sie tabu oder »heilig« wären. Die der neuesten Menschheitsgeschichte eigene Betonung der Freiheit in einem breiteren sozialen und kulturellen Raum, was mir für die medizinische Ethik grundlegend zu sein scheint, kann uns jedoch in entscheidenden Punkten irreführen, wenn wir nicht sorgfältig ihren Sinn erforschen.
Es ist unsinnig, zu erwarten, daß die ärztliche Berufsgemeinschaft diese Fragen allein mit den Theologen bespricht und zu lösen versucht. Die ganze Menschheit muß ihre besten Fähigkeiten mobilisieren und den Dialog aller kompetenter Kreise erleichtern, um annehmbare Sichtweisen und Antworten zu finden. Der Moraltheologe will sich mutig, aber auch bescheiden in diesen andauernden Dialog einschalten. Er kann sich nicht mehr als den Mann ansehen, der auf alles bereitgelegte Antworten hat. Sein Hauptbeitrag liegt wohl darin, auf den Horizont und die Sichtweisen hinzuarbeiten, die die Prüfung so schwerwiegender Probleme der modernen medizinischen Welt erlauben. Wo immer die Ehrfurcht vor der Würde der menschlichen Person und der Entfaltung ihrer Freiheit oder andere grundlegende Rechte bedroht sind, sollte er eine prophetische Stimme sein. Er kann jedoch nur hoffen, Gehör zu finden, wenn er um die Grenzen seiner Zuständigkeit weiß und in diskutierbaren Dingen sich Zurückhaltung auferlegt.

2. *Kenntnis des Menschen als Grundlage der Ethik*

Das Kennen des Menschen ist die erste Grundvoraussetzung jeder Behandlung ethischer Fragen. Das tritt ganz deutlich in den Vordergrund, wenn wir uns den großen Problemkreisen stellen, mit denen es die Medizin von heute zu tun hat. In der entscheidenden Frage »Was ist der Mensch?« hat der Moraltheologe jedoch kein Monopol. Er ist eine, wenngleich wichtige Stimme im großen Konzert all der Wissenschaften, denen es um das Kennen des Menschen zu tun ist.

Ein Wort von Erich Fromm drückt wohl am besten die Einstellung unserer humanistischen Partner im Dialog aus, wenn er schreibt: »Ethische Normen gründen auf unserer Kenntnis der Natur des Menschen, und nicht auf Offenbarung oder menschlichen Gesetzen oder Übereinkünften[1].« Ein Großteil heutiger Theologen stößt sich kaum an diesem Wort oder findet es doch in einer gewissen Erklärungsweise annehmbar. Wir können wohl sagen, daß Gott nicht unmittelbar ewig gültige Imperative offenbart. Er offenbart seine eigene Liebe zum Menschen, und die Offenbarung hilft uns zum Kennen des Menschen im Lichte dieser Liebe und im Lichte dessen, was wir sonst über den Menschen wissen. Wenn Karl Rahner seine Theologie anthropozentrisch nennt, so will er nicht den Menschen zum Schaden der Anbetung in den Mittelpunkt stellen, aber er hebt heraus, daß in der Offenbarung die Liebe Gottes zum Menschen und die Offenbarung des Heilswegs des Menschen die Mitte ausmacht. Wir glauben an den, der »um unseres Heiles willen« Mensch geworden ist. Die Wortoffenbarung und vor allem die Offenbarung des Vaters in seinem Mensch gewordenen Worte steht für uns Gläubige im Mittelpunkt, wenn es uns um das Kennen des Menschen und seiner Berufung geht. Das gibt uns jedoch weder ein Monopol noch auch einen Anlaß, selbstzufrieden zu sein, als ob wir eine statische Kenntnis hätten, die keiner Ergänzung bedürfe. Gott offenbart seine Macht und Gottheit in all seinen Werken, die Tatworte sind (vgl. Röm 1, 20). Unser Begriff von Offenbarung verpflichtet uns zu einem ständigen Mühen um ein besseres empirisches Kennen des Menschen, im Austausch der menschlichen Erfahrungen und zu einer gemeinsamen Reflexion über den Sinn der Erfahrungen.

Medizinische Forschung und Praxis ist ein ganz unersätzlicher Beitrag für das Kennen des Menschen. Es ist also nicht so, als ob die Moralthologie von sich aus den Medizinern alles sagen könnte, was das Kennen des Menschen betrifft. Es trifft vielmehr umgekehrt zu, daß die medizinische Praxis und Forschung uns ganz unersätzliche Dienste für ein stets besseres Kennen der menschlichen Natur und Berufung leistet. Eine an der heilsgeschichtlichen Offenbarung orientierte Moraltheologie weiß sehr wohl um die Notwendigkeit einer ständigen Vertiefung des Kennens der menschlichen Natur. Die Moraltheologie von heute argumentiert weniger als die des letzten Jahrhunderts mit einem abstrakten, individualistischen und statischen Begriff der Natur des Menschen. Sowohl Moralpsychologie wie Kulturethik wenden dem Wachstumsgesetz ganz besondere Aufmerksamkeit zu. Christliche Moral sollte immer gekennzeichnet sein von den großen Tugenden der Wachsamkeit für die realen Möglichkeiten und des Mutes zum Wagnis. Da eine möglichst umfassende und gründliche Kenntnis des Menschen der Aus-

[1] Erich Fromm, The Heart of Man, NewYork 1962, 13.

gangspunkt sowohl der philosophischen wie der theologischen Ethik ist, kann die Moraltheologie nicht auf den Beitrag irgendeiner Wissenschaft verzichten, die uns hilft, das Werden und Wesen des Menschen besser zu verstehen. Ganz besonders schätzenswert ist der Beitrag der Individual- und Sozialpsychologie, der Entwicklungspsychologie, der vergleichenden Kulturwissenschaft, der Soziologie und Anthropologie; aber auch Geschichtswissenschaft, Ethnologie und sogar Paläontologie haben einen Beitrag zu leisten. Der ständige Dialog mit vielen anderen Disziplinen gehört zum eigentlichen Ethos des Moraltheologen. Und gerade an diesem Punkte trifft er sich mit den Besten medizinischer Wissenschaft. Die Medizin hat immer wieder über den letzten Sinn des Menschen nachgedacht, und heute wird sie sich in ganz besonderer Weise bewußt, wie gefährlich und verarmend für sie eine Begrenzung auf die bloße Biochemie und die physischen Gesetzlichkeiten wäre.

Sowohl Medizin wie auch christliche Ethik haben viel zu lernen von der phänomenologischen Schule von Edmund Husserl. Die Phänomenologie hat gut herausgearbeitet, wie all unsere Gedankenvorgänge, insbesondere aber die Formung wissenschaftlicher Begriffe und Systeme von einer jeweils typischen Reduktion charakterisiert sind: Begriffe und wissenschaftliche Systeme sind nie das Gleiche wie die totale Wirklichkeit. Achtet jedoch der Mensch auf die jeweils eigentümliche Reduktion und auf die Tendenz zu ungebührlichem Reduktionismus, so wird es ihm leichter sein, den Geist des Ganzen zu finden und zu bewahren.

Das Wissen um diese besondere Verfaßtheit der Wissenschaft und auch philosophischen Denkens ist ein ganz besonderer Antrieb zum Dialog zwischen den verschiedenen Disziplinen. Er kann vielen falschen Reduktionen vorbeugen. Aus dem gleichen Grund wird sich philosophische und theologische Ethik hüten, als »Königin der Wissenschaften« zu triumphieren, als ob es ihr gestattet wäre, den anderen Wissenschaften ihre Methode aufzuerlegen. Im Gegenteil wird sie von der Methodologie der verschiedenen Wissenschaften lernen, sich vor Einseitigkeit zu bewahren. Dann kann es ihr bis zu einem gewissen Grade gelingen, die von verschiedenen Wissenschaften gebotenen Erkenntnisse in einer integrierenden Schau zu sichten und zusammenzufassen. Die dieser Erkenntnis entspringende ständige Offenheit und Bereitschaft zur Revision der eigenen Position und Sicht muß durchaus nicht zu einem an der Wahrheit verzweifelnden Relativismus führen. Das Wissen um den Standort und die Sicht und das Annehmen der Begrenztheit gibt im Gegenteil dem Suchen nach Wahrheit Zuversicht.

Besonders auf dem Gebiet der medizinischen Ethik profitiert Moraltheologie von der phänomenologischen Sicht, die sich die medizinische Wissenschaft schon weitgehend zunutze gemacht hat. Die Moral lernt von all den medizinischen Schulen, von der medizinischen Praxis, von der enormen Gewissenhaftigkeit und Aufgeschlossenheit medizinischer Forschung und von der Art und Weise, wie im Vorgang der Forschung sich die Fragen stellen. Je mehr es dem Ethiker gelingt, die Arbeits- und Denkweise der Mediziner zu verstehen, um so eher wird es ihm gelingen, die von der Medizin an ihn gerichteten Fragen sachgerecht aufzugreifen und für seine eigenen Fragen Gehör zu finden.

Die katholische Moraltheologie ist vor allem in Bewegung gekommen durch die ausdrückliche Erklärung der Autonomie der verschiedenen irdischen Sachbereiche und Wissenschaften. »Wenn wir unter Autonomie der irdischen Wirklichkeiten verstehen, daß die geschaffenen Dinge und auch die Gesellschaften ihre eigenen Gesetze und Werte haben, die der Mensch schrittweise erkennen, gebrauchen und gestalten muß, dann ist es durchaus berechtigt, diese Autonomie zu fordern. Das ist nicht nur eine Forderung der Menschen unserer Zeit, sondern entspricht auch dem Willen des Schöpfers. Durch ihr Geschaffensein selber nämlich haben alle Einzelwirklichkeiten ihren festen Eigenstand, ihre eigene Wahrheit, ihre eigene Gutheit sowie ihre Eigengesetzlichkeit und ihre eigenen Ordnungen, die der Mensch unter Anerkennung der den einzelnen Wissenschaften und Techniken eigenen Methode achten muß... Wer bescheiden und ausdauernd die Geheimnisse der Wirklichkeit zu erforschen versucht, wird, auch wenn er sich dessen nicht bewußt ist, von dem Gott an der Hand geführt, der alle Wirklichkeit trägt und sie in sein Eigensein einsetzt. Deshalb sind gewisse Geisteshaltungen, die einst auch unter Christen wegen eines unzulänglichen Verständnisses für die legitime Autonomie der Wissenschaft vorkamen, zu bedauern[2].«

Aus der Anerkennung der Autonomie der verschiedenen Sachbereiche und Wissenschaften folgert das Konzil, daß das Lehramt der Kirche »nicht immer zu allen einzelnen Fragen eine fertige Antwort bereithat; und so ist es ihr Wunsch, das Licht der Offenbarung mit der Sachkenntnis aller Menschen in Verbindung zu bringen, damit der Weg, den die Menschheit neuerdings nimmt, erhellt werde[3].«

Die moderne Medizin ist infolge der Breite ihrer Aufgabe und Forschungsgebiete weniger versucht als die Medizin früherer Zeiten, sich aus einer falsch verstandenen Autonomie in sich selbst abzukapseln. Sie ist gezwungen, selbst nach dem Geist des Ganzen zu fragen. Das ist ein Grund, warum sie den Dialog mit philosophischer und theologischer Ethik sucht, und das um so leichter, wenn ihre eigene Autonomie recht verstanden und anerkannt wird.

Wir sind uns bewußt, daß der interdisziplinäre Dialog stattfindet innerhalb einer pluralistischen Gesellschaft und einer änlich pluralistischen Christen-

[2] Pastoralkonstitution Gaudium et Spes Nr. 36. Die Dokumentation des Konzils verweist hier auf den bedauernswerten Fall Galileo Galilei.

[3] A. a. O. Nr. 33.

heit. Auch die katholische Kirche ist heute alles andere als ein monolithischer Block. Im Bewußtsein dieser neuen Situation wird sich der Moraltheologe in keiner Weise damit begnügen, Autoritäten aus vergangener Zeit von Aristoteles bis zu Thomas von Aquin und all die Enzykliken und Ansprachen vergangener Päpste zu zitieren. D. h. freilich nicht, daß er es sich erlauben kann, Einsichten, Erfahrungen und Bemühungen vergangener Jahrhunderte und die im Lehramt der Kirche zusammenfließende Weisheit kirchlicher Denker gering zu schätzen. Er bedarf jedoch zur Auswertung einer besseren Hermeneutik als vergangene Generationen von Moraltheologen. Er wird genauer unterscheiden zwischen dem, was das bleibende Licht des Evangeliums ist, und dem, was die zeitbedingten Versuche zur Deutung waren. Die Moraltheologie muß sich dem Dialog mit der modernen Wissenschaft und Erfahrung so stellen, daß sie wirksam zur Überwindung des Grabens zwischen Theologie bzw. kirchlicher Lehre und der modernen Medizin beitragen kann.

Vor einigen Jahren, noch vor dem Erscheinen der Enzyklika Humanae vitae Pauls VI., äußerte sich mir gegenüber ein angesehener katholischer Professor der Demographie in dem Sinn, daß es für die katholische Kirche, den Papst und die Theologen das Weiseste sei, genau an den Prinzipien und Formulierungen ihrer Lehre festzuhalten, um nicht unnötige Glaubensprobleme hervorzurufen. Und das könnten sie guten Gewissens tun, denn bei der Einstellung des modernen Menschen habe die kirchliche Lehre soviel wie keinen Einfluß auf die Bevölkerungsentwicklung. Der gute Mann hielt in seinem Privatgewissen an der Lehre von Casti connubii Pius' XI. fest, ließ sich aber als Fachmann der Demographie und Soziologie in keiner Weise von ihr berühren. Ich erwähne dieses erstaunliche Beispiel, weil wir ähnliche Einstellungen auch bei manchen Vertretern der Ärzteschaft finden können. In der Medizin ziehen sie sich auf einen rein wissenschaftlichen Standpunkt nach dem Modell der Naturwissenschaften und der technischen Möglichkeiten zurück, während sie in ihrem privaten Leben eine durchaus humanistische oder religiöse Sicht von der Berufung des Menschen vertreten. So entsteht eine Kluft zwischen ihrem privaten und beruflichen Leben. Der Moralist kann ein Stück der Verantwortung für diese Haltung tragen. Wenn er nämlich an alten Denkmodellen, an Formulierungen der vorwissenschaftlichen Epoche und alter Philosophen festhält und in dieser Haltung Lösungen für Probleme der modernen Medizin anbietet, ist er mitverantwortlich für die schizoide Tendenz jener, die nicht den Mut haben, einer solchen Lehrweise offen zu widersprechen.

Die gemeinsame Aufgabe der Medizin und Ethik ist enorm. Es geht nicht nur darum zu fragen, was erlaubte oder unsittliche Heilpraktiken sind. Es geht weit darüber hinaus, sogar weit über den Sinn der Krankheit und der sinnvollen Auseinandersetzung mit ihr um die letzten Fragen der Bedeutung menschlichen Personseins. Der Arzt erfährt immer wieder einen inneren Zusammenhang zwischen Krankheit und dem Suchen nach des Lebens letzter Bedeutung bzw. dem Verfehlen dieses Suchens. Je mehr sich der Arzt den ethischen Problemen seines Berufes stellt, um so mehr erfährt er den Zusammenhang zwischen einem bestimmten Verständnis der menschlichen Person und den Zielen und Methoden seiner Wissenschaft und Praxis.

Die medizinische Ethik stellt sich den Fragen, mit denen sich der Mediziner sowohl in Forschung wie Praxis zusammen mit der ganzen Menschheit konfrontiert weiß. Sie bietet ihren Beitrag an für die Zukunftsverantwortung der Medizin und der Gesellschaft insgesamt. Es ist vor allem die ärztliche Berufsgemeinschaft, die ihm die Fragen und die Fragestellung ins Ohr schreit. Er ist gefragt, ob er mithelfen kann im Suchen nach dem Geist des Ganzen, ob er bereit ist, sich mit seinem besonderen Charisma in diesen Prozeß des Lernens und Suchens einzuschalten.

2. Kapitel

Der Beitrag der Theologie zur medizinischen Ethik

Während es uns im vorausgehenden Kapitel vor allem um die Autonomie der medizinischen Wissenschaft und um die Regeln des Dialogs ging, wenden wir uns hier dem besonderen Beitrag der Theologie zu. Es kann hier um nicht mehr als um einen Versuch gehen, die hauptsächlichen Perspektiven zu gewinnen und jene Glaubenswahrheiten herauszustellen, die für eine christliche Sicht der medizinischen Ethik charakteristisch sind. Wie schon betont, liegt der Hauptbeitrag der Theologie nicht in fertigen Lösungen. Angesichts der Neuheit der Situation müssen wir die Lösungen aus vergangener Zeit immer wieder neu überprüfen. Aber das Licht des Glaubens, in dem wir alles neu betrachten, bleibt das gleiche.

1. Die Mitte des christlichen Glaubens und der Theologie ist Christus, der uns den liebenden Plan Gottes für den Menschen offenbart. Christus im Glauben kennen ist ein radikales und tätiges Ja zu allumfassender Brüderlichkeit im Lichte der Vaterschaft Gottes. Das gläubige Ja zu Gott, dem Schöpfer und Vater aller Menschen, ruft nach jener Anbetung, die ihre Echtheit im Einsatz für den Nachbarn und die irdische Gemeinschaft beweist. Christus ist für uns das Wort, in dem alle Dinge geschaffen sind, und der Punkt Omega, auf den die ganze Entwicklung der Welt und insbesondere der menschlichen Geschichte hinweist. Christus ist das letztgültige Wort an die Menschheit, das erlösende und heilende Wort. Er ist das lebenspendende Wort, das uns nie erlaubt, die Geschichte als etwas Abgeschlossenes zu betrachten. Er ist das Wort, das uns immer neu seine Wege weist. Das Schöpfungsdogma im christlichen Sinne und der Glaube an die ständige Gegenwart des Erlösers und Heilers erlaubt kein träges Ausruhen. Jesus antwortet den Juden, die ihm das Heilen am Sabbat verbieten wollen: »Mein Vater ist bis jetzt am Werk; und auch ich bin am Werk« (Joh 5, 17).

2. Das Dogma von der Menschwerdung des ewigen Wortes Gottes verlangt ein radikales Ernstnehmen nicht nur des Leibes und des leiblichen Lebens, sondern auch der Verantwortung für die materielle Welt, in der die Hominisation sich vollzieht und vollenden soll. Die Menschwerdung des Sohnes Gottes ist für uns ein heilendes Ereignis für den ganzen Menschen und den ganzen Kosmos. In diesem Licht sehen wir die großen Fragen nach der Natur des Menschen. Alles, auch die physische und psychische Natur ist der Gemeinschaft der Erlösten und jedem Erlösten individuell zur Verantwortung anvertraut. Das Dogma der Menschwerdung erlaubt wohl Unterscheidung, aber keine Trennung des Geistigen und Materiellen, keine Dichoto-

mie zwischen Seele und Leib. Es fordert uns ständig auf, nach der geheimnisvollen Solidarität mit der ganzen kosmischen Wirklichkeit zu forschen.
3. Die Offenbarung gibt uns eine eschatologische, aber nicht notwendig eine apokalyptische Orientierung. Mit dem Kommen des Sohnes Gottes im Fleische und mit der Auferstehung hat die Endzeit für uns schon begonnen. Das bedeutet dankbares Empfangen aller Reichtümer der Vergangenheit, Mittragen an der Bürde der vergangenen Geschlechter, Offenheit für das Hier und Jetzt, aber in der klaren Perspektive einer *theologia viatorum*. Die letzte Zielrichtung, das ewige Leben, »der neue Himmel und die neue Erde«, letzte Vollendung der Gemeinschaft der Erlösten, all das gibt uns ein letztes Ernstnehmen des gegenwärtigen Momentes in der Verantwortung für die absolute und für die nächste Zukunft. In diesem Lichte betrachten wir eine Reihe von Fragen der Medizin wie die Frage der Erbgesundheit, der Verantwortung für die Umwelt, die so sehr mitbestimmend ist für das Heil und Heilsein des Menschen. Wir glauben, daß wir von dieser Sicht Licht gewinnen für ein Verständnis der medizinischen Planung.
4. Wir versuchen, die Autonomie der medizinischen Wissenschaft und Praxis im Lichte des Schöpfungs- und Erlösungsdogmas zu sehen. Das bedeutet vor allem ein Bemühen um Integrierung, um den Geist des Ganzen. Es ist kein vorgefaßtes Schema. Diese Sicht bedeutet Warnung vor Selbstherrlichkeit und Selbstverschlossenheit. Sie gibt uns eine letzte Freiheit, für alle Fragestellungen offen zu sein und alles Neue einzubringen in die eine große Sicht des Glaubens an die Schöpfung und Erlösung.
5. Schrift und Überlieferung nennen Christus nicht nur Erlöser und Befreier, sondern auch Heiler und göttlichen Arzt. In dieser Sicht stellen sich Fragen und ergeben sich Perspektiven für das unergründliche Verhältnis zwischen Sünde und Krankheit, zwischen Erlösung, Heil und Heilung, Heilsein. Der Glaube an den Befreier, Erlöser und Heiler Christus ist ein gewaltiger Aufruf, alle Kräfte zu mobilisieren, um dem Heilsein, der Würde und Freiheit des Menschen zu dienen. Mit anderen Worten, wir sind überzeugt, daß der Glaube an die Erlösung keine Vertröstung auf ein bloßes Jenseits erlaubt, sondern daß ganz im Gegenteil die Erwartung einer alles Geschichtliche übersteigenden Heilung und Erlösung uns radikal zum Einsatz für Freiheit und Heilsein der Menschen in dieser Pilgersituation verpflichtet. Aber auch das teilweise Scheitern der Bemühungen um irdische Befreiung und Heilung treibt den Christen nicht in die Verzweiflung. Er findet auch hierin einen letzten Sinn.
6. Die Theologie sieht die Berufsethik im Lichte der vielfältigen Gaben Gottes. Sie sieht im ärztlichen Beruf ein ganz besonderes Charisma. Die Hingabebereitschaft der heilenden Berufe und ihre erstaunliche Kunst, die Kraft ihrer Liebe, die immer wieder Wunder ihrer Heilung bewirkt, all das ist ein Hinweis auf Christus, den Erlöser und Heiler.

7. Es sei hier an das erinnert, was im ersten Kapitel gesagt wurde über den unschätzbaren Beitrag der prophetischen Tradition, die in Christus ihre erfüllung erreicht hat. Die Erlösungstat und das prophetische Wort Christi befreien den Menschen und insbesondere den Arzt von jeder falschen Mystifizierung der Natur und geben ihnen den Auftrag, in voller Freiheit der Liebe all ihre Kräfte und Fähigkeiten einzusetzen für den Dienst an den Mitmenschen, ohne sich von irgendeinem Tabu hemmen zu lassen. Diese Wahrheiten der Offenbarung sind aber auch der absolute Schutz für die Würde und Heiligkeit der menschlichen Person. Sie helfen den Menschen zu einem wahren Selbstverständnis im Blick auf seine totale Berufung.

8. Der Glaube an das Leiden, den Tod und die Auferstehung Christi und an die Auferstehung des Leibes stellen das leibliche Leben des Menschen, seine Krankheit, sein Leiden und seinen Tod in ein ganz neues Licht. Gerade an diesem Punkte möchte ich darauf hinweisen, daß ein Ernstnehmen dieser Wahrheiten, insbesondere der Wahrheit vom Tod und der Auferstehung Christi, für die spezielle Ethik mehr bedeuten als bloße zusätzliche Motive. Sie geben wirklich eine entscheidende Richtung und Perspektive für die Behandlung grundlegender Fragen, wie z. B. der Verlängerung des Lebens und des Sprechens des Arztes über den möglichen Tod des Patienten. Alle Fragen über Leiden, Gesundheit, Leben und Tod stehen für den gläubigen Christen in einem ganz neuen Licht. Keine andere Religion oder Philosophie hat der Würde des menschlichen Leibes so viel Aufmerksamkeit und Schutz geboten wie der christliche Glaube. Der Leib des Menschen scheint der zentrale Punkt zu sein, an dem die Herrlichkeit Gottes, seine Liebe zum Menschen sich offenbart. In seinem Leibe ist der Mensch und ganz besonders Christus das sichtbare und erfahrbare Bild Gottes. Ist einerseits der Leib der Treffpunkt und das Erscheinungsfeld all des ungünstigen Erbes und der schädlichen Einflüsse der Umwelt, so ist er doch noch viel mehr Ausdruck der höchsten persönlichen Qualitäten wie der Freude, des Friedens, der Güte, der Herzlichkeit und ungeheuchelter Liebe. Das Verhältnis zwischen Leib und Geist und die Einstellung zum eigenen Leibe wie zum Leibe des Mitmenschen sind grundlegende Fragen der medizinischen theologischen Ethik. Die Begegnung zwischen der Sicht der Offenbarung und den Ergebnissen der medizinischen Forschung und Erfahrung beleben sich gegenseitig. Die biblische Theologie unserer Zeit hat uns feinfühlig gemacht für das Ineinander der gegebenen Welterfahrung und der Offenbarung. Die Offenbarung trifft den Menschen konkret und aktuell innerhalb einer bestimmten Kultur, aber so, daß sie neue und klare Richtung gibt. Es ist uns darum selbstverständlich, daß sich die christliche Sicht allen neuen Erkenntnissen der Medizin bezüglich des leiblichen Lebens des Menschen öffnet und in der Sprache dieser neuen Einsichten und Erfahrungen die bleibende Botschaft des Glaubens weitergibt.

3. Kapitel

Das Ethos des Ethikers in der Begegnung mit der modernen Medizin

Vor Jahren war ich Sprecher auf einer Werkwoche von Richtern und Anwälten. Eines der Themen waren die Bedingungen für die Mitwirkung der Richter und Rechtsanwälte in Fragen der Ehescheidung. Ich legte die traditionellen Prinzipien über Fragen der Mitwirkung zu sündhaften Handlungen anderer dar. Ich sprach mich gegen die Mitwirkung der Rechtsanwälte in allen Ehescheidungsfällen aus, die nach den Prinzipien der katholischen Moraltheologie nicht gerechtfertigt waren. In Antwort darauf erklärten mir Eherichter, wie sie vom bestehenden Gesetz Gebrauch machten, um den unschuldigen Partner zu schützen und, wo es möglich ist, zur Rettung einer Ehe beizutragen. Ein Rechtsanwalt widersprach mir ganz offen und energisch. Er hatte sich in Fragen der Ehescheidung spezialisiert. Er nahm alle Fälle, die zu ihm kamen, grundsätzlich an. Ungefähr 80 % seiner Ehescheidungskunden kamen nach einem zerstrittenen Wochenende oder sonstwie nach einer plötzlichen Explosion des Ärgers. Der Rechtsanwalt legte ihnen dann all die Voraussetzungen und Aspekte eines Ehescheidungsprozesses auseinander und gab seinem Klienten eine gute Hausaufgabe. Er ließ ihn zum mindesten eine Woche arbeiten, um all die erwünschten Dokumente zu sammeln. Kamen sie inzwischen zu ihm zurück, so fand er meistens Gelegenheit zu einer beruhigenden Unterredung. 90 % seiner Kunden gaben zur Zeit den Vorsatz einer Ehescheidung auf. Andern konnte er zu einer sachlichen Auseinandersetzung helfen.

Diesen Richtern und Rechtsanwälten ging es nicht um abstrakte theologische und juridische Prinzipien. Es ging ihnen um unaustauschbare Personen und Ehepaare, denen sie infolge ihrer Sachkenntnis und ihrer Liebe zum Menschen unersetzliche Dienste leisteten. Niemand war ein bloßer »Fall«. Diese und ähnliche Erfahrungen lehrten mich vieles über das Ethos verschiedener Berufsgruppen und zwangen mich, über mein eigenes Berufsethos als Moraltheologe nachzudenken.

Die moderne Sprache unterscheidet scharf zwischen Moralität, ethischen Prinzipien und Ethos. Ethos ist das Ganze der moralischen Gesinnung, wie es sich in einer gegebenen Kultur und besonders in einer dem Gemeinwohl sich widmenden Berufsgemeinschaft entfaltet. Ethische Prinzipien versuchen Grundlinien zur Lösung moralischer Probleme zu entwickeln. Moralität formt sich aus in einem gegebenen Ethos als Antwort auf die als wahr und recht erkannten ethischen Prinzipien.

Das Ethos des Arztes unterscheidet sich von dem Gesamt moralischer Prinzipien, die ihm Philosophie, Theologie oder seine Kirche anbieten. Jede Berufsgruppe formt innerhalb der gegebenen Kultur ihr eigenes Ethos. Ich denke z. B. an das Ethos des Polizisten: Es charakterisiert ihn als Verteidiger der bestehenden Ordnung. Das Ethos des Politikers ist Ausdruck seiner Hingabe an das Gemeinwohl; sein Beruf hilft ihm vor allem einen ausgesprochenen Sinn für die Kunst des Möglichen zu entfalten.

Das Ethos des Ethikers gründet in der Liebe zum Guten und im Suchen nach der Wahrheit vor allem auf dem Felde der Sittlichkeit. Der Ethiker von Beruf ist aufgrund seines Berufsethos den sittlichen Erfahrungen aller Menschen, ganz besonders aber dem entfalteten Ethos der verschiedenen Berufsgruppen verpflichtet. Je nach den geschichtlichen Situationen kann es seine Versuchung sein, wie eine Art Polizist sich einseitig auf die Verteidigung der bestehenden ethischen Prinzipien zu versteifen. Ist er ein echter Humanist und zugleich ein Christ, so ist er vor allem fähig zum Hören, zur Förderung des Dialogs, so daß es ihm möglich sein wird, zur Unterscheidung der Geister beizutragen und ein in die Zukunft weisendes Wort zu sagen. Der Ethiker ist nicht denkbar als ein selbstgenügsames Licht. Er weiß sich einer großen ethischen Tradition verbunden. Er ist nicht nur Mitglied einer großen Gemeinschaft von Ethikern, sondern auch einer Kirche, einer Konfession oder einer weltanschaulichen Gruppe. Sein Ethos sagt es dem Moraltheologen, daß er in keiner Weise ein Monopol in moralischen Fragen inne hat. Je entfalteter sein Ethos ist, um so mehr ist er fähig, von dem Ethos des Politikers z. B. die Kunst des Möglichen auch im Raum des Sittlichen zu lernen. Vom Ethos des Arztes lernt er, daß es nicht seine Aufgabe ist zu richten, sondern zu heilen. Der katholische Moraltheologe weiß sich dem Lehramt seiner Kirche verpflichtet, aber so, daß er in seiner Verbundenheit mit dem Glaubenssinn und den ethischen Erfahrungen des Volkes Gottes und in seiner absoluten Offenheit für Schrift und Tradition und neue sittliche Erfahrungen ein Brückenbauer zwischen Lehramt und Volk sein kann.

Vor der ausdrücklichen Reflexion über das Ethos und die verschiedenen ethischen Codices des ärztlichen Berufsstandes lohnt es sich wohl, einen Versuch zu machen, das Ethos des Moralisten herauszuarbeiten, der sich auf dem Felde der medizinischen Ethik betätigen will.

1. Das Ethos des Ethikers drückt sich im ständigen Mühen aus, sich über die Fortschritte der medizinischen Wissenschaft und Praxis auf dem laufenden zu halten, insbesondere insofern sie die ganzheitliche Erkenntnis der Natur des Menschen und infolgedessen die Erkenntnis ethischer Möglichkeiten bereichert. Er lernt von dem Ethos der großen Pioniere ärztlicher Wissenschaft und Praxis, die ein scharfes Bewußtsein des Unfertigen ihrer Erfolge haben und scharf unterscheiden zwischen dem, was sicher erscheint, und

dem, was nach weiterem Forschen und zur Infragestellung bisheriger Einsichten und Methoden aufruft. Er wendet jenen medizinischen Erkenntnissen, die eine Reihe von fest behaupteten ethischen Prinzipien oder Haltungen des Ethikers in Frage stellen können, seine Aufmerksamkeit zu. Nur beispielshalber seien auf einige interessante Punkte hingewiesen.

a) Der Fortschritt der Medizin gibt ganz neue Einsichten in die Bedeutung des Großhirns als der Basis für das psychosomatische Gleichgewicht des Menschen. Alle Fragen über fortschreitende Hominisation, über Selbstbewußtsein, Identitätserfahrung, Einmaligkeit des persönlichen Lebens, Leiden und Sterben müssen den Ergebnissen der medizinischen Forschung auf diesem Gebiete Rechnung tragen. Angesichts der Zurückhaltung und Vorsicht, mit der die medizinische Wissenschaft Schlüsse aus ihrer Errungenschaft zieht, wird der Ethiker lernen, vorsichtiger über Reichweite und Grenzen der Freiheit und menschlichen Verantwortung zu sprechen. Er lernt besser sehen, wie Fragen der Gesundheit und sittlicher Freiheit ineinander übergehen.

b) Der Fortschritt der Medizin hat die Menschheit von erschrecklichen Vorurteilen befreit, die teilweise auch in christliche Kulturen eindrangen, z. B. vom Vorurteil des Hexenwahns, der die Leiden zahlloser Menschen vermehrte, die an sich schon in ihrem geistigen Gleichgewicht gefährdet waren. Man sah z. B. Epilepsie als eine »heilige« Krankheit an, man erlaubte sich simplifizierende Urteile über den Zusammenhang zwischen Sünde und geistiger Störung. Wo man früher nach dem Exorzisten rief, führt man heute den Kranken psychotherapeutischer Behandlung zu.

c) In vielfältiger Hinsicht hat die Medizin die Moralisten gezwungen, ihr Urteil über Schuld zu revidieren. Die Medizin verleiht dem Wort des Herrn: »Richtet nicht!« einen ganz neuen Widerhall. Die Moral geht eben erst daran, sich die Einsichten der Psychoanalyse und der klinischen Psychologie zu eigen zu machen. Einige neuere Entdeckungen der Medizin haben geradezu eine Schockwirkung auf den Ethiker. Man denke z. B. an die nahezu bewiesene Theorie, daß das XYY-Syndrom, eine chromosomale Anomalität, in ganz besonderer Beziehung zur Neigung zu Sexualverbrechen und andern soziopathologischen Tendenzen steht. Die Ethik muß diesen neuen Einsichten noch mehr Aufmerksamkeit schenken als etwa die Jurisprudenz.

d) Ausgedehnte medizinische Forschung hat eine ganz auffallende Wechselwirkung zwischen ethischem Betragen und Hormonalhaushalt festgestellt. Die Bedeutsamkeit dieser Spur der Forschung sowohl für die Verhaltenswissenschaften wie auch für die Medizin drückt sich in der Publikation einer eigenen Zeitschrift aus[1]. Auch diese Einsicht ist eine radikale Anfrage an

[1] Neuroendocrinology (Der erste Band erschien 1965).

jene Moralisten, die meinten, es sei die Hauptaufgabe ihrer Wissenschaft, genau festzustellen, was Sünde ist. Aber gleichzeitig zeigt die wissenschaftlich erwiesene Einwirkung des Verhaltens, der Gedanken und Wünsche auf den Homonalhaushalt, wie sehr sittliche Entscheidungen die Gesundheit beeinflussen können.

e) Die Möglichkeit der Aufbewahrung und Reproduktion lebender menschlicher Zellen und andere Forschungen auf dem Gebiet der Eugenetik verpflichten die Moraltheologen, das Gewissen der Menschheit in diesen Fragen aufzurütteln. Unter anderem sei nur an die Notwendigkeit einer gründlicheren Eheberatung durch Fachteams verwiesen.

2. Angesichts der in vielem ganz neuen Situation und der gigantischen Aufgaben der Mitglieder der heilenden Berufe in den verschiedenen Sparten gehört es zum Ethos des Moralisten, der Entfaltung und Gefährdung des ärztlichen Ethos ganz besondere Aufmerksamkeit zuzuwenden. Er muß um die verschiedenen Sparten innerhalb der heilenden Berufe wissen, um die Verschiedenheit der medizinischen Schulen und die Einwirkung der verschiedenen Gesetzgebungen, der öffentlichen Meinung und der Weltanschauungen auf die ärztliche Berufsgemeinschaft.

3. Der Ethiker kann nicht die Augen schließen angesichts der charakteristischen Versuchungen, denen die moderne Ärzteschaft und die Forscher auf dem Gebiet der Medizin ausgesetzt sind, und zwar zum Teil durch Versuchungen, die sozusagen institutionalisiert sind. In kapitalistischen Ländern ist bisweilen die Versuchung, dem reichen Patienten den absoluten Vorzug zu geben, enorm; aber auch verschiedene Formen der Sozialisierung oder des Sozialismus können das Verhältnis von Arzt und Patienten tiefgreifend stören. Nur konkrete Einsicht in die Situation erlaubt eine Ausarbeitung der Typologie jeweils verschiedener Versuchungen, z. B. des Militärarztes, Kassenarztes, Werkarztes usw. In verschiedenen Konstellationen ist es dem Arzt nicht leicht, der Gesundheit der Person als solcher zu dienen, anstatt einseitig an die Werktauglichkeit zu denken.

4. Mein fünfjähriger Sanitätsdienst während des Zweiten Weltkriegs stellte mich vielfach vor Aufgaben, die auch ein gut ausgebildeter Arzt in Friedenszeiten nicht allein zu tragen wagen würde. Das intensive Gefühl, überfordert zu sein, war unausweichlich. Ähnlich ergeht es wohl jedem Ethiker, der sich auf das Feld der heutigen medizinischen Ethik wagt. Das Wissen um die Begrenztheit der Zuständigkeit gehört heute ganz besonders zum Ethos des Ethikers. Dies führt nicht nur zu einer größeren Bereitschaft, den Dialog mit der Medizin und andern Wissenschaften zu vertiefen, sondern auch zu größerer Vorsicht, wenn es entweder darum geht, traditionelle Prinzipien zu verteidigen oder sie neu zu formulieren. Dies hat jedoch nichts zu tun mit der Versuchung zu ethischer Indifferenz oder Grundsatzlosigkeit.

5. Aufgrund seines Ethos wird der Moraltheologe ganz besonders darauf achten, Fragen der Moralität oder eines konkreten ethischen Codex nicht zu verwechseln mit Verfahrensfragen. Es kann freilich sein, daß gewisse Methoden oder Verfahrensweisen ethische Erwägungen, auf die sie sich berufen, in Frage stellen. Während es dann dem Ethiker niemand verübelt, wenn er seine Bedenken anmeldet, »so soll er sich doch hüten, wegen unethischen Verhaltens Skandal zu schlagen, wo dies nicht klar bewiesen ist[2]«. In Verfahrensfragen, z. B. wenn es darum geht, die Grenzen des verantwortbaren Risikos zu bestimmen, kann der Moralist meistens nicht viel helfen. »In vielen Fällen gilt, je weniger der Moralist sich einmischt, um so besser[3].«

6. Im Zeitalter der Säkularisierung wird der gläubige Moralist vielleicht besser die Tragweite des biblischen Grundsatzes verstehen: »Der Sabbat ist für den Menschen gemacht, und nicht der Mensch für den Sabbat« (Mk 2, 27). Es ist Sache des Ethikers, stets die Würde und Rechte der menschlichen Person zu verteidigen. Er darf selbst nicht durch blindes Hängen an traditionellen Formulierungen diese seine Aufgabe fragwürdig machen.

7. Das Ethos des Moraltheologen ist bestimmt von dem Suchen nach einer Ganzheitssicht, vom »Geist des Ganzen«. Seine Sichtweise ist bestimmt von der totalen Berufung des Menschen für Zeit und Ewigkeit, von den Bezügen zur Familie, Kultur, Berufswelt, Gesellschaft und zur ganzen Schöpfung. Ist er von diesem Ethos ganz erfüllt, so wird es ihm gelingen, diese Ganzheitssicht als ein inneres Erfordernis der Medizin zu erkennen und darzustellen. Die Ganzheitssicht verbietet dem Ethiker ein punktuelles Urteilen. Er sieht den einzelnen Akt und die einzelne Phase der Entwicklung der Person in der Ganzheit der geschichtlichen Vorgänge und der persönlichen Entfaltung und Reifung. Ebenso sucht er die Medizin in ihrer Dynamik der Entwicklung zu verstehen.

Es soll nicht behauptet werden, daß die katholische Moraltheologie in all ihren Vertretern konsequent diese Ganzheitssicht durchgehalten hat. Ein Beispiel mag das beleuchten. Als die Nierentransplantation aktuell wurde, argumentierten eine Reihe von Moralisten, daß der Spender, z. B. die Mutter des Erkrankten, sich objektiv der schweren Sünde der Selbstverstümmelung schuldig mache, denn sie behaupteten, man müsse jeden Teilakt in sich beurteilen. Selbstverstümmelung sei aber immer wesentlich und absolut unmoralisch. Sie sahen nicht, daß die Weggabe einer Niere ihre Gesamtbedeutung aus der opferbereiten und verantwortungsbewußten Liebe zu einer nahestehenden Person oder zu einem Mitmenschen ihre wahre Bedeutung

[2] Robert B. Reeves, The Ethics of Cardiac Transplantation in Man, in: Bulletin of the New York Academy of Medicine 45 (1969), 406.

[3] A. a. O., 410.

erhielt. Im Hängen an Formeln und in einer allzu begrenzten aktualistischen Sicht vergaßen sie das Grundprinzip, daß der Sabbat für den Menschen da ist und nicht der Mensch für den Sabbat. Des Menschen höchste Fähigkeit ist Selbsthingabe in Liebe, Dienst der Liebe nach dem Bild und Gleichnis Gottes, wie er sich in Jesus Christus geoffenbart hat.

4. Kapitel

Ethos, Standesordnung und Ethik der Ärzteschaft

In den vergangenen Jahrzehnten hörte man viele Klagen über den Verlust des ärztlichen Ethos. Gleichzeitig hat sich jedoch der Ärztestand mehr denn je in seiner Geschichte der Diskussion ethischer Fragen in ihrem Feld zugewandt. Die Fragen gingen vor allem um das Bleibende des ärztlichen Ethos und seine wandelbaren Formen entsprechend dem Wandel der Gesamtsituation. Dabei ging es immer wieder um Unterscheidung und Ineinander des ärztlichen Ethos, der ärztlichen Standesordnungen und einer ausgearbeiteten medizinischen Ethik.

1. Unterschied zwischen Ethos, ethischem Kodex, medizinischer Ethik und Moralität des Arztes

In den Klagen über den Verlust des ärtzlichen Ethos zeigt sich nicht selten eine Verschwommenheit im Wortgebrauch. Deshalb ist es notwendig, klar zu sagen, was wir mit den einzelnen Begriffen meinen. Erst dann wird die innere Zuordnung dieser verschiedenen Begriffe zueinander deutlich werden.

Unter *Ethos* verstehen wir jene auszeichnenden Haltungen, die eine Kultur oder eine Berufsgruppe in der Bejahung und Betonung bestimmter Werte und einer spezifischen Wertskala charakterisieren. Die Tradition sprach vor allem von dem Ethos des Priesters, des Arztes, des Politikers, des Offiziers, des Richters und des Rechtsanwalts. Der sinnvolle Gebrauch des Begriffs Ethos weist immer auf die Gliedschaft innerhalb einer ethischen Kultur oder einer Berufsgruppe, die mehr durch ihren Dienst für die Gemeinschaft als durch ökonomische Erwägungen gekennzeichnet ist. Das Ethos verweist immer auf eine bestimmte Tradition, eine Gemeinsamkeit in Sitte und Erfahrungen, und eine gemeinsame Verpflichtung auf ein Wertsystem, das innerhalb der Berufsgruppe Gestalt annimmt und in besonderer Weise auf jene Vertreter der Berufsgruppe hinweist, die dieses Ethos im Lauf der Geschichte vorbildhaft verkörpert haben.

Vom Ethos ist zu unterscheiden der *ethische Kodex* oder die ethische Standesordnung, die die ärztliche Berufsgemeinschaft ausgearbeitet und sich selbst auferlegt hat. Sie dient sowohl dem Schutz und der Förderung des Ethos wie auch der Garantie der Beziehungen des Arztes zu seinem Patienten. Sie versichert die Öffentlichkeit des beruflichen Niveaus und der Korrektheit in den menschlichen Beziehungen.

Keine andere Berufsgemeinschaft hat so früh in der Geschichte und so wirksam einen ethischen Kodex ausgearbeitet und durchgehalten wie die Ärzteschaft. Die im ethischen Kodex festgelegte Standesordnung hat nicht die Absicht, alle moralischen Prinzipien oder gar ein ganzes System ethischer Medizin festzulegen. Die von den Ärzten selbst erstellte und garantierte Standesordnung ist verschieden von der staatlichen Gesetzgebung. Der Akzent liegt mehr auf Weisung als auf Kontrolle. Nicht selten drückt die Standesordnung die besorgte Wahrnehmung der Autonomie aus und macht so Einmischung durch staatliche Gesetzgebung in medizinische Fragen unnötig.
Die *medizinische Ethik* stellt einen systematischen Versuch dar, das Ethos der heilenden Berufe ins volle Bewußtsein zu rücken, die wichtigsten sittlichen Perspektiven und Normen für den ärztlichen Beruf auszuarbeiten. Es ist für die medizinische Ethik selbstverständlich, daß sie das bestehende Ethos zum Ausgangspunkt nimmt, aber ihr Ziel ist sehr viel weiter. Es geht um klare Sicht und Motivierung für die entscheidenden moralischen Fragen des Gebietes. Sie will sowohl den Mitgliedern der heilenden Berufe wie auch dem Patienten helfen, mit mündiger Unterscheidungsgabe die Entscheidungen zu treffen.
Die *Moralität des Arztes* hängt davon ab, wie er persönlich das ärztliche Ethos verkörpert und sich in seinem Beruf an den sittlichen Prinzipien orientiert. Das Niveau der Sittlichkeit hängt davon ab, wie gut sein Gewissen informiert ist, wie reif seine Unterscheidungsgabe ist und wie fest sein Entschluß ist, in allem sittlich gut zu handeln.

2. Das traditionelle Ethos des Arztes

Ähnlich wie das Ethos des Priesters drückt auch das des Arztes sowohl bleibende Haltungen wie auch die Antwort auf ein wechselndes Weltbild und ein im Wandel befindliches Bild vom Arzte aus. Je nach der Konstellation in der Geschichte treten gewisse Werte und Pflichten in den Vordergrund. Nur wenn man das Bleibende von den geschichtlich bedingten Formen und Akzentuierungen nicht unterscheidet, wird man verzweifelt ausrufen, daß die moderne Sozialisierung im heilenden Beruf, das Experimentieren, die fortschreitende und immer komplexere Organisation das Ethos des Arztes notwendig zerstören.
Einige, bisweilen weniger beachtete Aspekte des medizinischen Ethos treten heute mehr ins Bewußtsein. Angesichts neuer Formen der Sozialisierung sehen wir klarer, daß es immer zum Ethos der heilenden Berufe gehörte, das Wohl der Gesamtgesellschaft im Auge zu behalten, gemeinsame Überzeugungen und Lebensformen zu fördern, die die ideale Berufserfüllung fördern. Dies ist jedoch eine stets unvollendete Aufgabe. Ein Romantizismus,

der an vergangenen Verwirklichungsweisen hängt, wie z. B. an besonderen Formen der Unabhängigkeit des Arztes und den besonderen Beziehungen des Hausarztes zu seinem Patienten, bedeutet Entfremdung. Das echte Berufsethos ist jeweils Antwort auf die besonderen Möglichkeiten und Nöte. Hierin begegnen sich das ärztliche Ethos und die biblische Sicht der Ethik, die ganz besonders auf die gegenwärtigen Heilsmöglichkeiten (den *kairos*) weist. Es geht um die Wachsamkeit gegenüber den Verheißungen und Versuchungen der gegenwärtigen Stunde der Geschichte.

Es gehört unabänderlich zum Ethos des Arztes, daß er seinen Beruf in erster Linie als Dienst am leidenden Menschen auffaßt. Um niemandem zu schaden und allen den bestmöglichen Dienst zu leisten, wird er alles daran setzen, sich in seinem Beruf ständig fortzubilden. Dies drückt sich schon im Eid des Hippokrates aus in der Form der Dankbarkeit gegenüber dem Lehrer und der Mitverantwortung mit dem ganzen ärztlichen Beruf. Die Besonderheit seines Berufes verlangt von ihm neben der spezifischen Fachkenntnis eine möglichst breite menschliche Bildung; denn in seinem ganzen Tun und Verhalten geht es um den Sinn von Krankheit und Gesundheit, von Leben und Tod. Schon im Altertum hieß es, daß »der Arzt ein Philosoph, ein Freund der Weisheit« ist.

Das Ethos des Arztes ist in ganz besonderer Weise von Altruismus, von Hingabefreudigkeit im Dienst des Nächsten gekennzeichnet. Dies geht jedoch Hand in Hand mit der Freude an seiner schöpferischen Tätigkeit, mit der Genugtuung über seine Erfolge und über das soziale Prestige, insofern es die ethische Anerkennung für seine Zuständigkeit und seinen unschätzbaren Dienst ist. Der Arzt darf durchaus mit Stolz auf die Einzigartigkeit seiner Berufstätigkeit schauen. Die Absicht, sich durch seine berufliche Tätigkeit den Lebensunterhalt zu gewinnen, steht an untergeordneter Stelle. Der zum heilenden Dienst innerlich Berufene trifft seine Wahl unabhängig davon, ob er etwa in einem anderen Beruf mehr verdienen könne; denn es geht ihm sicher nicht darum, aus der Krankheit der Menschen Profit zu schlagen. Doch hat der Arzt, dem ganz besonders viel abverlangt wird, durchaus ein Recht auf ein angemessenes Honorar, auch als Zeichen seiner sozialen Anerkennung und als Voraussetzung voller Freiheit in der Hingabe an seinen Beruf, ohne Furcht, seine eigene Familie zu vernachlässigen. Es gehört zum Besten des ärztlichen Ethos, daß die Mitglieder des heilenden Berufes ihre Dienste nicht davon abhängig machen, ob der Patient im Einzelfall diese voll entlohnen könne, denn in ihren Augen hat der Arme ebensosehr ein Recht auf Hilfe wie der Reiche.

Die besondere Ausprägung des traditionellen Ethos des Arztes war weithin von seinen persönlichen Beziehungen zum Patienten und zu dessen Familie geprägt. Er war in einem ganz ausgezeichneten Sinne Freund und Helfer der Familie. Dies steigerte in ihm die Fähigkeit zum Mitleid und zur Hilfsbereitschaft. Das gegenseitige Vertrauen und die Verantwortung, der Sinn für die absolute Einmaligkeit der Person und die Verschwiegenheit bezüglich Familienangelegenheiten und anvertrauten Geheimnissen gehören zum bleibenden Ethos des Arztes, konnten sich jedoch in ganz besonderer Weise ausprägen, solange der Arzt hauptsächlich Hausarzt und Familienfreund war.

3. Das Ethos des Arztes im Blick auf die neue Situation

Ein für frühere Generationen unvorstellbarer Fortschritt der medizinischen Wissenschaft und Praxis hat den Arzt von heute von zahllosen Begrenzungen und Unmöglichkeiten befreit. Er verfügt über ein Ausmaß an Kenntnis, an Heilmitteln, an Einrichtungen und Verfahrensweisen, die vor 100 Jahren noch der Traumwelt angehörten. Was heute noch unmöglich ist, rückt bereits in den Gesichtskreis der Pioniere. Schon 1960 hat ein großer Medizinhistoriker diese Situation, in der wir uns heute befinden, bestens beschrieben: »Der Arzt des 20. Jahrhunderts ist in seiner Haltung stillschweigend oder ausdrücklich an folgenden drei vielversprechenden Grundsätzen orientiert: 1. Es gibt im Prinzip keine ›tödlichen‹ Krankheiten. Daß die heutige therapeutische Technik einen Krebskranken, dessen Erkrankung in einer vorgeschrittenen Phase ist, nicht vom Tode befreien kann, will nicht sagen, daß in der Zukunft Kranke in solchen Umständen nicht geheilt werden können. 2. Im Prinzip gibt es keine Krankheiten, die mit einer ›notwendigen‹ Erscheinung auftraten. Noch am Anfang unseres Jahrhunderts glaubte man, daß das Leiden einer konstitutionellen und erblichen Krankheit natürlich und absolut unvermeidlich wäre, vorausgesetzt eine genügende Durchdringung der kausalen genetischen Disposition: *Verbrechen als Schicksal* war noch im Jahre 1929 der Titel eines bekannten Buches von Lange über das biographische Schicksal einiger eineiiger Zwillinge. Verbannen nicht die Perspektiven, die heute die experimentelle Änderung des Keimplasmas anbieten, diesen bedeutungsvollen Ausspruch in die Vergangenheit? 3. Im Prinzip gibt es keine ›natürlich unheilbare‹ Krankheit. Die Krankheiten, die heute so scheinen, werden über kurz oder lang technisch geheilt werden können[1].«
Diese neue Situation, die von einer einmaligen Explosion der medizinischen Kenntnis und Kunst gekennzeichnet ist, verlangt vom Arzt, wenn er dem ererbten Ethos treu bleiben will, eine ständige und ungeheure Anstrengung, sich auf der Höhe seiner Wissenschaft und Kunst zu halten. Es geht um unermüdliches Forschen und Austausch der neuen Kenntnisse. Der Arzt steht

[1] P. Lain Entralgo, Das Christentum und die medizinische Technik, in: Arzt und Christ 6 (1960), 137.

in Kontakt mit dem modernen wissenschaftlichen Ethos, das sich innerhalb der Naturwissenschaften entfaltet hat und das von einem scharfen Bewußtsein der Grenzen und der ständigen Verbesserungsbedürftigkeit aller Einsichten gekennzeichnet ist. So gehört es zum Ethos des Arztes, daß er nicht nur seine Siege bekanntmacht, sondern auch den teilweisen Mißerfolg, der ein Anruf zu weiterer Überprüfung und Forschung ist.

Der Fortschritt der modernen Medizin führt unvermeidlich zu stets fortschreitender Spezialisierung. Diese Situation ruft nach der Entfaltung eines besonderen Ethos der Teamarbeit und der gegenseitigen Anerkennung. Zusammenarbeit charakterisiert nicht nur das Team eines modernen Krankenhauses, sondern auch den praktizierenden Arzt, der sich der Grenzen seiner Kompetenz scharf bewußt ist und deshalb gegebenenfalls seinen Patienten an den zuständigen Spezialisten überweist. All das bietet Gelegenheit, die dem Ärztestand so wesentliche Solidarität in neuen Formen zu verwirklichen.

Angesichts der fortschreitenden Spezialisierung muß der Arzt, wenn er seinem ererbten Ethos treu bleiben will, eine der neuen Situation entsprechende Anstrengung machen, seine allgemein menschliche Bildung zu erweitern, und ganz besonders auf eine ganzheitliche Sicht des Menschen achten. Es gibt kein hohes ärztliches Ethos ohne den Geist des Ganzen.

Im modernen Krankenhaus steht der Ärzteschaft eine ungeheure Fülle an Einrichtungen zur Verfügung. Der Patient, der einer gründlichen Untersuchung bedarf, wird von einem Spezialisten oder Techniker zum andern weitergereicht; und oft möchte es ihm scheinen, daß die Einrichtung den Spezialisten kontrolliert statt umgekehrt, wie es der Fall sein sollte. Dazu kommt ein immer komplizierter werdendes System der Bürokratie, die all die Daten in der Geschichte des Patienten kontrolliert und bisweilen den Eindruck erweckt, als ob sie ihn selbst verwalte. Die Vielzahl der Menschen, die in den verschiedenen Sparten der Verwaltungstechnik, der Diagnose und Pflege dem Kranken dienen, sollten alle irgendwie am ärztlichen Ethos teilhaben. Es ist jedoch klar, daß die Verschiedenheit ihrer Aufgaben, ihrer Branchen und des Ranges ihrer Verantwortung nicht von allen genau die gleiche Ausprägung des Ethos verlangt. Der Familienarzt und die Krankenschwester, der der Patient unmittelbar anvertraut ist, werden am ehesten das traditionelle Ethos der ärztlichen Philanthropie weiterpflegen. In manchen Krankenhäusern hat eine bestimmte Person, ein Arzt oder eine Pflegerin, die besondere Aufgabe, jene persönliche Beziehung zu dem individuellen Patienten aufrecht zu erhalten, die ihn davor bewahrt, sich in der Welt der Spezialisten und Apparaturen verloren zu fühlen, und die jenes Klima schafft, das so wichtig ist für den Vorgang der Heilung.

Staat und Gesellschaft werden sich heute immer mehr ihrer Pflicht bewußt, für die Gesundheit aller sowohl durch vorbeugende Maßnahmen wie auch durch Ermöglichung der Therapie zu sorgen. Es ist mit das Verdienst der Ärzteschaft, daß sie das öffentliche Gewissen diesbezüglich geschärft hat. In den meisten Ländern bedeutet die gegenwärtige Situation einen großen Schritt vorwärts gegenüber jener Zeit, in der allzu viele Ärzte mit einem allzu guten Gewissen den größten Teil ihrer Zeit und Kraft dem Dienste der Reichen widmeten. Dieser Fortschritt konnte nicht erreicht werden ohne eine Vielzahl von Gesetzen, Einrichtungen und Organisationen. Das kann dazu führen, daß die gesamte Tätigkeit der heilenden Berufe in eine entwürdigende Abhängigkeit von einem Staatsmonopol oder aber von gewissen Organisationen gerät. Die Garantierung ärztlicher Hilfe für die breiten Volksschichten und vor allem für die sozial Unterprivilegierten war nicht möglich ohne Kapitalanballungen in der Form von Versicherungen oder Sozialleistungen. Form und Funktionen dieser Strukturen wirken sich nicht immer günstig auf das Ethos der heilenden Berufe aus. Die Großorganisation mit der Zusammenballung gesellschaftlicher und wirtschaftlicher Macht folgt nicht selten ihren eigenen Gesetzen, die nicht die des ärztlichen Berufes sind. Das Kapital will nach dem Gesetz der Rentabilität verwaltet werden. Die Kalkulation wird den Nöten des Kranken nicht leicht gerecht. Der Arzt, der in diesem Netz der Organisation und Verwaltung seinen Beruf ausübt, ist allzu leicht dem ungünstigen Einfluß dieser Umwelt ausgesetzt.

Der moderne Gesundheitsdienst bringt den Arzt in ganz unmittelbaren Kontakt mit den verschiedenen Milieus, Lebensbereichen und Berufen. Man denke an den Militärarzt, den Werkarzt, den Schularzt usw. Der Gewinn für den heilenden Beruf insgesamt ist eine größere Aufmerksamkeit auf die gesundheitlichen Auswirkungen des Lebensbereiches und der Lebens- und Arbeitsbedingungen. Die Ärzteschaft ist so in der Lage, das öffentliche Gewissen diesbezüglich mit genauen Angaben und Einsichten zu schärfen. Die Tatsache, daß in vielen Ländern Universitäten und Colleges, Industriebetriebe und Verwaltungsbereiche ihren eigenen Gesundheitsdienst haben, kann durchaus ein Ausdruck des Verantwortungssinnes gegenüber der Gesundheit sein und zu einer ständigen Überprüfung des ganzen Lebensbereiches im Blick auf das Wohlbefinden des Menschen führen. Der Arzt muß sich jedoch auch jeweils in seinem Bereich der besonderen Gefahren für sein Ethos bewußt werden. Die Versuchung des Militärarztes konnte ich als Truppensanitäter aus nächster Nähe erleben. Die Einsatzbereitschaft der Truppe schien oft sehr viel vordringlicher als die Gesundheit der einzelnen Person. Ungerechter Verdacht des Drückebergertums war an der Tagesordnung. Aber durchaus nicht alle Ärzte fielen dieser Versuchung zum Opfer. Die Arbeitgeber des Werkarztes werden vielleicht nur an die Arbeitsfähigkeit der Belegschaft denken. Der Arzt kann dieser Aufgabe ehrlich dienen und doch gleichzeitig aus seinem ererbten ärztlichen Ethos in echter Sorge

um den Menschen viel zu gesünderen Arbeitsbedingungen beitragen und jeden einzelnen Patienten im Blick auf sein individuelles Wohl beraten bzw. behandeln.
Die Situation des Kassenarztes ist nicht frei von Problemen. Das für die Heilung so notwendige Vertrauensverhältnis kann sowohl auf seiten des Arztes wie des Patienten durch begründeten oder noch öfter durch unbegründeten Verdacht untergraben werden. Die echte Sorge für den Einzelmenschen und die Sachlichkeit überwinden jedoch vielfach diese Schwierigkeiten. Lebt der Arzt allein oder fast ausschließlich von Zahlungen der Krankenkassen, die sich oft allzu sehr an einer untersten Grenze halten, so ist er gezwungen, Tag für Tag eine viel zu große Zahl von Patienten anzunehmen. Dies erlaubt ihm dann kaum, sein berufliches Niveau einzuhalten. Viele Ärzte werden jedoch dem Kranken weit über die von der Kasse fälligen Honorierungen hinaus dienen. Aber es ist letztlich Sache sowohl der ärztlichen Berufsgemeinschaft wie auch der Öffentlichkeit, hier nicht einseitig an das ärztliche Ethos zu appellieren, sondern auch gesündere Zustände herbeizuführen. Auch auf diesem Gebiete gilt, daß sich ständige Reform der Zustände und ständiges Bemühen um die Vertiefung der Gesinnung vereinen müssen. Das Durchhalten des Ethos bzw. die Konkretisierung des ärztlichen Ethos in neuen Stilformen hängt jedoch nicht allein von den Mitgliedern der heilenden Berufe ab. Es ist Verantwortung aller, insbesondere des modernen Staates und der Patienten.

4. Vom Ethos zum ethischen Kodex

Das Ethos des Arztes entsteht aus sittlichen Überzeugungen im Raum seines philanthropischen Berufes; es ist getragen von einer langen Geschichte und entfaltet sich durch beispielhafte Mitglieder der heilenden Berufe. Es kann sich nur durchsetzen, wenn es auch einen formulierten Ausdruck findet und so mitgeteilt werden kann. Der ärztliche Beruf ist der erste, der sein Ethos durch Gelübde, Eide und Standesordnungen bekräftigte. Der Eid des Hippokrates spielt diesbezüglich eine einzigartige Rolle. Er wurde über zweitausend Jahre von den Ärzten geschworen. Er ist auch heute noch für viele ein Programm[2]. An vielen Universitäten der Welt wird dieser Eid auch heute noch abgelegt, wobei lediglich die Namen Apollo und Äskulap durch den Gottesnamen ersetzt werden. Der Text sei hier wiedergegeben:
»Ich schwöre bei Apollo und bei dem Arzt Asklepios, bei den Mächten der Gesundheit und Genesung und bei allem Göttlichen als Zeugen, daß ich

[2] Vgl.: Die ärztlichen Gelöbnisse, in: Arzt und Christ 8 (1962), 1–34; Zum deontologischen Gehalt ärztlicher Standesordnungen, in: Arzt und Christ 17 (1971), 1–42.

diesen Eid und diese Verpflichtung nach meiner Kraft und nach meines Geistes Vermögen erfüllen will.
Achten will ich meine ärztlichen Lehrer gleich meinen eigenen Eltern; mein Leben will ich mit ihnen teilen und ihnen von meiner Habe geben, wenn sie ihrer bedürfen. Ihre Nachkommen will ich gleich meinen Brüdern halten und sie lehren diese Kunst, wenn sie nach ihr verlangen, ohne Entgelt und ohne Vertrag. An Unterweisung und Vortrag und aller übrigen Lehre will ich teilnehmen lassen meine eigenen Söhne, die Söhne meiner Lehrer und Schüler, die durch Vertrag und ärztlichen Eid gebunden sind, sonst aber niemanden.
Meine Anordnungen will ich geben nach meinem Können und Wissen zum Nutzen der Leidenden, Verderben und Schaden aber abwehren. Auch werde ich tödliches Gift niemandem geben, mag er selbst darum bitten, und auch keinen Rat dieser Art erteilen. Auch werde ich nie einem Weibe ein Mittel zur Vernichtung der Leibesfrucht reichen. Lauter und gottgefällig will ich bewahren mein Leben und meine Kunst.
Ich werde unter keinen Umständen – um dabei des Mannes Zeugungskraft nicht zu schädigen – an Steinkranken den Steinschnitt ausführen, sondern diesen Eingriff den Kundigen überlassen, deren Sache es ist, denselben auszuführen.
In welches Haus ich auch immer kommen mag, betreten will ich es zum Nutzen der Leidenden und mich enthalten jedes vorsätzlichen Vergehens und jeder schädigenden Tat, insbesondere der Sinnenlust an Weib und Mann, an Freien und Sklaven.
Was ich bei der Behandlung sehe und höre oder was ich an Dingen, die man nicht weitersagen darf, auch außerhalb der Behandlung im Leben der Menschen erfahre: Schweigen will ich bewahren und als heiliges Geheimnis solches betrachten.
Wenn ich nun diesen Schwur halte und nicht breche, so möge ich mich meines Lebens und meiner Kunst erfreuen in Ehren bei allen Menschen für alle Zeit. Wenn ich aber meineidig werde, soll alles Unheil mich treffen.«
Sehr nahe kommt in Geist und Formulierung die 1948 von der Weltorganisation der Ärzte beschlossene Deklaration von Genf:
»Zum Zeitpunkt meiner Zulassung als Mitglied des ärztlichen Berufsstandes gelobe ich feierlich, mein Leben dem Dienste der Menschlichkeit zu weihen.
Ich werde meinen Lehrern die Achtung und Dankbarkeit erweisen, die ihnen gebührt.
Ich werde meinen Beruf mit Gewissenhaftigkeit und Würde ausüben.
Die Gesundheit meines Patienten wird meine erste Erwägung sein.
Ich werde die Geheimnisse, welche mir anvertraut werden, wahren.
Ich werde mit allen in meiner Kraft stehenden Mitteln für die Ehre und die edlen Überlieferungen des ärztlichen Berufes eintreten.

Meine Kollegen werden meine Brüder sein.
Ich werde nicht zulassen, daß Überlegungen der Religion, Nationalität, Rasse, Parteipolitik oder des sozialen Standorts zwischen meine Pflicht und meine Patienten treten.
Ich werde die höchste Achtung vor dem menschlichen Leben bewahren, vom Beginn der Empfängnis an; auch unter Drohungen werde ich meine medizinischen Kenntnisse nicht im Gegensatz zu den Gesetzen der Menschlichkeit anwenden.
Ich leiste diese Versprechen feierlich, aus freiem Willen und auf meine Ehre.«
Über den hippokratischen Eid und ähnliche Versprechen hinaus hat die ärztliche Berufsgemeinschaft auf nationaler und internationaler Ebene mehr detaillierte Standesordnungen ausgearbeitet, die vielfach Antwort auf neue Nöte und Probleme sind. Die Standesordnung gibt dem Arzt Weisung und Schutz, versichert den Patienten und die gesamte Gesellschaft in ihren rechtmäßigen Erwartungen. Die ärztliche Standesordnung muß bindend sein, da der Arzt letzten Gütern und Werten dient. Gleichzeitig muß sie auch Raum lassen für schöpferische Entscheidungen des Arztes in außerordentlichen Situationen und für den Mut, neue Wege zu suchen.
Der ärztliche Berufsstand kann dem Einfluß des Zeitgeistes nicht entgehen. Die Neuformulierung der ärztlichen Standesordnung sollte eine konstruktive Antwort auf den Zeitgeist sein, durch Integrierung der positiven Elemente einer neuen geschichtlichen Situation und durch Abweisung von Fehlhaltungen und Gefahren.
Der ethische Kodex wird unwirksam sein, wenn er sich nicht auf gemeinsame Überzeugungen stützen kann und fähig ist, diese zu stützen und zu vertiefen. Diesem Ziel dient eine möglichst breite demokratische Beteiligung der ganzen Berufsgemeinschaft und der wachen Teile der Gesellschaft an der Ausarbeitung der Standesordnung. Beim Versuch eines Staates, die ärztliche Standesordnung durch politische Organe beschließen zu lassen, die dem ärztlichen Berufsstand fremd sind und die Nöte des Patienten nie so verstehen können wie die Ärzte, wird das Ergebnis höchstwahrscheinlich viel geringer sein, als wenn die Standesordnung aus der Ärzteschaft selbst kommt. Dem ärztlichen Berufsstand ist es weithin gelungen, berufsfremde staatliche Gesetzgebungen und Kontrollen zu vermeiden, indem sie selbst rechtzeitig einen angemessenen ethischen Kodex ausarbeiteten und für seine Einhaltung Sorge trugen. Die Wirksamkeit der ärztlichen Standesordnung hängt weithin auch davon ab, ob es der Ärzteschaft gelingt, in der öffentlichen Meinung den nötigen Widerhall zu finden. Je mehr die Standesordnung der Umwandlung der Gesellschaft, dem Fortschritt der Wissenschaft und den besten moralischen Überzeugungen in der Gesellschaft entspricht, um so wirksamer wird sie sich erweisen.

Der ärztliche Berufsstand kann sein eigenes Ethos nicht aufrecht erhalten und vertiefen und seine soziale Rolle nicht erfüllen, ohne das Ethos anderer Berufsstände zu stützen und der Gesellschaft zu helfen, zu festen moralischen Überzeugungen zu kommen. Man erwartet mit Recht von den Ärzten, daß sie ein gewichtiges Wort zu sprechen haben im Blick auf die sittlichen Nöte der Zeit, aber man darf die Ärzteschaft in ihrem Bemühen auch nicht allein lassen[3]. Die Neuformulierung des ärztlichen Kodex und das ständige Bemühen der Ärzteschaft, ihre Standesordnung in Beziehung zu bringen zu den neuen Erkenntnissen und zu den Nöten der Gemeinschaft, sprechen für das ernste gemeinsame Bemühen der Ärzteschaft, im Dialog mit der Gesamtgesellschaft die moralischen Qualitäten ihres Berufes hochzuhalten.
An diesem Punkte stellt sich die Frage, welche Bedeutung die Ärzte der Mitarbeit des humanistischen Ethikers, des Lehramts der Kirchen und der Moraltheologen für die Formung ihres Gewissens und die Formulierung und Anwendung ihrer Standesethik einräumen.

5. Die medizinische Ethik der Kirche und das Gewissen des Arztes

Der Gesundheitsdienst ist eine Pflicht der gesamten Gesellschaft und auch der Kirche und stellt fundamentale Fragen des Gewissens an sie. Alle müssen sich gemeinsam bemühen, zu einer rechten sittlichen Auffassung über diese grundlegenden Fragen zu kommen. Für die Kirche ist es undenkbar, die Botschaft vom Heil und von der heilbringenden Liebe Gottes zu verkünden, ohne die Dynamik dieser Botschaft auf das Heilsein, auf die leibliche und seelische Gesundheit der einzelnen und der Gemeinschaft aufzuzeigen. Heil, das von Gott geschenkt ist, und Heilsein in einem umfassenden Sinne und die Sendung zum Heilen stehen in innigster Beziehung zueinander.
Wenn ich Kirche sage, so meine ich das ganze Volk Gottes in jener Heilssolidarität, die der Kern der Heilsbotschaft ist. Das Lehramt der Kirche und theologische Lehrer haben zwar diesbezüglich eine je besondere Aufgabe, aber gerade in vollster Verbindung und ständiger Zusammenarbeit mit dem ganzen Volk Gottes und insbesondere mit allen Ärzten. Nur in dieser Perspektive ist hier die Rede vom Dienste des Lehramts und der Theologie.
Während der Staat subsidiär durch Gesetze und finanzielle Beiträge eingreift, soweit die umfassende Planung und der Gesundheitsschutz für alle es erfordern und die Eigeninitiative von Ärzteschaft und Patienten nicht genügt, liegt der Dienst der Kirche vor allem in der Herausarbeitung der

3 Dwight L. Wilbur, The Heritage of Hippocrates, in: Journal of the American Medical Association 208 (1969), 841.

Gesamtschau und in der Verkündigung der tragenden Prinzipien und Motive. Während das Lehramt der Kirche zu Fragen der ärztlichen Ethik gewöhnlich nur anläßlich besonderer Nöte und Spannungen spricht, steht die kirchliche Moral ständig in Gedankenaustausch mit allen, denen die Ethik ein Grundanliegen ist, und vor allem mit der Ärzteschaft, zu dem Ziel einer Gesamtdarstellung der den heilenden Beruf betreffenden sittlichen Fragen. Der entscheidende Leitstern des Moraltheologen ist dabei vor allem das Gesamt der Offenbarung. Er fragt sich, was der Glaube für die Auffassung von Krankheit und Gesundheit, vom Leben und Tod und infolgedessen für Sinn und Aufgabe der heilenden Berufe in sich beinhaltet.

Dabei ist es für ihn eine Selbstverständlichkeit, auf das zu hören, was ihm diesbezüglich das Lehramt sagt. Es ist jedoch nicht seine Aufgabe, nur die Aussagen des Lehramtes den heilenden Berufen bzw. den Patienten zu vermitteln. Es ist nicht weniger seine Aufgabe, zusammen mit den Vertretern der heilenden Berufe allen die Erfahrungen, Reflexionen und Einsichten zu vermitteln, die sich aus dem Leben ergeben. Er ist also auch bemüht, den Inhabern des Lehramtes zu dienen, damit ihre Aussagen nicht etwa ins Leere fallen. Dies wurde schon früher betont. Hier geht es uns vor allem um das Verhältnis des Gewissens des Arztes zu der kirchlichen Lehre bezüglich ethischer Fragen[4].

a) Der christliche Arzt wird sich stets bemühen, seinen ärztlichen Beruf mit seinen bedeutsamen Problemen im Lichte des Glaubens und eines vom Glauben getragenen Menschenbildes zu überdenken. Die Offenbarung selbst gibt nur letzte Umrisse und die entscheidende Richtung an; aber im Lichte der Offenbarung hat die Kirche ein geschichtlich konkretes Verständnis des Menschen entfaltet. Dieses Menschenbild ist freilich nie statisch abgeschlossen. Der Arzt selbst ist aktiv mitbeteiligt, nicht nur als Hörer, sondern auch als Partner der weiteren Ausformung und Vertiefung dieses christlichen Menschenverständnisses. Dabei gilt es vor allem, das Bleibende vom Wandelbaren zu unterscheiden.

b) Das Lehramt hat ein Recht, und bisweilen auch eine Pflicht, nicht nur den Glauben zu verkünden, sondern auch zu sittlichen Fragen autoritativ Stellung zu nehmen; denn der Glaube ist nicht ein abstraktes System wie eine Philosophie, sondern immer Heilsbotschaft, die auf das Heilsein und auf das heilende und befreiende Tun des Menschen hinweist. Die Glaubensbotschaft ist Licht und Weisung für den Menschen auf der Pilgerschaft. Ein mündiges Verständnis der Funktion des Lehramtes unterschied immer schon

[4] Ich folge hier auf weiten Strecken dem Artikel von Alois Müller, Die Selbsteinschätzung in des Arztes Begegnung mit kirchlicher Lehre – Lehramt, Moraltheologie und ärztliches Gewissen, in: Arzt und Christ 14 (1968), 199–204.

zwischen jenen Glaubenssätzen, die von Gott selbst geoffenbart sind und darum von der Kirche mit unfehlbarer Sicherheit vorgelegt werden können, und jenen vielleicht sehr bedeutsamen Deutungen des Glaubens und Weisungen zu einem Leben gemäß dem Glauben, die nicht unmittelbar aus der Offenbarung selbst stammen, sondern das Ergebnis gemeinsamer Erfahrung und Reflexion sind. Die kirchliche Verkündigung der sittlichen Botschaft des Evangeliums und ebenso jede sittliche Weisung, die sich nicht unmittelbar aus dem Evangelium ergeben, dienen nicht zuletzt der Formung eines mündigen Gewissens. Die sittliche Weisung trifft das Gewissen des einzelnen um so wirksamer, je überzeugender die Motivierung und Begründung ist. Die Berufung auf das Lehramt der Kirche muß jeweils den geschichtlichen Kontext und die damit zusammenhängende besondere Intention der Äußerung berücksichtigen. Sind sittliche Imperative dem neuen geschichtlichen Kontext nicht mehr angemessen, haben die Ärzte selbst eine Pflicht, die Theologen aufs Neue zu befragen und ihre Einwände zu erheben. Mediziner und Theologen werden zusammen nach zutreffenderen Lösungen suchen und gegebenenfalls auch mit den Inhabern des Lehramtes in Dialog eintreten. Die Aufgabe des Lehramtes wie auch der Moraltheologie ist nie vollendet. Es ist stets auch ein Lernprozeß, ein Hinhören auf die Erfahrung und Reflexion zuständiger Ärzte und des ganzen Gottesvolkes.

c) Wo es um die konkrete sittliche Entscheidung geht, ist das Gewissen des Arztes und/oder des Patienten jeweils die letzte Instanz. Das Lehramt nimmt niemandem das Recht und die Last eigener Gewissensentscheidung ab, aber es hilft zur rechten Formung des Gewissens. Dabei ist sich der mündige Christ voll bewußt, daß man nie mechanisch einen Lehrsatz der Kirche auf einen komplizierten Einzelfall anwenden kann. Es begegnen sich oft entsprechend der Vielfalt der Werte und Pflichten, die auf dem Spiele stehen, eine Vielzahl von kirchlichen Äußerungen und von ethischen Werten. Es gilt sowohl auf die Werthöhe wie auf die Wertdringlichkeit der verschiedenen Aspekte zu achten. Dabei ist es selbstverständlich, daß die Aussagen des Lehramtes und der Theologen für den gewissenhaften und wohlunterrichteten Arzt nicht die einzige Informationsquelle sind. »Durch die Treue zum Gewissen sind die Christen mit den übrigen Menschen verbunden im Suchen nach der Wahrheit und zur wahrheitsgemäßen Lösung all der vielen moralischen Probleme, die im Leben der einzelnen wie im gesellschaftlichen Zusammenleben entstehen[5].«

Die Betonung des Grundsatzes, daß der Arzt jeweils nach seinem eigenen Gewissen zu handeln hat, stellt in Anbetracht seiner ungeheuren Verantwortung hohe Ansprüche in bezug auf bestmögliche Information und Formation seines Gewissens. Er wird dabei die Rolle des Magisteriums nicht

[5] Pastoralkonstitution Gaudium et Spes Nr. 16.

unterschätzen, aber auch die Inhaber desselben nicht überfordern. »Aufgabe des richtig geschulten Gewissens der Laien ist es, das Gebot Gottes im Leben der profanen Gesellschaft zur Geltung zu bringen. Von den Priestern aber dürfen die Laien Licht und geistlichte Kraft erwarten. Sie mögen aber nicht meinen, ihre Seelsorger seien immer in dem Grade kompetent, daß sie in jeder, zuweilen auch schweren Frage, die gerade auftaucht, ein konkrete Lösung schon fertig haben könnten oder die Sendung dazu hätten. Die Laien selbst sollen vielmehr im Lichte christlicher Weisheit und unter Berücksichtigung der Lehre des kirchlichen Lehramtes darin ihre eigene Aufgabe wahrnehmen[6].«

6. Das Gewissen des Arztes im Dialog mit dem Gewissen des Patienten

Die Einzigartigkeit des ärztlichen Berufes und die Besonderheit der Beziehung verlangt vom Arzt die höchste Ehrfurcht vor dem Gewissen seines Patienten. Dies ist nicht nur ein ethischer Imperativ, sondern auch unmittelbarer Ausdruck des heilenden Berufes. Die Krankheitssituation ist meistens nicht verstehbar ohne die seelische und gesamtmenschliche Situation des Kranken, d. h. nicht ohne das Heilsein oder Heilwerden auch seines Gewissens. Viele medizinische Entscheidungen und Behandlungsweisen wirken sich so oder so auf die Gesamtverantwortlichkeit und Verantwortungsfähigheit des Patienten aus. Damit der Patient selbst sich im Gewissen entscheiden kann, ist er vom Arzt hinreichend zu informieren, soweit dies ohne besonderen Schaden oder ein unproportioniertes Risiko für den Patienten geschehen kann. Der Arzt wird zum Beispiel den Patienten nicht nur über die Aussichten auf Erfolg einer bestimmten Behandlung oder eines Eingriffes, sondern auch über die voraussichtlichen Auswirkungen für sein kommendes Leben informieren. Er überschreitet weder seine Grenzen noch verletzt er die Ehrfurcht vor dem Gewissen, wenn er dabei von seinem ärztlichen Standpunkt aus klar sagt, welche Entscheidung ihm als die bessere erscheint. Schließlich wird jedoch der Arzt die Entscheidung des Patienten annehmen, auch wenn sie ihm nicht als die beste oder richtigste erscheint. Es gibt Fälle, in denen dies jedoch nicht leicht ist. Man denke beispielsweise an einen erwachsenen Patienten, der gemäß der Lehre seiner Sekte eine Bluttransfusion für unmoralisch hält, auch wenn sie zur Rettung des Lebens notwendig ist. Ist der Patient im bewußtlosen Zustand und hat er nicht ganz ausdrücklich eine solche lebensrettende Transfusion ausgeschlossen, so wird der Arzt sie doch vornehmen. Ist jedoch der Patient bei Bewußtsein und verlangt aus Gewissensgründen ausdrücklich, daß der Arzt ihn sterben lasse, so wird das Gewissen des Patienten das letzte Wort haben. Anders

[6] A. a. O. Nr. 43.

verhält es sich, wenn Eltern oder Pflegebeauftragte aufgrund ihres Gewissens die Durchführung eines solchen lebensrettenden Eingriffs für unmündige Kinder verböten, der nach der allgemeinen Überzeugung der Menschen und vor allem nach dem Fachgewissen des Arztes moralisch gut und notwendig ist. Der Arzt ist hier Sachwalter der Gesamtgesellschaft, die es nicht dulden kann, daß Eltern oder Vormünder praktisch ein Todesurteil über die ihnen anvertrauten Kinder sprechen. Schwieriger ist jedoch die Situation, wenn auch innerhalb der Gesellschaft und des ärztlichen Berufsstandes keine klare und feste Gewissensüberzeugung besteht.

Nicht selten handelt es sich um verschiedene Auffassungen bezüglich sittlicher Prinzipien. Der Arzt glaubt z. B., daß in einem konkreten Fall nur eine Sterilisation das Leben, die Gesundheit oder die psychische Stabilität der Familienmutter retten kann, während die Frau diesen Eingriff für absolut unsittlich hält und zurückweist, weil sie meint, die Lehre ihrer Kirche verbiete sie. Der Arzt wird in diesem Fall versuchen, den sittlichen Gehalt dieses Eingriffs in dem ganz besonderen Fall zu erhellen und darzutun, daß die kirchliche Lehre wohl eine solche konkrete Entscheidung nicht ausschließe. Sieht jedoch der Arzt, daß es wirklich die eigene Gewissensentscheidung des Patienten oder der Patientin ist, die sich gegen diesen Eingriff entscheidet, so wird er das Gewissen unbedingt respektieren.

Der Arzt wird dem Kranken auch dann helfen, wenn er die Gesamtsituation, die Anlaß zu der Erkrankung gegeben hat, mißbilligen muß. Man denke z. B. an die Folgen eines sittlich ungerechtfertigten Schwangerschaftsabbruchs. Die nachträgliche Hilfe bedeutet ja in keiner Weise eine Billigung dessen, was vorher geschehen ist. Der Arzt folgt hier Christus, der nicht kam zu richten, sondern zu heilen. Er wird deshalb jedes Moralisieren vermeiden, das den Patienten nur verletzen würde. Er wird jedoch die Gewissensfrage berühren, insofern dies hilfreich oder notwendig ist für den heilenden Vorgang als ganzen. Nicht um zu richten, sondern um dem Ethos des heilenden Berufes treu zu bleiben, wird der Arzt unter Umständen die Patientin darauf ansprechen, ob sie nicht mitwirken kann, einem Kriminellen das Handwerk zu legen, der das Leben und die Unversehrtheit noch vieler anderer in Gefahr bringen würde.

Wie der Arzt das Gewissen des Patienten, so muß auch letzterer das Gewissen des Arztes unbedingt respektieren. In Fällen, in denen der Arzt eine feste Gewissensüberzeugung hat, daß ein bestimmter Eingriff oder eine Behandlung der sittlichen Norm widerspricht, darf ihn auch die Liebe zum Patienten nicht dazu bewegen, sein eigenes Gewissen zu verletzen. Auch die Überlegung, daß der Patient den Eingriff zweifellos durch einen anderen Arzt durchführen lassen werde, und vielleicht unter größerem Risiko für seine Gesundheit, kann für den Arzt kein Grund sein, gegen sein eigenes Gewissen zu handeln.

5. Kapitel

Der Naturbegriff im Selbstverständnis der Medizin

Fast in allen Wissenschaften spielt der Naturbegriff eine bedeutsame Rolle, aber die Bedeutung des Wortes Natur ist nicht einmal innerhalb der gleichen Wissenschaft immer eindeutig. Die Sinnbedeutung, die man dem Wort beilegt, spiegelt oft eine ganze Weltanschauung wider. Ohne von vornherein zu versuchen, den Begriff zu definieren, möchte ich doch umschreiben, wovon wir hier handeln: Ich meine vor allem das Gesamtverständnis des Menschen, seine Existenz im Leibe und durch den Leib, das Verständnis von Leib und Geist, und zwar insofern dieses Verständnis des Menschen die Gesamtausrichtung der Medizin und der medizinischen Ethik mitbestimmt. Ohne eine Besinnung über die verschiedenen Bedeutungen des Wortes Natur in Medizin und Biologie und schließlich eine Bestimmung unseres eigenen Standortes können wir uns den weiteren Aufgaben der medizinischen Ethik kaum zuwenden. Die Reichweite der Standortbestimmung soll dann am Besipiel der Manipulation und des medizinischen Experimentes beleuchtet werden.

1. Der Naturbegriff: Crux der Theologie, Philosophie und Medizin

a) Der Naturbegriff in der Theologie

Das Wort *Natur* stammt von der Wurzel »nasci«, natum: was geboren ist und was mit der Geburt mitgegeben ist. Der etymologische Ursprung weist so auf den Daseinsentwurf, der als Entelechie, als dynamisch gesetzte Finalität dem Seienden mitgegeben ist. Die Theologie bleibt im Rahmen des ursprünglichen Wortsinnes, wenn sie besonders die Entelechie oder angeborene Finalität betont. Der Wortgebrauch ist jedoch in der Theologie keineswegs einheitlich. Die Verwirrung ist bisweilen nicht gering. Während die Väterzeit den Begriff *natura* gern gebraucht für den ursprünglichen Plan Gottes mit den Menschen und damit all das bezeichnet, was Gott dem Menschen in der Ordnung der Schöpfung und der Erlösung mitgibt, was ihn auf sein Ziel ausrichten kann, hat sich in der Neuzeit und vor allem seit M. Scheeben eine scharfe Zweiteilung zwischen Natur und Übernatur durchgesetzt. Seit etwa zwei Jahrzehnten besteht jedoch eine rückläufige Bewegung. Hebt man in der Theologie Natur scharf von der Übernatur ab, so meint man damit, was wesentlich zum Begriff des Seienden gehört und infolgedessen nicht den *besonderen* Charakter des ganz Unverdienten trägt. Aus diesem Ge-

dankenansatz kam es zu einem Theologisieren, das durch Analyse abstrakter Begrifflichkeit rekonstruieren will, was »natura pura« sein könnte. Natur meint dann eine nie wirklich gegebene Ordnung, der seinshaft nur das begrifflich Geschuldete zukäme. Während eine solche Denkweise das gnadenhafte der Erlösung betonen will, wird sie dem Geschenkhaften des ganzen Daseins nicht gerecht. Außerdem ist sie fern vom biblischen Denken, das den Menschen in allem auf die Ganzheit des wirklichen Daseins und den Plan Gottes mit dem wirklichen Menschen hinweist. Es gibt nur eine geschichtliche Ordnung. Und dort, wo sich der Mensch der Gnade verschließt, fällt er nicht auf eine reine Natur zurück, sondern findet sich in einer gestörten Natur, in einer »Unnatur« vor. Der Mensch lebt nur in einer Ordnung des Heiles, in einer »heilen Natur«, wenn er im Blick auf das ganz und gar ungeschuldete Angebot der göttlichen Freundschaft lernt, sein ganzes Dasein in Dankbarkeit zu empfangen und zurückzuschenken. Unheil und Unnatur ist dort, wo sich der Mensch selbst in den Mittelpunkt stellt, Gott gegenüber arrogant verhält und vergißt, daß er nur durch Gottes unverdiente Gnade lebt oder aber vor dem konkreten göttlichen Heilsangebot in eine bloße Gedankenwelt der Möglichkeiten flieht.
Über das Gesagte hinaus hat die Theologie und insbesondere die Moraltheologie oft mit einem Naturbegriff gearbeitet, den sie aus der zeitgenössischen Philosophie oder Medizin übernahm. Das ist normal – man könnte auch sagen »natürlich« –, da eine existentiell fruchtbare Besinnung nur mit den Begriffen und innerhalb des Weltbildes der Zeitgenossen möglich ist, denen die Theologie die Heilsbotschaft weitergeben will. Die Theologie ist jedoch weithin der Gefahr erlegen, daß sie in wörtlicher Weitergabe früherer Lehräußerungen und theologischer Prinzipien den Sitz im Leben vergaß und ganz verschiedene Naturbegriffe miteinander verwechselte.
Der der biblischen, heilsgeschichtlichen Sicht entsprechende Naturbegriff ist dynamisch, vorwärtsweisend. Innerhalb eines statischen Weltbildes war jedoch der Naturbegriff, insofern er einseitig das bleibende Wesen des Menschen betonte, notwendigerweise mehr oder weniger statisch konzipiert. Man betonte die bleibenden »Wesenheiten« so sehr, daß man bisweilen das zum Leben wesentlich gehörende Wachstumsgesetz vergaß. Mit dem Übergang zu einem ausgesprochen dynamischen Weltbild werden nunmehr auch alle Einzelaussagen und das Gesamtverständnis von Natur des Menschen fast unvermeidlich mehr dynamisch.
Die ganze Tradition der Theologie bewahrte ein geschichtliches Verständnis der menschlichen Natur, vor allem dann, wenn sie unterschied zwischen der ursprünglichen Natur des Menschen, der gefallenen Natur, und der zugleich gestörten und erlösten Natur des Menschen. Das spannungsreiche Ineinander von gestörter und erlöster Natur macht eine Zurückführung menschlichen Daseins auf rein statisch konzipierte Wesenheiten fast unmöglich. Im

Lichte der modernen Sicht der Evolution und der allmählichen Hominisation werden viele traditionelle Spekulationen und Formulierungen über die »ursprüngliche Natur« des Menschen fragwürdig. Heutige Theologie zieht dem Ausdruck »ursprüngliche Natur« weithin die Benennung »ursprünglicher Plan Gottes« vor. Man meint damit jene wirklich mögliche Entwicklung menschlicher Geschichte, die stattgefunden hätte, wenn der Mensch in allen Phasen und Stufen der Entwicklung und im Verlauf der ganzen Geschichte der Gnade treu geblieben und jeweils voll die ihm anvertrauten Gaben benützt hätte. Es stehen sich in der Theologie vor allem zwei Sichtweisen gegenüber: Die eine verlegt ursprüngliche Natur als volle Gegebenheit in die Vergangenheit. Die andere sieht den ursprünglichen Plan Gottes als einen Gesamtentwurf, in dem der geschichtliche Mensch auf Zukunft angelegt ist. Nach dieser zweiten Sicht gäbe es nie die ursprüngliche Natur in gegebener Vollendung, sondern nur jenen Menschen, der in seiner Abhängigkeit vom Schöpfer auf den vollen Plan der Verwirklichung hinwies.
Gemäß der gesamten Theologie gab es die gefallene Natur nie in »Reinkultur«, da Gott den Menschen nie ohne Hoffnung gelassen, sondern ihm immer wieder seine Gnade und seinen Bund angeboten hat. Die ganze Geschichte der Menschheit ist gekennzeichnet von einer Spannung und Verschiedenheit zwischen jenen Menschen, die sich mehr vom unerlösten Egoismus leiten ließen, und jenen, die schon in einem sichtbaren und erfahrbaren Grade Gott und dem Dienste der Gemeinschaft zugewandt sind und so auf die Gegenwart der Gnade Gottes hinweisen. Doch die Spannung verläuft nicht in sauberen Linien zwischen verschiedenen Kulturen und zwischen den verschiedenen Menschen. Sie sitzt weithin im Herzen eines jeden Einzelmenschen und in jedem Milieu, wenn auch in verschiedenem Ausmaß. Gerade das Wissen um diese Spannung im Menschen, der von einer zugleich gefallenen und erlösten Natur gekennzeichnet ist, macht es schwierig, den Willen Gottes sozusagen aus einer vorgegebenen Natur abzulesen.

b) Der Naturbegriff in der Philosophie

Jede Philosophie ist ein Versuch, die Natur des Menschen, d. h. sein Wesen, seine Bestimmung, seine Zielrichtung zu definieren. Noch viel deutlicher als in der Theologie spiegelt in der Philosophie der Naturbegriff eine große Verschiedenheit von Weltanschauungen wider. Eine Philosophie, deren Ausgangspunkt hauptsächlich die Natur alles Seienden ist, neigt bisweilen allzu leicht dazu, die Natur des Menschen einem verallgemeinernden Naturbegriff unterzuordnen. Daß in der griechischen Naturphilosophie, deren Ausgangspunkt die *physis*, der allgemeine Naturbegriff des Seienden ist, die Einzigartigkeit der menschlichen Natur nicht genügend zum Ausdruck kam, ist kein Wunder. Trotz der allgemeinen Reaktion gegen eine mythologische Weltauffassung bleibt die *physis* irgendwie noch mythologisiert.

Am andern Ende der Entwicklung steht der ausgesprochene Personalismus von Männern wie Ferdinand Ebner und Martin Buber. Hier ist die konstitutive Beziehung zwischen Du, Ich und Wir das, was eigentlich die Natur des Menschen ausmacht. Der Mensch ergreift seine Natur und sein Wesen im Hören auf den Ruf, der ihm Dasein und Anspruch des Lebens gibt. Seine Natur spricht sich aus in den personalen Beziehungen zu den Mitmenschen und in seinem Bemühen eine heilere Welt zu schaffen, die die echten personalen Bezüge fördert. Die Liebesfähigkeit mit der Möglichkeit, wahre von falscher Liebe zu unterscheiden, gehört zum Kern der menschlichen Natur.

In der aristotelisch-thomasischen Tradition ist die »venünftige Natur« als das Wesen des Menschen erfaßt. Im Vordergrund steht das Selbstbewußtsein, die Möglichkeit, über sich selbst und seine Beziehungen zum Gesamt des Seins nachzudenken, die Fähigkeit, das Wesen der Dinge in Begriffe zu fassen und mitzuteilen. In der platonischen Philosophie ist der Eros, der den Idealen zugewandt ist, die Verwandtschaft mit dem Reich der Ideen, mit der idealen Sphäre von Wahrheiten und Wesenheiten das, was zu innerst die Natur des Menschen bestimmt.

Der Naturbegriff des klassischen Altertums hat weithin eine gewisse Affinität zum Pantheismus. Auch Denker, die die Transzendenz Gottes grundsätzlich bejahten, sehen in der Naturbestimmtheit des Seienden eine unmittelbare Gegenwart Gottes. Die Geschichte der Medizin und der medizinischen Ethik ist bis in die Neuzeit nachhaltig beeinflußt von dem Satz des Aristoteles und der Stoiker: »Gott und die Natur tun nichts vergebens.« (Deus et natura nihil faciunt frustra.) Dieser Satz hat freilich je nach der gesamten Weltauffassung verschiedene Schattierungen.

Durch die ganze uns bekannte Geschichte der Philosophie zieht sich die Spannung zwischen statischem und dynamischem Naturbegriff hindurch. Parmenides sieht das ganze Weltbild und demnach auch die Natur des Menschen statisch. Er betont die ewige Gleichheit der Wesenheiten und Prinzipien. Am andern Pol steht Heraklit, der auch in bezug auf die menschliche Natur das ständige Werden betont. Was bedeutet jedoch dieses ständige Werden, wenn es gemäß dem griechischen Weltbild innerhalb des Kreises der ewigen Wiederkehr bleibt?

Das moderne Weltbild, das vom Wissen um die grandiose Evolution und Entwicklung des Menschen bestimmt ist, betont vor allem die Geschichtsbedingtheit und, wenigstens teilweise, die Geschichtsmächtigkeit als Wesenszug der menschlichen Natur. Die heutige Philosophie betont in ihren verschiedensten Richtungen etwa von Heidegger bis Marcuse vor allem den werdehaften Charakter alles Daseins und auch der menschlichen Natur. Der Mensch kommt zu bewußtem Dasein im Mut zum Werden. Die menschliche Natur ist bestimmt von der Spannung zwischen Essenz und Existenz.

Aber die Existenz, als das aus sich heraustretende Werden, erfährt stärkere Betonung als die Essenz, insofern sie auf ein in sich ruhendes Wesen hinweisen könnte. Nicht selten bezieht sich diese Philosophie auf das biblische Bild des ursprünglichen Chaos und will dann die gesamte Natur irgendwie in Griff bekommen als den Kampf zwischen Chaos und sinnhaftem Werden.
Es gehört ferner zu den charakteristischen Zügen der modernen Philosophie, daß sie den Unterschied zwischen der Natur des Menschen und der Kultur betont. In dieser Sicht ist Natur irgendwie das Material der Kultur. Es gehört dann zum Wesen des Menschen – oder wenn man so sagen will, zur Natur des Menschen –, daß sich die menschliche Person vor allem als Verwalter des vorgegebenen und naturhaften Seins einschließlich des biochemischen Erbes und des unbewußten Unterbewußten versteht.

c) Der Naturbegriff in der Medizin

Was soeben von der Theologie gesagt wurde, gilt zu einem guten Teil auch von der Medizin und der medizinischen Ethik. Der Naturbegriff der Medizin steht immer irgendwie im Strahlungsfeld des Zeitgeistes, in einer Wechselwirkung mit dem Naturbegriff der Philosophie und in etwa auch der Theologie. Aber es besteht doch ein entscheidender Unterschied zwischen philosophischer Spekulation über die Natur des Menschen und der Sicht und Erfahrungsweise der Mediziner, die *existentiell* nach dem Sinn des menschlichen Lebens, der Gesundheit und Krankheit und des Todes fragen. Der Ausgangspunkt des Mediziners ist nie ein abstraktes Menschenbild oder ein allgemeiner Seinsbegriff. Seine Reflexion vollzieht sich im Anblick des kranken Menschen, dessen Dienst er sich gewidmet hat. Das Tor der Erkenntnis ist für ihn die verifizierbare Erfahrung in der Begegnung, die stets Dienst ist. Seine Philosophie ist Weisheit im existentiellen Sinn. Sie hat ihren Antrieb aus dem Willen zu heilen und sucht deshalb eine klare Sicht und Richtung. Er stellt die Frage nach der Natur des Menschen im Blick auf Heilsein und heilendes Tun. Er wird sein rationales Verständnis von der Natur des Menschen stets neu anhand seiner Erfahrung überprüfen.
Innerhalb der wissenschaftlichen Medizin zeigt sich jedoch eine erstaunliche Polarisation in bezug auf das verschiedene Verständnis von der menschlichen Natur. Während der praktische Arzt immer irgendwie den Blick für die Ganzheit des Menschen bewahrte, blieb die Sicht vieler Vertreter der klassischen Schule einer im Rahmen der Naturwissenschaften arbeitenden Medizin einseitig auf die biochemische Natur des Menschen begrenzt. Am andern Pol der Entwicklung stehen Männer wie Weizsäcker und Frankl, deren ganzes Denken über die Natur des Menschen vom Geist des Ganzen bestimmt ist. Sie wenden ihre ganze Aufmerksamkeit dem wundervollen Ineinander von Leib und Geist in der Bezogenheit auf Sinnfülle zu.

Die Reflexion der Mediziner über die Natur des Menschen konnte sich den Luxus der Gnostiker und neuplatonischer Richtungen nicht leisten, die die Natur des Menschen nur im Bereich des Geistes und der Ideen suchten. Der Arzt kann nie die wunderbare Wirklichkeit des Leibes übersehen. Während der Medizinmann vergangener Zeiten versuchte, die bösen Geister auszutreiben und so zu heilen, wendet sich der Arzt der hippokratischen Tradition und noch mehr der Arzt der wissenschaftlichen Epoche der Ganzheit des leib-seelischen Lebens und seiner Entfaltung bzw. Behinderung durch den Lebensraum zu. Der medizinischen Sicht liegt es nahe, in der Natur des Menschen vor allem jenes Ganzheitsprinzip des Lebens zu suchen, das auf Wachstum, Entfaltung und Gesundheit hindrängt. Der Arzt findet in der menschlichen Natur eine eingeschaffene heilende Kraft, als deren Verbündeter er sich weiß.

2. Der menschliche Leib und der leibhaft sichtbare Geist

Grunderfahrung und Ethos des Arztes treffen sich mit dem christlichen Glauben ganz besonders in der Hochschätzung des menschlichen Leibes. Im Leibe, der Liebe, Güte, Ehrfurcht und Reinheit ausstrahlt, wird uns das Bild Gottes sichtbar. Der Mensch ist berufen, Gott in seinem Leibe zu verherrlichen. Der Höhepunkt von Gottes Plan ist das Kommen seines Sohnes im menschlichen Leibe. »Und das Wort ist Fleisch geworden« (Joh 1, 14). Wir können dieses Wort auch so ausdrücken: »Das Wort Gottes ist leibhaft geworden.« Nach dem Briefe an die Hebräer steht das bewußte Leben des menschgewordenen Wortes unter dem folgenden Gebet: »Du hast mir einen Leib gegeben. Da sagte ich, siehe ich komme, deinen Willen zu tun« (Hebr 10, 5–7). Das Wort Leib steht hier für die menschliche Natur als solche. Die christlichen Zentraldogmen der Menschwerdung des Sohnes Gottes und der Auferstehung der Toten sind die stärkste Betonung der Bedeutung und Würde des menschlichen Leibes. Eine spiritualistische Weltanschauung und Leibverachtung sind für den Christen schlechthin unmöglich. Gewiß spricht das Erlösungsdogma auch davon, daß der Leib des Menschen zugleich mit dem Geiste von der Sünde betroffen ist. Aber auch in bezug auf den Leib ist nicht Sünde, sondern Erlösung und Heil das letzte Wort. Auch hierin trifft sich der Glaube weithin mit der Grunderfahrung des Arztes.

Wenn die christliche Tradition sagt, daß die menschliche Natur aus Leib und Seele oder aus Leib und Geist besteht, so meint sie das nicht im Sinne der Addition eines Elementes zum andern. Es entspricht nicht genau dem christlichen Gedanken, wenn man sagt, daß der Mensch einen Leib *hat*. Der Mensch ist leibhafter Geist; er *ist* ein lebendiger Leib. Das heißt nicht, daß das Leibliche das Ganze des Menschen ist. Der Mensch ist auch nicht eine bloße Summe biologischer und personaler Eigenschaften. Menschliche

Existenz auf Erden ist wahrhaft biologisch und ganz personal in dem Sinne, daß es sich um zwei Aspekte einer einzigen Wirklichkeit und nicht um zwei getrennte oder nur äußerlich zusammengesetzte Teile handelt. Dieser Tatbestand drückt sich u. a. darin aus, daß menschliches Bewußtsein, die tiefsten Einsichten und die höchsten Ausdrucksmöglichkeiten der geistigen Person nie möglich sind ohne die Mitwirkung des Leibes, insbesondere des Großhirns.

Eine der größten Versuchungen der theoretischen Medizin, wie sie an den Universitäten von jenen Schulen gelehrt wurde, die sich ganz an den Denkmodellen der Naturwissenschaften ausrichteten, war eine Begrenzung der Sicht auf die biochemische Natur des Menschen. Man studierte das Leben der Zelle, der Organe und all die biochemischen Funktionen und vernachlässigte die Ganzheit des Leibes als leibhaftige Person. Man übersah allzu leicht, daß auch die biochemischen Reaktionen im Ausdrucksfeld der ganzen Person stehen. Die entgegengesetzte Versuchung ist die einer gewissen Psychoanalyse, die allein auf das Psychische schaut und dabei die leibliche Komponente und leibliche Umweltbezogenheit teilweise übersieht. In der Praxis hat es jedoch der Arzt nicht mit der Psyche allein noch mit bloßer Leiblichkeit zu tun. Er trifft entweder Personen oder Leichname, er dient der ganzen Person, die im Leibe anwesend ist, in einer unergründlich dichten Einheit von leiblichen und geistigen Dimensionen. Jede der Dimensionen der menschlichen Natur wird von der Medizin besser verstanden, wenn man sich voll bewußt ist, daß es sich nicht um getrennte Teile, sondern nur um Dimensionen des unteilbaren Ganzen handelt.

Die spezifische Natur des Menschen ist sein Dasein im Leibe und das Offensein für das Du, für das Wir und die Umwelt, ein Offensein, das sich im Leibe und durch den Leib vollzieht, und zwar so, daß der Leib selbst zum sichtbaren Zeichen und Vollzug dieser Transzendenz seiner selbst wird. Die Offenheit des Menschen ist wesenhaft verschieden von der des Tieres. Die Bezogenheit des Tieres auf die Umwelt ist wundervoll. Aber nur der Mensch kann bewußt Bezug nehmen in Abstand und geistiger Nähe. Das Tier stutzt und erschrickt; der Mensch aber staunt, bewundert und betet an. Der menschliche Leib ist nicht ein bloßer Punkt im Kräftespiel der Anziehung und Abstoßung. Der Mensch gibt bewußt Antwort auf seinen Mitmenschen; er übernimmt Verantwortung für Gemeinschaft und Umwelt. Das Tier ist in seiner Leiblichkeit außerordentlich offen für die Umwelt in der Form instinktiver Anpassung an sie. Die menschliche Leiblichkeit ist diesbezüglich sehr viel weniger flexibel. Der Mensch muß sich als kulturschaffendes Wesen mit seiner Umwelt bewußt auseinandersetzen. Seine Anpassung an die Umwelt ist Können, Kunst. Das Künstliche gehört mit zur Äußerung menschlicher Natur und Leiblichkeit.

Die moderne medizinische Forschung hat sehr viel zum Verständnis der

Ganzheit des Menschen in seinen leiblichen, seelischen und geistigen Dimensionen beigetragen. Jede Bewußtseinsäußerung, jede Reflexion und Entscheidung, jeder Ausdruck des Liebens ist zugleich auch eine psychosomatische Tätigkeit. Ähnlich wie beim Elektronengehirn vollzieht sich die Information durch eine Vielzahl elektrischer Ströme. Der unvorstellbare Reichtum der Informationen, die sich in jedem geistigen Tun vollziehen, ist aufgespeichert durch das Erbe, durch zahllose Kontakte mit der besonderen Kultur und durch die gesamte Tätigkeit des Menschen während seines Lebens. Die geistige Tätigkeit und die vieldimensionalen Informationen und Strömungen laufen nicht nur parallel: sie gehören in einer wunderbaren Ganzheit zusammen. Während der höchstentwickelte Computer nur vorher angesammelte Informationen weitergeben kann, ist der Mensch schöpferisch; er kann Stellung nehmen, frei mit geistigen Gehalten in Kontakt treten, nach neuen Horizonten ausschauen und sich in Liebe dem Nicht-Ich öffnen[1].

Vor allem die Neurosenlehre und die psychosomatische Medizin haben unser Wissen um die Leib-Seele-Einheit des Menschen vertieft und veranschaulicht. Während mittelalterliche Philosophie und Medizin behaupteten, die Seele könne nicht erkranken und darum alle Geisteskrankheiten, soweit sie sie nicht dämonischen Einflüssen zuschrieben, ausschließlich im Somatischen lokalisiert sahen, weiß die heutige Medizin um die Doppelseitigkeit: Viele vorzüglich somatogene Störungen beeinflussen das seelische Leben, und zahlreiche leibliche Erkrankungen sind hauptsächlich psychogen. Medizin und Psychotherapie haben jedoch stark reagiert gegenüber einzelnen Übertreibungen einer psychosomatischen Medizin und einer gewissen Psychoanalyse, die alle leiblichen Erkrankungen rein seelisch bedingt sehen und dementsprechend behandeln wollten. Der Arzt ist entschlossen, immer beide Dimensionen ins Auge zu fassen.

3. Gibt es eine Natur, aus der wir Gottes Willen ablesen können?

Wir wenden uns der vieldiskutierten Frage, ob Gottes Wille leserlich in die menschliche Natur eingeschrieben ist, im Lichte der bisher gezeichneten Naturbegriffe in Philosophie, Theologie und Medizin zu. Medizin- und Kulturgeschichte warnen uns vor Simplifizierungen. Doch können wir der Aufgabe nicht ausweichen, aus einer stets fortschreitenden besseren Erkenntnis der menschlichen Natur Schlüsse auf unsere Verantwortung und die Tragweite sittlicher Entscheidungen zu ziehen.

Moderne Wissenschaft und Weltverständnis bieten uns eine Reihe neuer Einsichten und Perspektiven, die früheren Generationen unzugänglich wa-

[1] Wolf Rohrer, Ist der Mensch konstruierbar?, München 1966.

ren. Wir haben uns z. B. überzeugen lassen, daß die physikalische Welt, die Natur der Materie nicht so total bestimmt ist, wie es uns die klassische Physik lehrte. Die Quantentheorie von Max Planck zusammen mit sich immer mehr verdichtenden Theorien der Evolution geben uns eine Ahnung über die unerhörte Bedeutung jener minimalen Schwankungen, die nicht in das Weltbild des Determinismus früherer Physik paßten. Die ganze »Natur« der Welt ruft jetzt unsere Aufmerksamkeit auf jene kosmologischen Sprünge, ohne die die Evolution der Welt, die Entfaltung des Lebens und die fortschreitende Hominisation für uns nicht denkbar wären. Die Medizin von heute ist zu einem ganz anderen Verständnis der biochemischen Welt und der somatischen Natur von Gesundheit und Krankheit gekommen als etwa die alte hippokratische Medizin oder auch jene ganz an den Naturwissenschaften des letzten Jahrhunderts orientierte Schulmedizin.

Um unsere eigene Tradition zu verstehen, müssen wir bedenken, daß die Moral der vergangenen Jahrhunderte im Dialog mit einer Philosophie und Medizin stand, die einen Naturbegriff hatten, der heutiger Medizin unannehmbar ist. Das bedeutet, daß wir heute nicht mehr wie früher wagen, aus den biologischen Gesetzen und Vorgängen, die statisch aufgefaßt sind, Gottes Willen direkt ablesen zu wollen.

Auch innerhalb der katholischen Moraltheologie macht sich der Konflikt zwischen altem und neuem Weltbild sehr spürbar. Er drückt sich z. B. in den verschiedenen Deutungen aus, die dem Artikel 10 der Enzyklika Humanae vitae Pauls VI. gegeben werden. »Was die biologischen Vorgänge angeht, bedeutet verantwortungsbewußte Elternschaft die Kenntnis und die Beachtung der mit ihnen zusammenhängenden Funktionen. So vermag der Mensch in seinen Fortpflanzungskräften biologische Gesetze zu entdecken, die zur menschlichen Person gehören.« Ich meine persönlich, daß dieser Text eine annehmbare Deutung zuläßt, in dem Sinne, daß in der Formung des gesamten sittlichen Urteils die biologischen Vorgänge und Zielrichtungen nicht einfach ignoriert werden dürfen, was ja auch gute Medizin nie tut. Da das Biologische ein Teil der menschlichen Natur ist, muß es ernst in Betracht gezogen werden, zwar nicht als das letzte Wort, wohl aber als einer der Aspekte menschlichen Lebens. Der dem Text der Enzyklika hier beigegebene Quellenverweis Nr. 9 scheint jedoch die ganz verschiedene Ausdeutung durch die Konservativen zu begünstigen. Zum mindesten scheint es wahrscheinlich, daß die Kommissionsmitglieder durch den Quellenverweis ein bestimmtes Verständnis bekräftigen wollten. Der genannte Quellenverweis bezieht sich auf die Summa theologica I/II q. 94 Art. 2, wo es heißt: »All das, worauf der Mensch eine natürliche Hinneigung hat, begreift die *ratio* naturgemäß als gut und deshalb für das Tun als verpflichtend ... Dem Menschen wohnt eine Neigung zu besonderen Dingen gemäß der Natur inne, die er mit den übrigen Lebewesen teilt: und dem entsprechend gehören sie zum natürlichen Gesetz, das durch die Natur alle Lebewesen lehrt, wie z. B. die Vereinigung von Mann und Frau, die Aufzucht der Kinder und ähnliches.«

Dem modernen Menschen wird es kaum eingehen, daß wir von der allen Lebewesen gemeinsamen Natur bindende Normen für den ehelichen Verkehr und für Ausübung verantworteter Elternschaft ablesen können. Nach dem modernen Weltbild ist jene Natur, die allen Lebewesen gemeinsam ist, Gegenstand der Biologie und Zoologie; aber man kann aus ihr keine spezifischen ethischen Normen ablesen. Die Biologie ist sowohl durch die biblische Lehre wie durch das moderne Weltbild desakralisiert, in dem Sinne, daß sie für das Wohl des Menschen da ist, aber keineswegs der Mensch für sie. Biologische und zoologische Einsichten bleiben ethisch neutral; und letzte Norm für die menschliche Verantwortung gegenüber den biologischen Trends und Quasi-Gesetzlichkeiten ist die personale Beziehung zu Gott und zum Mitmenschen. Zu dem konkreten Beispiel ist demnach zu sagen: Man wird den annähernden biologischen Gesetzlichkeiten durchaus Aufmerksamkeit zuwenden, insofern sie einen Anhalt bieten für die bestmögliche Erfüllung des Berufs als Mann und Frau bzw. als Vater und Mutter. Der angeführte Text des heiligen Thomas zeigt, wie frühere Generationen noch nicht zu einer scharfen Unterscheidung zwischen menschlicher und tierischer Sexualität kamen und von einem verkürzten Naturbegriff Kurzschlüsse auf moralische Normen zogen. Es sei nebenbei gesagt, daß der heilige Thomas sich mit seinen Ansichten vor der Medizin des 13. Jahrhunderts durchaus nicht zu schämen brauchte.

Moderne Medizin ist mit Bewunderung erfüllt für die biochemische Welt; aber ihre Aufmerksamkeit gilt doch mehr den psychosomatischen Wechselwirkungen. Die Medizin sieht sich immer mehr in die Notwendigkeit versetzt, die biochemischen Prozesse und die psychischen Determinismen zum Wohl der Gesamtpersönlichkeit zu korrigieren. Es ist zwar durchaus zuzugeben, daß viele ärztliche Korrektureingriffe der Indikation biologischer »Normen« folgen, insbesondere wenn es sich nur um somatische Disfunktionen oder Krankheiten handelt; aber dabei geht es ja nur um die allereinfachsten Fälle der ärztlichen Handlung, die für die medizinische Ethik keine besonderen Probleme stellen.

»Die biologische Natur hat als Teilaspekt des Menschen keinen normativen Charakter, sie beinhaltet kein unangreifbares oder auch nur in gewissen Grenzen unantastbares Gesetz, aber sie hat für uns großen indikativen Wert: Die Biologie hat sich im Großen und Ganzen bewährt und zeigt uns dadurch, daß wir im allgemeinen dem Wohl des Menschen dienen, wenn wir sie nachahmen – aber keineswegs immer. Das Handeln des Arztes am menschlichen Leib hat nur eine einzige Norm: das Wohl des Gesamtmenschen als einer sich in der Begegnung mit den Mitmenschen realisierenden

Person[2].« Im Zeitalter der Säkularisation fällt es uns leicht, die biblische Wahrheit auf die Biologie anzuwenden: Biologische Gesetze sind für die Gesamtgesundheit und das Wohl der Person da, die Person aber nie für einen biologischen Prozeß. Eine der entscheidenden Fragen im Forschen nach Gottes Willen ist darum die nach dem Wesen echt menschlicher Gesundheit. Dieser Frage werden wir uns ausführlicher im letzten Kapitel zuwenden.

Auch für Thomas und die gesamte traditionelle Philosophie und Theologie konnten die Mensch und Tier gemeinsamen Instinkte und biologischen Gesetzlichkeiten nur über den Weg der *ratio* zur sittlichen Norm werden; denn sie faßten letztlich die menschliche Natur als *natura rationalis,* d. h. als vernünftige und verantwortungsfähige Natur auf.

Doch Gebrauch und Verständnis der *ratio* haben sich im wissenschaftlichen Zeitalter etwas verändert. Ausgangspunkt ist nicht abstraktes Denken, sondern die gemeinsame menschliche Erfahrung, die sich heute schneller und in breiterem Bogen mitteilt, und gemeinsames Forschen und Überlegen. Für uns gehört andauerndes Lernen und Experimentieren zusammen mit systematischer Auswertung der Erfahrung in ganz besonderer Weise zur menschlichen Natur. Der geschichtsbedingte und geschichtsmächtige Mensch wird immer wieder infolge neuer Erfahrungen vor neuen Fragen stehen; und neue Fragen zwingen ihn zu neuen Methoden des Forschens und Experimentierens. Die Natur des geschichtlichen Menschen bedeutet Sein im Werden, werdehaftes Sein, aber so, daß im großen Strom der menschlichen Geschichte sich eine immer klarere Richtung von Bedeutung und Wert abzeichnet. Aber nicht einmal die Gesamtrichtung, geschweige denn alle einzelnen Schritte, die in die Richtung führen sollen, sind in jener menschlichen Natur eingeschrieben, die sich heute vorfindet. Nicht alles ist ein für allemal bestimmt und deutlich ablesbar aus dem bisherigen Gang der menschlichen Geschichte.

Kein Begriff der menschlichen Natur ist einigermaßen adäquat, wenn man nicht dem Planen und der Zukunftsforschung sowie den je begrenzten Möglichkeiten und besonderen Gefahren Aufmerksamkeit schenkt. Wenn wir dabei nach letzten Normen und Kriterien suchen, so sprechen wir weniger von einer Natur oder gar von einer statischen Natur, sondern vielmehr von der wahren Berufung des Menschen. In dieser Richtung liegt die große Aufgabe der Theologie, und sie sollte dem Menschen helfen, seine eigene komplexe Natur, d. h. seine totale Berufung im geschichtlichen Kontext zu erkennen als ein Wesen, das Geschichte hat, Geschichte ist und geschichtsmächtig auf die Zukunft ausschreiten soll. Im Suchen nach Gottes Willen

[2] Rudolf Kautzky, Der Arzt und der menschliche Leib, in: Arzt und Christ 13 (1967), 146–147.

geht es also um Zielrichtung und Erfassung der Pilgersituation. Wir heben als Warnung gegenüber Simplifizierungen vor allem die folgenden Punkte ins Bewußtsein:

a) Suchen wir nach der menschlichen Natur, insofern sie uns Anhaltspunkt oder normative Weisung für die Sittlichkeit geben kann, so meinen wir immer die Ganzheit der menschlichen Natur, die Sinnfülle menschlichen Daseins und den Inhalt der menschlichen Berufung. Nur im Blick auf die Ganzheit können wir sittliche Normen erarbeiten.

b) Wir müssen uns völlig klar werden über die ungeheure desakralisierende Macht der Offenbarung und des besonderen Beitrags der modernen Medizin in derselben Richtung, nämlich in der Zerstörung von Tabus, die den Menschen hinderten, seine personale Verantwortung für sein Erbe und für die Zukunft der Menschheit wahrzunehmen. Aber wie schon früher betont, hilft uns diese Desakralisierung nur, wenn wir die absolute Heiligkeit und Würde der menschlichen Person, ihre Verantwortung vor Gott und den Mitmenschen klarer in den Blick bekommen. Gegenüber gefährlichen Tendenzen eines Säkularismus betonen wir die religiöse Natur des Menschen, nämlich seine Fähigkeit, nach dem letzten Sinn des Lebens zu fragen und Gott zu erkennen, zu lieben und ihn durch das Gesamt seines Lebens zu ehren. Wir glauben an die Freiheit des Menschen, betonen aber mehr als frühere Generationen von Moralisten die Notwendigkeit der Verleiblichung von Freiheit und Verantwortung im Gesamtraum des Menschen. Die Verantwortung für die Welt, in der die Menschheit lebt, gehört zu den heiligen Pflichten des Menschen. Die Verantwortung für sein biologisches Erbe ist ein Teil davon.

c) Theologie von heute sieht die schon mehrfach betonte Geschichtsbedingtheit und Geschichtsmächtigkeit des Menschen in der großen Sicht der Heilsgeschichte, aber so, daß die Heilsgeschichte nicht als ein Häufchen Salz neben der Weltgeschichte, sondern vielmehr als das richtunggebende Licht der Weltgeschichte gesehen wird.

d) Heutige Theologie hat ein scharfes Bewußtsein eines legitimen Pluralismus von Wertsystemen, der sich auf die Vielfalt der geschichtlichen Kulturen gründet. Gründliche geschichtliche Studien geben uns eine atemberaubende Erkenntnis der Einheit menschlicher Geschichte. Es gibt soviele Brücken des Dialogs. Aber die letztlich gleichen Anliegen drücken sich in einer Vielfalt von Weisen aus. In der Vergangenheit haben simplizistische Versuche, aus der gegebenen Natur den Willen Gottes zu lesen, leider oft zu verabscheuungswürdigen Verabsolutierungen einer besonderen Kultur geführt und damit zu einem kulturellen und ethischen Kolonialismus zum Nachteil der menschlichen Einheit und des Friedens Anlaß gegeben.

Wir sind zu dem Schluß gekommen, daß kein einzelner Aspekt menschlichen Lebens und kein naturgesetzlicher Determinismus für sich genommen, losgelöst vom Geist des Ganzen, ein letztgültiges Kriterium bieten kann, wenn es darum geht, Gottes Willen aus der Natur des Menschen zu erforschen. Wir fragen uns nun, wie diese Einsicht uns in der Frage der medizinischen Manipulation behilflich sein kann.

Der Begriff Manipulation ist noch keineswegs klar umschrieben. Er unterscheidet sich jedoch deutlich von dem allgemeineren Begriff des ärztlichen Eingriffs. Ein therapeutischer Schwangerschaftsabbruch oder eine Amputation sind beispielsweise Eingriffe von weitreichender Tragweite, aber sie werden nicht Manipulation genannt. Keine der klassischen Formen ärztlichen Helfens fällt unter diesen modernen Begriff. Sowohl der Sinn, den man diesem Worte gibt, wie auch die Reichweite seines Gebrauchs hängt letztlich vom Verständnis der menschlichen Natur und dementsprechend vom Verständnis der heilenden Kunst ab. Auf einigen Gebieten ist der Sprachgebrauch schon relativ eindeutig: Man spricht gewöhnlich nicht von Manipulation, wenn Psychotherapie mit Hilfe von Psychoanalyse und Narkoanalyse eine schwere pathologische Störung psychogenen Ursprungs beseitigen und so dem Patienten den normalen Gebrauch seiner Fähigkeiten zurückgeben will. Würde jedoch der Therapeut entweder in der Zielrichtung der Behandlung oder in der Anwendung von Methoden nicht sorgsam auf die Identität der Person und ihre gesunde Entwicklung achten, so spräche man von einer Manipulation im abwertenden Sinn.

Der Sprachgebrauch auf anderen Gebieten kann vielleicht helfen, den Sinn von Manipulation im medizinischen Bereich besser zu definieren. Die Sozialpsychologie spricht oft von Manipulation in bezug auf Reklame und Formung der öffentlichen Meinung. Sie unterscheidet die sauberen Methoden der Werbung und Information, den die Freiheit fördernden Dialog und den Ausdruck ehrlicher Überzeugung von all jenen Tricks und Kunststücken, denen es ohne Rücksicht auf ehrliche Überzeugungen und das Wohl des Nächsten einfach darum geht, die eigene Ideologie aufzuzwingen oder die eigenen Produkte ohne Beachtung der Spielregeln und ethischen Grundsätze des Wettbewerbs an den Mann zu bringen.

Eine gewisse Schulrichtung neigt dazu, dem Wort Manipulation im medizinischen Bereich stets einen abwertenden Sinn beizulegen. Wer z. B. aus biologischen Prozessen und approximativen Regeln unmittelbar ethische Normen ableitet, wird ohne weiteres alle Eingriffe, die diese Prozesse modifizieren oder einem umfassenderen Ganzen dienstbar machen, als Manipulationen im negativen Sinn ablehnen. Eine andere Schule nennt diese gleichen Eingriffe ebenfalls Manipulation, gibt jedoch dem Wort einen positiven

Sinn, solange sie dem wahren Wohl der Person und der Gemeinschaft dienen. Man spricht von Manipulation jedoch nur, wo es um mehr geht als um die bloße Wiederherstellung der normalen biologischen und psychologischen Funktionen und Reaktionen. Von Manipulation, sei es im negativen oder positiven Sinn, spricht man z. B., wenn es um einen wirklichen Eingriff in das Erbgefüge, die Gene, das biologische Erbe oder um die Modifizierung biologischer Determinismen und Funktionen geht, wobei der Anlaß nicht eine somatische Erkrankung, sondern Bedürfnisse, Nöte und Wünsche anderer Natur sind. Wirksame Mittel der Geburtenkontrolle chemischer oder mechanischer Art werden fast generell Manipulation genannt; denn sie dienen nicht den natürlichen Tendenzen des menschlichen Fruchtbarkeitssystems. Der offizielle Sprachgebrauch innerhalb der katholischen Kirche wird es dagegen vermeiden, die genau kalkulierte Ausnützung der unfruchtbaren Tage der Frau für den ehelichen Verkehr und medizinische Maßnahmen, die höchster Zuverlässigkeit des Zyklus dienen, als Manipulation zu bezeichnen. Der außerkirchliche Sprachgebrauch verwendet jedoch auch hier das Wort Manipulation, ohne jedoch notwendig eine abwertende Bedeutung zu implizieren. Beide Seiten melden ihre Gründe an. Kirchlicherseits wird betont, daß die Rhythmusmethode die in den biologischen Prozessen und Gesetzen angezeigte Richtung befolgt und dementsprechend keine organische Funktion modifiziert oder verkehrt. Die Objektion der anderen Seite ist, daß der kalkulierte Rekurs auf die unfruchtbaren Tage eine bisweilen sehr weitreichende Modifizierung der psychischen Mechanismen des Menschen bedeutet.
Der westdeutsche Episkopat hat in seiner Erklärung zur Enzyklika Humanae vitae vom 30. August 1968 eine auch für den Sprachgebrauch fruchtbare Unterscheidung vorgeschlagen: »Wo liegt die Grenze zwischen der dem Menschen aufgegebenen personalen Steuerung seiner Lebensvorgänge und den seiner Würde widersprechenden Formen der Manipulation des Lebens und der Liebe?«
Unser Anliegen ist hier, Kriterien zu finden, die uns helfen, jene Formen der medizinischen Manipulation, die sich im Rahmen der den Menschen aufgegebenen personalen Steuerung seiner Lebensvorgänge halten, von unzulässigen Formen der Manipulation des Lebens zu unterscheiden. Bei der ungeheuren Neuheit der Problematik dürfen wir uns die Lösung nicht zu einfach machen und uns vor allem nicht von bloßen Gefühlen leiten lassen. Es genüge auf folgendes Beispiel hinzuweisen, das uns vor Vereinfachung warnt: Würde die totale Normalisierung des weiblichen Zyklus etwa durch Hypnose, die künstlich den Zeitpunkt der Ovulation zu bestimmen hätte, eine willkürliche Manipulation zu nennen sein oder nur eine verantwortliche Steuerung von Lebensvorgängen? Was ist der wesentliche Unterschied zwischen einer Manipulation bzw. einer Steuerung durch ovulationshemmende chemische Mittel und einer künstlichen Regulierung des Zyklus,

wenn beide Arten künstlicher Eingriffe das gleiche Ziel erreichen wollen, nämlich verantwortete Empfängnisregelung?
Die Diskussion über Sinn und Zulässigkeit der Manipulation gewinnt immer größere Bedeutung angesichts der ständig wachsenden Macht des Menschen über seine physiologische, biologische und psychosomatische »Natur«. Die Diskussion hat sich vor allem an Fragen wie Geburtenkontrolle, Organübertragung und Modifizierung des Erbgefüges und sonstiger Eingriffe im Gebiet der Embryologie entzündet. Sie weitet sich jedoch ständig aus. Der entscheidende Punkt liegt nicht im Vokabular, sondern im Suchen einsichtiger sittlicher Kriterien, obwohl, wie schon gesagt, auch Fragen des Wortschatzes verschiedene Weltanschauungen widerspiegeln können. Das bisherige Ergebnis über das Naturverständnis und dessen normativen Wert weist in folgende Richtung:
a) In Anbetracht der unleugbaren Tatsache, daß zahllose vom Menschen verantwortete Ereignisse und Einflüsse in der menschlichen Umwelt, vor allem Nebenprodukte der Technik und Kultur, ständig verändernd auf die biosomatische und psychosomatische Natur des Menschen einwirken, und zwar oft nicht zu ihrem Nutzen, ist es schwer einzusehen, warum es unmoralisch sein sollte, wenn der Mensch selbst bewußt planend und verbessernd in das Gefüge der Natur eingreift, vorausgesetzt, daß es in verantwortlicher Weise geschehen kann. Es scheint nicht, daß das in der Offenbarung mitgegebene Verständnis des Verhältnisses zwischen Gott und Mensch den Menschen des Hochmutes und der Auflehnung bezichtigt, wenn er ständig danach sucht, der Natur ihre Geheimnisse abzulauschen, und all sein Wissen anwendet, um die biosomatische und psychosomatische Natur im Dienste seiner Gesamtberufung zu modellieren. Auch der gläubige Arzt von heute definiert seine Rolle nicht mehr wie in der hippokratischen Tradition als »Diener der Natur«. Er will dem Menschen im Gesamt seiner geschichtlichen Berufung dienen. Und dieser Mensch wird sich immer mehr bewußt, daß er selbst eine schöpferische Aufgabe in bezug auf die vorgegebene Natur hat. Er kann sich in ehrfürchtiger Weise als Mitarbeiter des Schöpfers verstehen, wenn er die Gesetzlichkeiten und Möglichkeiten seiner biosomatischen und psychosomatischen Natur immer mehr enthüllt, um das Positive zu stärken und mögliche Gefahren durch schöpferische Eingriffe abzuweisen. Unsere erste These lautet demnach, daß wir eine bewußte und verantwortliche Gestaltung und Umgestaltung der vorgegebenen Natur in klarer Sinnrichtung der totalen Berufung des Menschen jenen Änderungen vorziehen, die ihre Ursache letztlich in Lethargie und passiver Hinnahme haben. Mit anderen Worten, es können geplante Veränderungen besser sein als »natürlich« eintretende Änderungen, wenn wir unter natürlich einfach das passive Ablaufenlassen aller Ursächlichkeiten verstehen.
b) Es bestehen jedoch Gründe, nicht nur gegen utopische Erwartungen un-

begrenzter Möglichkeit der Umgestaltung des eugenischen Erbes, sondern auch grundsätzlich gegen den Gedanken an Manipulationen zu protestieren, die ein Verrat an der Würde des Menschen wären. Es genügt an all das zu erinnern, was in den letzten Jahren über die Züchtung eines neuen Menschentyps gesagt und geschrieben wurde, z. B. über Menschenzüchtung mit künstlich gewonnenen weiblichen Eizellen und männlichen Spermen ohne jede Rücksicht auf die Berufung des Menschen zu Ehe und Familie. Dem planenden Eingriff des Menschen sind nicht nur Grenzen gesetzt durch die konkreten Möglichkeiten von Wissenschaft und Technik, sondern auch durch ethische Grundsätze, die die Würde und Freiheit des Menschen schützen. Der Mensch darf seine neuentdeckten schöpferischen Fähigkeiten nur in Abhängigkeit von Gott benützen, d. h. unter anderem, in einem Geist der Verantwortung für die Geschichte der Menschheit, für die echt-menschliche Entfaltung der Person in der Gemeinschaft und der Gemeinschaft von Personen. Die wachsende Macht über die Natur legt der Menschheit ein gründlicheres Nachsinnen über den Sinn menschlichen Daseins und ein Wachstum an Verantwortungsbereitschaft auf. Es wäre nichts gewonnen, aber alles verloren, wenn es den Technokraten gelänge, eine neue Spezies von Mensch zu züchten, der fähig wäre, auf anderen Planeten zu leben, wenn dies mit dem Verlust wahrer Menschlichkeit des Menschen bezahlt würde.

c) Das entscheidende Kriterium ist das Prinzip der Ganzheit, jedoch nicht der Ganzheit der bloßen organischen oder psychischen Funktionen, sondern jene Schau des Ganzen, die den Gesamtsinn menschlichen Lebens und die Ganzheit der Berufung der menschlichen Person zu erfassen sucht. Es gibt keine letztverbindliche Sinnfülle des leiblichen Organismus oder psychischer Abläufe, außer im Sinnganzen des menschlichen Lebens in Antwort auf die irdische und ewige Berufung.

Unter dem Einfluß einer vorwiegend somatischen, biochemischen Medizin gebrauchte medizinische Ethik der Vergangenheit das Ganzheitsprinzip bisweilen nur im Blick auf die Ganzheit einer somatisch verstandenen Gesundheit und Heilungsmethode. Die Ganzheit im Heilungsprozeß, von der man sprach, blieb innerhalb des Rahmens einer rein somatisch verstandenen Natur. Auch drastische Eingriffe wurden gerechtfertigt, wenn sie letztlich der Wiederherstellung der Organtüchtigkeit oder dem Bewahren der somatischen Gesundheit in ihrer Ganzheit dienten. Dieser Ganzheitsbegriff scheint einer berühmten Ansprache Pius' XII. vom 12. September 1958 über den ärztlichen Gebrauch von ovulationshemmenden Medikamenten zugrunde zu liegen. Jedenfalls bewegte sich durch ein Jahrzehnt hindurch die sich anschließende Diskussion fast ausschließlich im Rahmen einer somatisch verstandenen Ganzheitssicht. Die zeitweise die Ovulation hemmende Progesterontherapie wurde gerechtfertigt, solange sie der Wiederherstellung der natürlichen Funktion, etwa der genauen Regulierung des monatlichen Zyklus, diente. Nicht das seelische Gleichgewicht und eine mögliche Hilfe in der ganzheitlichen Erfüllung der Berufung als Gattin und Mutter, sondern die Ganzheit der physiologischen Abläufe diente als letztentscheidendes Kriterium der Moralität.

Die Enzyklika Pauls VI. Humanae vitae lenkt die Aufmerksamkeit auf ein entschieden weiter gefaßtes Ganzheitsprinzip. »Die Frage der Weitergabe menschlichen Lebens darf – wie jede andere Frage, die das menschliche Leben angeht – nicht nur unter biologischen, psychologischen, demographischen, soziologischen Gesichtspunkten gesehen werden; man muß vielmehr den ganzen Menschen im Auge behalten, dic gesamte Aufgabe, zu der er berufen ist« (Nr. 7, vgl. Nr. 3). Die Diskussion um Humanae vitae hat freilich dann gezeigt, wie schwer es ist, dieses Kriterium der Ganzheitsschau eindeutig anzuwenden. Es tauchen nicht wenige neue Fragen in der Medizin auf, bei denen die Anwendung des Ganzheitsbegriffs noch schwieriger sein dürfte als in der Frage der Geburtenregelung.

Der verantwortungsfähige Mensch nimmt die unterpersonalen Naturgesetzlichkeiten durchaus ernst. Diese sind jedoch nie durch sich selbst und um ihrer selbst willen ethische Normen. Wo die Gesetze und Tendenzen der Natur dem Wohle des Menschen dienen, verpflichten Liebe und Verantwortung, sie zu bejahen. »Wo und soweit die Natur aber die Entfaltung und personale Würde des Menschen beeinträchtigt, darf und muß der Mensch die chaotischen Kräfte manipulieren und eine humane und deshalb auch Gott gefällige Ordnung schaffen. Die bloße Beachtung der unterpersonalen Naturgesetze garantiert eine solche Ordnung nicht[3].« Es ist die ernste Pflicht des Menschen, sich über den gesamten Richtungssinn seines Daseins klar zu werden. Dem Menschen als leib-seelisches, geistiges Wesen ist seine biosomatische und psychosomatische Natur anvertraut. Anstatt die natürlichen Determinismen in all ihrer Unvollkommenheit und Unangepaßtheit an neue menschliche Gesamtsituationen anzunehmen, wird er das vorgegebene Material der Natur im Dienste seiner Gesamtberufung, wenn nötig und möglich, umgestalten[4]. Die moderne technische Kultur, ohne die die rapide Vermehrung des Menschengeschlechts nicht denkbar gewesen wäre, hat weitreichende Nebenwirkungen auf die psychosomatische und biosomatische Natur des Menschen ausgeübt. Der Fortgang der menschlichen Kultur und vor allem der Freiheitsgeschichte des Menschen hängt zum Teil auch davon ab, wie der Mensch dieser neuen Epoche sich als Verwalter und Gestalter dieses stets gefährdeten Erbes versteht.

Wir müssen den Menschen immer als Ganzes sehen. Das Ganze aber, um das es uns geht, ist nicht der Leib, den es als Ganzes nicht gibt. Es gibt nur

[3] Hans Rotter, Die Manipulation des Menschen, in: Arzt und Christ 16 (1970), 28.
[4] Helmut Thielicke, Ethische Fragen der modernen Medizin, in: Langenbecks Archiv für klinische Chirurgie 321 (1968), 6.

den ganzen Menschen im Ausschreiten auf die ganze Sinnfülle, oder aber den Leichnam oder den ins Chaotische zurückversinkenden Menschen. Das Ganze, um das es uns geht, ist nicht das Volk, nicht der Fortschritt der Wirtschaft oder der Technik, nicht die menschliche Gesellschaft, sondern der Mensch in seiner personalen und sozialen Existenz, in seiner leiblichen, seelischen und geistigen Dimension, in seiner Fähigkeit, eine Gemeinschaft in Liebe und Gerechtigkeit aufzubauen und eine die Menschlichkeit fördernde Umwelt zu schaffen. »Jede ärztliche Maßnahme, die diesem ganzen Menschen dient, ist recht, und wenn es das Plastikherz oder was sonst noch Phantastischeres wäre[5].«

Könnte z. B. ein Eingriff in das eben beginnende menschliche Leben die chromosomale Anomalie eines XYY-Syndroms eliminieren und so die Menschheit von der harten Bürde zahlreicher gefährlicher Krimineller befreien, aus welchem sittlichen Grund könnten wir das verwerfen? Gehen wir noch einen Schritt weiter: Stellen wir uns vor, eine Modifizierung der Chromosome könnte dem Menschen durchweg größere Stabilität und ein besseres psychisches Gleichgewicht oder ein höheres Maß an Leidensfähigkeit gewährleisten, dürften wir dann einen solchen Eingriff als unsittliche Manipulation verdammen? Ich glaube nicht.

Die Ära der Manipulation des Menschen hat begonnen. Dies bringt mit sich neue Chancen, aber auch ungeheure Gefahren. Der Beitrag der humanistischen und christlichen Weltsicht ist in diesem Moment unersetzlich. Nur wenn die Menschheit sich von einer rein utilitaristischen Weltsicht, von Machtdenken und jeder Ideologie befreit, die der Würde und Freiheit des Menschen zuwider sind, können wir hoffen, daß sie die wahren Kriterien für die Steuerung der Lebensvorgänge findet und sich demgemäß ausrichtet. Wir denken jedoch nicht an ein individualistisches Personverständnis, sondern an den ganzen Menschen in seiner höchsten Fähigkeit zu wahrer Liebe und Verantwortung für seine Umwelt, Mitwelt und Nachwelt.

[5] Rudolf Kautzky, Der Arzt und der menschliche Leib, 145.

6. Kapitel

Das Leben des Menschen

Der Arzt steht im Dienste des Lebens. Zusammen mit dem Patienten fragt er darum nach dem letzten Sinn des Lebens und nach den Bedingungen für ein sinnerfülltes Leben. In welchem Sinn ist uns das Leben anvertraut? Wie ist es dem Patienten selbst und wie dem Arzt anvertraut? Aufgrund seines Berufes kann sich der Arzt nicht der Aufgabe entziehen, dem Patienten in den Tagen seiner Krankheit in der Reflexion über diese Fragen beizustehen. Der Arzt selbst kann seine Sendung nicht erfüllen, ohne aufmerksam darauf zu achten, wie jeder seiner Patienten der Frage nach dem Sinn des Lebens gegenübersteht, wenn er Krankheit und Tod ins Auge zu schauen hat. Arzt und Priester erfahren in ihrem Beruf vielfach, daß Gesundheit, Leben und Tod nicht für jeden die gleiche Sinnbedeutung haben. Zuverlässige Gelassenheit in der Krankheit und Bereitschaft zum letzten Ja, wenn der Tod in Sicht kommt, hängen letztlich von der Sinnerfassung und Sinnerfüllung des Lebens ab.
Im Lichte dieser Sinnfrage behandeln wir Grundprobleme der medizinischen Ethik wie den Beginn menschlichen Lebens, Geburtenkontrolle und Verantwortung für das ungeborene Leben.

1. Der Sinn des Lebens im Leibe

Das leibliche Leben ist ein erhabenes Gut, höher als alle äußeren Güter. Der Christ sieht in der Zeit seiner irdischen Pilgerschaft den einzigartigen *kairos*, das ist die Heilszeit der Prüfung, die Zeitspanne für das Wachsen in der Liebe zu Gott und zum Nächsten, die nie wiederkehrende Gelegenheit, das Beste seiner selbst im Dienste der Menschheit und am Bau der Zukunft zu geben und so selbst zur Vollendung zu kommen. In alle Ewigkeit wird der Mensch bleiben, was er aus sich während dieses leiblichen Lebens gemacht hat. Der neue Himmel und die neue Erde werden das Siegel der Liebe tragen, die er hier auf Erden leibhaft gemacht hat. Der Gläubige kann unmöglich seine irdische Wanderschaft in einer bloß individualistischen Sicht verstehen, als ob es nur Gelegenheit für ihn wäre, seine Seele zu retten und sich für jenseitige Belohnung zu bereiten. Der Ausblick auf das Jenseits als eine dem leiblichen Leben innewohnende transzendente Dimension öffnet alle Horizonte der gegenwärtigen Heilsgemeinschaft und ist der dringendste Anruf, die von Gott empfangenen Talente zum Wohl aller Menschen auszunützen. Man kann zum letzten Sinn der Heilsgeschichte, die den Wert leiblichen Lebens erhellt, nur Ja sagen durch das Annehmen seines Ortes in einer bestimmten Kultur, als Träger der Größe und des Elends vergangener Geschichte und als ein Mitschöpfer der Zukunft vieler.

Jeder Tag des Lebens ist kostbar. Mit Christus sagt der Gläubige: »Wir müssen die Werke dessen tun, der mich gesandt hat, solange es Tag ist« (Joh 9, 4). In Vereinigung mit Christus, der vom Vater gesandt ist, um durch sein eigenes irdisches Leben den Sinn des unseren zu erhellen, im Lichte des menschgewordenen Wortes, in dem und für das alles geschaffen ist, können wir die Einmaligkeit und den heilssozialen Wert unseres kurzen irdischen Lebens erahnen. In seiner Kürze, aber noch mehr in seiner unauslotbaren Möglichkeit, fruchtbar zu sein für viele, ist das Leben ein ständiger Anruf: »Kaufet die Zeit aus« (Eph 5, 16). In diesem irdischen Leben entscheiden wir uns entweder für die Gemeinschaft der Heiligen oder für endgültige Einkerkerung in die Unheilssolidarität. »Denn wir müssen alle vor dem Richterstuhl Christi erscheinen, damit ein jeder seinen Lohn für das empfange, was er bei Lebzeiten getan hat, Gutes oder Böses« (2 Kor 5, 10). Wir finden den wahren Sinn unseres leiblichen Lebens nur im Ja zur Absicht dessen, der es uns für den Dienst an unseren Brüdern und Schwestern gegeben hat. »Niemand von uns lebt für sich selbst, niemand stirbt für sich selbst. Denn wenn wir leben, leben wir für den Herrn« (Röm 14, 7–8). Das leibliche Leben erreicht seine Fülle im aktiven Ergreifen der Heilssolidarität Christi mit allen Menschen.

Des Menschen Leben ist ganz in Gottes Hand; er kann uns in jedem Augenblick abrufen. Aber diese radikale Abhängigkeit ist zugleich auch Ausdruck des höchsten Anrufes an den Menschen, sein irdisches Leben durch das volle Ja zur eigenen Verantwortung in die eigenen Hände zu nehmen. Die ständige Bereitschaft für Gottes letztentscheidenden Ruf drückt sich aus in der Wachsamkeit für den je gegenwärtigen Augenblick der Lebenszeit, ein Nützen des Lebens im Licht aller seiner Dimensionen.

Das Alte Testament sieht in einem langen Leben eine Gabe Gottes, die Erfüllung einer Verheißung für den rechten Gebrauch der Erdentage. »Ehre Vater und Mutter, damit du lange lebest im Lande« (Ex 20, 12; Eph 6, 2–3). »Ich sättige ihn mit langem Leben und lasse ihn schauen mein Heil« (Ps 91, 16). »Die Furcht des Herrn verlängert das Leben, aber die Jahre des Gottlosen werden verkürzt« (Spr 10, 27). Aber letztlich zählt doch nicht Langlebigkeit, sondern der gute Gebrauch des Lebens, und sei es auch kurz (vgl. Weisheit 4, 13). Der alttestamentliche Fromme ist betroffen von der Brüchigkeit des irdischen Lebens, das seine Fülle nicht erreicht; er vermag das Rätsel nicht zu lösen. »In meines Lebens Mitte soll ich betreten der Totenwelt Tore, des Restes meiner Jahre beraubt sein« (Is 38, 10). Die volle Antwort liegt nicht darin, daß Gott dem Frommen ein paar Lebensjahre mehr schenkt, sondern in letzter Erfüllung des Lebenssinnes durch

Christi Opfer. Die Vollendung des Lebens glückt in der Liebe. »Es gibt keine größere Liebe, als wenn jemand sein Leben hingibt für seine Freunde« (Joh 15, 13). Selbstlose Liebe, die bis zur Hingabe des eigenen Lebens geht, feiert Auferstehung, garantiert ewige Lebensfülle. Der Mensch, der nur darum besorgt ist, sein physisches Leben zu bewahren, verliert sein wahres Selbst, seine größte Lebenschance.
In einer Kultur, in der die Blutbande und das leibliche Leben den höchsten Platz in der Wertskala einnahmen, kann man die Schärfe der Warnung durch den Herrn verstehen: »Wenn jemand zu mir kommt, und nicht seinen Vater und seine Mutter und sein Weib und seine Kinder und seine Brüder und seine Schwestern und dazu auch sein Leben haßt, kann er nicht mein Jünger sein« (Luk 14, 26). Das Wort hassen bedeutet im Zusammenhang radikale Ablehnung der Verabsolutierung. Dem Menschen nützen weder die Blutbande noch das physische Leben, wenn er sich zum Sklaven machen läßt und so seine persönliche Freiheit, die Freiheit zu allumfassender Liebe einbüßt. Christus befreit die Menschheit zu neuer, allumfassender Lebens- und Blutgemeinschaft, indem er sein Leben für alle einsetzt.
Leben ist ein Schlüsselbegriff der neutestamentlichen Botschaft des Heiles, aber so, daß jede einseitige Wertung eines Aspektes, z. B. der vegetativen, biochemischen oder auch psychosomatischen Dimension des irdischen Lebens, ausgeschlossen bleibt. Jede Teilsicht erhält ihren letzten Sinn vom Blick auf das Ganze, auf ein in Liebe erfülltes Leben für diese Zeit und die Ewigkeit.

2. *Des Menschen Verantwortung für sein leibliches Leben*

Das leibliche Leben ist als ein kostbares Talent des Menschen eigener Freiheit anvertraut. Er ist nicht absoluter Herr seines Lebens, sondern nur Verwalter unter der Oberherrschaft Gottes. Nach dem Beispiel Christi darf der Mensch sein Leben hingeben, wenn dies sinnvoll ist im Dienste der Mitmenschen, als Zeugnis des Glaubens, der Hoffnung und der Liebe. Im Hingeben des eigenen Lebens zum Wohl des Nächsten liegt das sprechendste Zeugnis, daß irdisches Leben ein unschätzbares Geschenk der Liebe Gottes ist und in selbstloser Liebe heimfindet zum Urquell des Lebens. Irdisches Leben kann sich nur sinnerfüllt vollziehen in der Bereitschaft zum Wagnis. Maßlose Sorge für Gesundheit und Leben macht lebensuntüchtig und führt zu allen möglichen Krankheiten wie Hypochondrie und neurotischen Sicherheitskomplexen. Die Mutter, die ihre Kinder auf Schritt und Tritt bewacht, daß sie sich ja keinem Wagnis aussetzen, und sie wegen jeder Kleinlichkeit sorgegeplagt zum Arzt bringt, versperrt ihnen den Weg zur Lebensfreude und zum Lebensmut. Das mutige und freie Ja zum Wagnis erhöht Lebenskraft und Lebensfülle. Die entscheidende Frage ist jedoch,

wofür jemand sein Leben einsetzt und bis zu welchem Grad sich jeweils ein Wagnis rechtfertigen läßt. Es ist eine Frage der Wertskala und der Klugheit, die Proportion zwischen Wagnis und erhofftem Resultat auszuloten.
Die Maßstäbe unserer Kultur sind ziemlich weitherzig in bezug auf die Risiken des Sports (Bergsteigen, Autorennen, Boxen und dergleichen). Die Mondfahrt der Astronauten ist mit ungeheurem Aufwand an Training und materiellen Ausgaben besser gegen Risiken abgeschirmt als manches Autorennen. Das medizinische Experiment, von dem wir später noch ausführlicher handeln werden, steht in der Wertskala sicher höher als all die vorhergenannten Risiken. Die heilenden Berufe haben eine lange Geschichte des wohlverantworteten Wagnisses, die eigene Gesundheit und sogar das Leben im Dienste der kranken Menschheit einzusetzen. Nichts erlaubt einen so hohen Grad an Risiko wie der Einsatz für das Leben eines anderen.
Sprechen wir von des Menschen Verantwortung für sein Leben, so verstehen wir das nicht individualistisch. Unser Leben ist gekennzeichnet von vielen Dimensionen der Solidarität. Der ärztliche Berufsstand, der sich immer schon für Leben und Gesundheit aller verantwortlich fühlte, muß in der weltlichen Welt von heute ganz besonders seine Rolle wahrnehmen, alle auf ihre Mitverantwortung für Leben und Gesundheit der Mitmenschen anzusprechen. Mit neuen Gefahren und neuen Möglichkeiten wächst auch die Gesamtverantwortung der menschlichen Gesellschaft. Empfangen wir unser leibliches Leben als Geschenk des gemeinsamen Vaters im Himmel, so können wir z. B. den Verlust von jährlich mehr als 200 000 Menschenleben im Straßenverkehr nicht als Schicksal hinnehmen. Noch weniger können wir angesichts der schier grenzenlosen Mittel den Hungertod von Millionen oder grenzenloses, von Hunger verursachtes Siechtum eines großen Teils der Weltbevölkerung hinnehmen. Unsere Hochschätzung des leiblichen Lebens verpflichtet uns, alle Energien zur Erziehung unserer selbst und der ganzen Menschheit zum Einsatz für Gerechtigkeit in Gewaltfreiheit zu mobilisieren. In dieser gleichen Sicht verstehen wir auch unsere Verantwortung in der Bekämpfung der Flut der Abtreibung, von der wir später noch eingehender handeln werden. Die gemeinsame Verantwortung drückt sich in der Formung einer gesunden öffentlichen Meinung, in einer Vielzahl von Einzelinitiativen und in der Koordinierung der gemeinsamen Anstrengungen aus.
Diese Sicht der Mitverantwortung aller sei hier durch einige klassische Beispiele illustriert:

a) Schutz des unerwünschten oder mißformten Kindes

Die Mitverantwortung für das Leben spricht sich am zentralsten aus in der totalen Abhängigkeit des Fötus und auch noch des neugeborenen Kindes von der Mutter. Die verwerflichste Verletzung dieser Mitverantwortung ist die Tötung des Kindes durch die Mutter oder durch andere dem Kinde nahestehende Personen. Mit bloßem Abscheu gegen diese Tat ist jedoch unsere Mitverantwortung nicht erfüllt. Die Psychologie zeigt uns heute, daß die Kindstötung durch die Mutter in sehr vielen Fällen psychopathologisch bedingt ist. Die Schuld der Mutter kann dem Nullpunkt nahe sein. Oft hat es ihr die Umwelt seelisch unmöglich gemacht, ihre Rolle als Mutter anzunehmen. Es gilt also, das öffentliche Gewissen zu schärfen.

Die Aussetzung unerwünschter und insbesondere mißbildeter Kinder spielte geschichtlich eine große Rolle. Das Christentum hat einen ganz hervorragenden Beitrag in der Ausrottung dieser Unsitte geleistet. Die stets fortschreitende ärztliche Kunst rettet heute zahllose Leben von Kindern, die mißbildet oder sonstwie anormal sind und in anderen Zeiten trotz allen guten Willens der Eltern unvermeidlich gestorben wären. Dem Gewissen der Eltern, der Ärzte und der Gesamtgesellschaft werden immer schwierigere Fragen vorgelegt, z. B. wie weit eine Pflicht besteht, das Leben jener erblich schwer belasteten oder mißformten Kinder, das wohl kaum je die Dimension des bloß Vegetativen überschreiten wird, künstlich zu erhalten. Wir werden auf diese Frage im nächsten Kapitel zurückkommen, wenn die Rede ist von der künstlichen Verlängerung des Sterbeprozesses. Jede einzelne Entscheidung muß die Ehrfurcht vor der menschlichen Person, die rechte Einschätzung des irdischen Lebens, die Erfüllung des Lebenssinnes und die Proportion der Einzelanstrengung mit der menschlichen Gesamtverantwortung ausdrücken[1].

b) Selbstmord

Der Selbstmord wird traditionell als die totalste Verfehlung oder radikalste Ablehnung des Lebenssinnes angesehen. Wer bewußt und überlegt sein leibliches Leben zerstört, ist ein feiger Deserteur, der sich den Kämpfen und Mühen des Lebens entziehen will. Dostojewski zeichnet in seinem Roman *Die Dämonen* den absolut selbstherrlichen Menschen, der im Selbstmord den extremsten Akt der Auflehnung gegen Gott und der Betonung der eigenen Unabhängigkeit sucht. Er maßt sich in willkürlicher Selbstzerstörung ein göttliches Attribut an.

Doch gewöhnlich hat der Selbstmord eine andere Ursache und Bedeutung. Er ist eine plötzliche Explosion der Depression. Es ist eine Kurzschlußhandlung eines Menschen, dessen Leben nicht mehr fähig zu sein scheint, aus dem Dunkel aufzutauchen. Der Selbstmord ist häufiger in einem Milieu, in dem das menschliche Leben nicht geschätzt und der Suche nach Sinnerfüllung wenig Aufmerksamkeit geschenkt wird. Die Tat des einzelnen drückt das

[1] Vgl. Bernhard Häring, Hoffnungslose Krankheit und christliche Hoffnung, in: Die gegenwärtige Heilsstunde, Freiburg 1964, 414–422.

Versagen vieler aus. In einer Umwelt, in der der Selbstmord nicht sozusagen als normal einkalkuliert ist, hat er seine Ursache meist in tiefgreifenden seelischen Störungen, vor allem in schweren Depressionen[2]. Die Schwere der Depression rührt vielfach davon, daß sich die aggressiven Fähigkeiten des Menschen nicht in sinnvollen Zielen und Betätigungen aussprechen konnten. Hier liegt das Versagen weithin bei der Umwelt.

Schließlich denke man an jene zahllosen ältlichen Menschen, die ihr Dasein sozusagen am Rande fristen müssen, isoliert und verlassen, ohne soziale Anerkennung, Ehre und Hilfe von ihren Familien und von der Gesellschaft und deshalb der Depression verfielen. Ein Grund für die Zunahme der Selbstmorde liegt wohl auch darin, daß große Teile der Menschheit die innere Kraft und Motivierung zu sinnvollem Durchstehen des Leidens verloren haben. Wenn dann der einzelne depressive Mensch dem Leiden durch Wegwerfen seines Lebens entfliehen will, liegt die Ursache vielleicht bei seinen Mitmenschen, die nie versucht haben, dem Leiden einen Sinn abzugewinnen.

Aus alldem ist evident, daß wir auch angesichts des Selbstmordes uns an das Wort des Herrn zu halten haben: »Richtet nicht, damit ihr nicht gerichtet werdet!« (Mt 7, 1). Die Verweigerung des kirchlichen Begräbnisses für Selbstmörder mag in der Vergangenheit manche wirksam abgeschreckt haben, aber im Lichte heutiger psychologischer Erkenntnisse müssen wir bedauern, daß eine solche Sanktion das Leiden der ohnehin schon von moralischen Urteilen hart betroffenen Familie noch vermehrte. Heute wird kein Priester einer Person, die am Leben der Kirche irgendwie teilnahm und ihrem Leben wahrscheinlich in einem Augenblick übergroßer Depression ein Ende gesetzt hat, das kirchliche Begräbnis verweigern. Ärzte, die eine solche Möglichkeit bescheinigen, erfüllen gegenüber der Familie eine Pflicht der Liebe und der Gerechtigkeit. Angesichts einer solchen Tragödie müssen wir auch sehr feinfühlig sein im Sprachgebrauch. Gegenüber den leidtragenden Angehörigen sind Wörter wie Selbstmord und Selbstmörder zu vermeiden.

c) Lebensrettung wider Willen

Ist man im Gewissen verpflichtet, das Leben eines Mitmenschen, der es beenden will, zu retten? Nicht nur die christliche, sondern die ganze humanistische Tradition bejaht diese Pflicht. Die Ehrfurcht vor der freien Entscheidung des anderen steht dem nicht entgegen; denn mit höchster Wahrscheinlichkeit handelt es sich bei einer Person, die dem Leben entfliehen will, nicht um eine wirklich personale Entscheidung. Die Hilfe, die der Arzt oder

[2] Vgl. Hermann Pohlmeier, Depression und Selbstmord. Eine kritische Information, München 1971.

sonst ein Menschenfreund anbietet, beschränkt sich nicht nur auf die Rettung des biologischen Lebens; die entscheidende Hilfe zielt darauf, dem Mitmenschen, der Selbstmordabsichten hat, zu helfen, den Sinn des Lebens wiederzufinden und zum volleren Gebrauch der sittlichen Freiheit zu kommen. Begegnet die am Sinne ihres Lebens verzagende Person einem anderen, der sie durch sein ganzes Betragen wissen läßt, daß er an den Sinn ihres Lebens glaubt und all das viele Gute an ihr schätzt, so kann das das lebensrettende Ereignis sein. Obwohl wir weit davon entfernt sind, anzunehmen, daß eine Person, die unter dem Drang von Zwangsantrieben und Depressionen dem Leben ein Ende setzen will, für ewig verdammt würde, fühlen wir die Pflicht des Helfens nicht weniger. Es geht darum, den Mitmenschen zu helfen, an seine eigene Berufung und den Sinn des irdischen Lebens zu glauben. Unser Verhalten soll ihnen die Botschaft vermitteln, daß ihr Leben in den Augen Gottes unschätzbar ist.
Der Arzt, der zu einem zwischen Tod und Leben schwebenden Menschen gerufen wird, der versucht hat, sein Leben zu beenden, wird seine Hilfe anbieten, um dieses Leben doch noch zur Erfüllung zu bringen, und sei es auch nur durch die Möglichkeit eines Aktes der Reue und des Vertrauens in Gottes Barmherzigkeit. Das Ziel der ärztlichen Handlung wird nicht zuletzt sein, dem Patienten zu helfen, jenen Grad an Bewußtheit, Gelassenheit und Zuversicht wieder zu erlangen, der ihn instand setzt, in freier Entscheidung seinem Leben doch noch einen Sinn zu geben.
Die hartnäckige Weigerung eines Patienten, sich einem normalen lebensrettenden Eingriff zu unterwerfen, stellt den Arzt vor ein ähnliches Dilemma wie der Selbstmordversuch. Nach der allgemeinen Überzeugung der Ärzte ist es nicht nur das Recht, sondern auch die Pflicht eines Arztes, einen lebensrettenden Eingriff vorzunehmen, wenn dieser weder ungewöhnlich noch allzu teuer ist und wirklich das Leben retten kann, statt nur das Leiden zu verlängern. Die Begründung ist ganz ähnlich wie im obigen Fall. Der Patient, der einen solchen Eingriff nicht will, ist entweder absolut unkompetent, bar jeder Einsicht oder psychologisch unfähig, eine Entscheidung zu treffen. Ganz anders liegt jedoch der Fall, wenn ein Patient, der durchaus in der Lage ist, bewußt und überlegt zu entscheiden, eindeutig seinen Willen dahin ausgedrückt hat, ein friedliches Sterben einer doch sehr zweifelhaften Verlängerung seines Lebens vorzuziehen.
Wir können uns in diesen Fragen kaum auf die Lösungen der Moralisten früherer Zeiten berufen; denn die Lage ist in vieler Hinsicht ganz neu. Als noch keine schmerzfreie und aseptische Operation möglich war, bot ein Eingriff, der heute fast sicher lebensrettend ist, wenig Aussicht auf Erfolg. Zu einer Operation gehörte brachiale Gewalt, um den Patienten während der schrecklichen Prozedur zu immobilisieren. Auf der anderen Seite haben heutzutage viele Faktoren dazu beigetragen, den Lebenswillen zu verrin-

gern[3]. Die Entscheidung des Arztes wird weithin von der Aussicht abhängen, ob der Patient einen Lebenssinn finden und den Mut zum Tragen der Lebenslast aufbringen wird.

3. Der Beginn menschlichen Lebens

Die Genesis des Lebens und insbesondere die Frage nach dem Moment, in dem *menschliches* Leben entsteht, hat zu allen Zeiten den menschlichen Geist beschäftigt. Es ist eine Frage von leidenschaftlichem Interesse für die Eltern, die das Leben weitergeben, und auch für den Arzt, den Diener des menschlichen Lebens. Auch der Moraltheologe kann diesen Fragen gegenüber nicht gleichgültig sein, da eine Reihe sittlicher Entscheidungen davon mitbetroffen werden. Die Moral hat im Lauf der Geschichte stets dazu geneigt, die Überzeugungen der Ärzte bezüglich des Momentes der Beseelung zu übernehmen. In der Tradition stehen sich zwei Meinungen gegenüber. Bis auf Albert den Großen folgte fast die ganze Tradition der aus der griechischen Philosophie stammenden Theorie einer sukzessiven Beseelung, wonach zuerst eine vegetative, dann eine animalische Seele gegeben sei, die schließlich der spezifisch menschlichen Seele weiche. Albert der Große verwarf diese Theorie entschieden und lehrte eine gleichzeitige Beseelung, nämlich daß vom ersten Augenblick der Zeugung an eine unsterbliche menschliche Seele den ganzen Lebensprozeß leitet. Dagegen folgten Thomas von Aquin und seine Schule wiederum der Theorie von der sukzessiven Beseelung. Seit gut zweihundert Jahren schienen Biologen und Ärzte insgesamt fest überzeugt zu sein, daß mit dem Augenblick der Empfängnis auch die Gegenwart der Geistseele gegeben ist. Die Theologie schloß sich dieser Überzeugung an. Diese Sicht scheint auch in der Feier von christlichen Festen vorausgesetzt zu sein. Am 25. März, genau neun Monate vor dem Weihnachtsfest, feiert die Kirche Mariä Verkündigung, ein Fest, das auf den Moment der Menschwerdung des Wortes Gottes hinweist. Ebenso weist das Fest der Unbefleckten Empfängnis Marias auf den Moment der Empfängnis als den Beginn des menschlichen Lebens Marias hin. Der Moment der Beseelung des Blastozyst (Stadium zwischen Befruchtung und Einnistung) oder des Embryo gehört jedoch nicht zu den Daten der Offenbarung und ist auch nicht einschlußweise Gegenstand eines Dogmas.
In den letzten Jahrzehnten ist die Frage nach dem genauen Moment des Beginns menschlichen Lebens wiederum in Bewegung geraten. Biologen, Ärzte und Philosophen suchen die neuen Ergebnisse der empirischen Forschung, insbesondere der Embryologie, auszuwerten. Wegen der möglichen

[3] M. Kohlhaas, Lebensrettung wider Willen?, in: Münchener Medizinische Wochenschrift 42 (1967), 2176–2179.

Auswirkung der verschiedenen Theorien auf entscheidende Fragen medizinischer Ethik, müssen wir näher darauf eingehen.
Im Werden neuen Lebens heben sich vor allem vier entscheidende Momente in der Frühentwicklung ab:
a) Die Verschmelzung der Gameten; b) die Zeitspanne, in der Mehrlingsbildung durch Segmentation möglich ist; c) die Phase der Implantation; d) die Herausbildung des typisch menschlichen Großhirns. Spätere Stadien der Entwicklung des Fötus, wie z. B. die ersten wahrnehmbaren Bewegungen im Mutterleib und sogar die Stunde der Geburt sind weniger charakteristische Einschnitte, wenn es darum geht, den Moment der individuellen Menschwerdung zu bestimmen. Die Annahmen der alten Mittelmeerkultur, auch eines Aristoteles oder Thomas von Aquin, wonach die Beseelung oder individuelle Menschwerdung am vierzigsten Tag nach der Zeugung, wenn es sich um einen Knaben handle, und am achtzigsten Tag im Falle eines Mädchens stattfinde, haben heute in unserem Kulturkreis jede Bedeutung verloren.

a) Verschmelzung der Gameten

Der erste und entscheidende Moment des neuen Lebens ist die Befruchtung des weiblichen Eies. In diesem Augenblick ist ein neues Leben gegeben, verschieden von dem des Vaters und der Mutter mit einem individuellen unwiederholbaren Anlagemuster. Dieses winzige Lebewesen enthält im Genmuster des Chromosomensatzes eine Unmenge von Erbinformationen in einer einmaligen Kombination. Zahllose virtuell mögliche Kombinationen von väterlichen und mütterlichen Erbanlagen sind ausgeschlossen zugunsten jenes Genotyps, der die Individualität des neuen Lebens und die ihm eingeborenen Potentialitäten der Entfaltung für die ganze irdische Existenz entelechial bestimmt.
Von Anfang an entfaltet die Zygote ihre eigene Lebensdynamik, und zwar nicht als ein bloßer Teil der Mutter. Sie hat ihr eigenes System, Signale auszusenden, die den mütterlichen Organismus zur Bereitschaft für die Aufnahme einladen. Nach etwa fünf bis sieben Tagen der Zellteilung und Entfaltung im Eileiter findet sie ihren Weg in die Gebärmutter, wo sie selbsttätig an dem Milieu mitbaut, das ihre weitere Entfaltung ermöglicht. Die Blastula bewerkstelligt gleichzeitig zwei große Aufgaben, nämlich die Implantation und die weitere embryonale Entfaltung. Die Blastula enthält bereits den Entwurf der Placenta und des Amnion (der dem Embryo unmittelbar anliegenden Eihaut, die das Fruchtwasser umschließt). Der Trophoblast, eine ektodermale Zellschicht auf der einen Seite der Keimblase, bohrt sich in die Gebärmutter, und so nistet sich die Zygote dort ein. Dieser Pol wird zur Plazenta, die den Stoffwechsel zwischen Mutter und Leibesfrucht vermittelt. Der andere Pol wird zum Embryo. Durch die ihr selbst

innewohnende Lebenskraft und Entelechie entwirft die Blastula ein Band des Lebens, das sie mit dem Blutstrom der Mutter verbindet. Sie hat also schon vor der Implantation ein Netzwerk der Kommunikation, das hormonale Informationen an den mütterlichen Gastorganismus aussendet und sich nach Lebenssolidarität ausstreckt, ohne die eigene Individualität aufzugeben. All das deutet auf das Gegebensein eines wunderbaren Lebensprinzips, in dem die kommende Entwicklung vorentworfen ist. Der ganze Lebensprozeß ist gekennzeichnet von einer der Zygote innewohnenden Kraft, die gegenwärtigen Formen zu übertreffen und sich zu immer größerer Komplexität und Einheit zu entfalten. Es ist ein ihr selbst innewohnendes Lebensprinzip, obwohl die Dynamik ihrer Entfaltung nicht möglich ist ohne ein angemessenes Milieu und in ständiger Kommunikation mit ihm. Schon vor und während der Implantation stoßen wir auf ein dialogisches Prinzip, auf einen Lebenskern, der sich nach dem anderen, nach der Mutter ausstreckt.

All diese unzweifelhaften Daten der Embryologie scheinen die Position jener Biologen, Philosophen und Ethiker zu stützen, die die Befruchtung als den genauen und entscheidenden Moment für die Weitergabe des Lebens ansehen, und zwar in dem Sinn, daß bereits jene Geistseele, jener Lebensodem der Person anwesend ist, der die individuelle Menschwerdung und personale Entfaltung steuert.

b) Die Zeitspanne möglicher Mehrlingsbildung

Der stärkste Einwand gegen die Theorie der Beseelung im Augenblick der Befruchtung ist das Phänomen der Mehrlingsbildung aus einer Blastula durch Segmentation. Die Segmentation, die zur Bildung eineiiger Zwillinge oder Drillinge usw. führt, ereignet sich ungefähr, aber nicht genau, zur Zeit der Implantation. Sie kann Wirklichkeit werden in der Morula-Phase, d. h. ungefähr während der achten Zellteilung im Eileiter oder auf dem Weg vom Eileiter zur Gebärmutter am vierten oder fünften Tag der Befruchtung. In diesem Fall wird jeder Zwilling oder Drilling sein eigenes plazentales System haben, sich an verschiedenen Stellen der Gebärmutter einnisten. Häufiger ereignet sich die Segmentation unmittelbar bevor, während oder unmittelbar nach der Implantation; in diesem Fall haben die Mehrlinge die gleiche Plazenta. Seltener geschieht die Mehrlingsbildung nach vollendeter Implantation, und zwar bis ungefähr zum zwölften oder gar vierzehnten Tag nach der Befruchtung. In diesem Fall entfalten sich die Mehrlinge im gleichen Amnion. Es kann dann geschehen, daß die Teilung nicht zur vollen Trennung kommt und die Zwillinge an einem Körperteil verbunden bleiben (Siamesische Zwillinge).

Erst in neuester Zeit wurde von einer anderen Beobachtung in wissenschaftlichen Veröffentlichungen gesprochen, nämlich von der Vereinigung zweier befruchteter Eier zu einem Lebewesen. »Die Bildung eineiiger Mehrlinge kann sich bis zum vierzehnten Tag nach der Befruchtung vollziehen. Weniger bekannt ist die Tatsache, daß sich in dieser ersten Zeit auch Zwillinge oder Drillinge zu einem individuellen Lebewesen wieder vereinigen können[4].« Die Rekombination verschiedener befruchteter Eier zu einem individuellen Lebewesen wurde schon vor geraumer Zeit bei Mäusen beobachtet; dort kann sie bis zur 32. Zellteilung vor sich gehen. Es ist noch nicht genügend erforscht, bis zu welchem Stadium der Zellteilung dies im Falle menschlicher Embryos möglich ist. »All dies deutet darauf hin, daß mit der Befruchtung zwar ein neues Anlagemuster innerhalb einer Keimzelle ins Leben tritt, daß dies jedoch nicht notwendig bedeutet, daß dieses Erbmaterial letztentscheidend so aktuiert ist, daß eine unwiderrufliche Individualisierung erreicht wäre[5].«

Das Problem ist von der Embryologie gestellt. Es kann jedoch nur durch philosophische Überlegungen bewältigt werden. In unserer gesamten philosophischen Tradition herrscht die grundlegende Annahme, daß persönliches Leben, d. h. das Leben einer menschlichen Person, nur gegeben sein kann, wo Individualität unwiderruflich gegeben ist. Eineiige Mehrlinge haben zwar den gleichen Genotyp, repräsentieren jedoch von sich unabhängige Individuen. Zum mindesten für eineiige Mehrlinge steht für uns fest, daß das individuelle und damit personale Dasein nicht vor der Segmentation gegeben ist. In bezug auf alle anderen Embryos können wir mit größter Vorsicht doch wohl sagen, daß bis etwa zum zwölften oder vierzehnten Tag nach der Befruchtung eine gewisse Potentialität zur Aufspaltung gegeben ist, was wohl darauf hinweist, daß die Individualisierung noch nicht letztlich zum Abschluß gekommen ist. Individualität bedeutet nach traditioneller Philosophie unwiderrufliche und unteilbare Einmaligkeit. Ein Lebewesen ohne diese absolut unwiderrufliche Einmaligkeit kann doch wohl keine Person sein. Bei dem gegenwärtigen Stand der Diskussion können wir jedoch meines Erachtens von der Tatsache, daß eine solche Aufspaltung in zahlreichen Fällen geschieht, nicht mit absoluter Einsicht die Folgerung ziehen, daß eine solche Segmentation auch für die anderen bis zu dem gleichen Moment eine wirkliche Möglichkeit sei. Es bleiben demnach Zweifel in beiden Richtungen bestehen.

c) Implantation

Durch die Implantation findet die Zygote ihre natürliche Heimat. Durch die Annahme von seiten des mütterlichen Organismus taucht sie aus einer hohen Unsicherheit und Einsamkeit auf zu einer viel intimeren dialogischen

[4] A. E. Hellegers, Fetal Development, in: Theological Studies 31 (1970), 4.
[5] A. a. O., 5.

Einheit. In diesem Augenblick wird die Frau im vollsten Sinn Mutter; ihr ganzer Organismus sagt Ja zu dem neuen Leben. Nach den freilich noch sehr schwankenden Schätzungen der Wissenschaftler gehen etwa dreißig bis fünfzig Prozent der befruchteten Eizellen im Stadium vor der Implantation zugrunde, während die Verlustquote nach diesem Moment bis zur Geburt sich zwischen zehn und fünfzehn Prozent halten dürfte. Das verschwenderische Umgehen der Natur mit der Zygote während ihres erstes Lebensstadiums bekräftigt den Zweifel vieler Biologen und Philosophen, ob in all diesen Fällen wirklich ein personales Leben verlorengehe. Andere geben dem Augenblick der Implantation eine hervorragende Bedeutung im Prozeß der individuellen Menschwerdung, da hier der dialogische Charakter menschlichen Daseins schon besonders deutlich werde: »Person besagt mehr als individuierter Zellstand; *Person besagt wesentlich Relation*; d. h. sowohl zwischenmenschliche Beziehung wie auch die Grundbezogenheit des Menschen auf Gott (Transzendenz). Die Implantation läßt diese Transzendenz in besonderer Weise transparent werden[6].« Eine der Schlußfolgerungen, die Verfechter dieser Auffassung ziehen, ist, daß Experimente in vitro, die zur Befruchtung des weiblichen Eies und zu ersten Stadien der Zellteilung führen, nichts mit Humanontogenese zu tun hätten, sondern nur ein Ausbrüten von Protoplasma bedeute, das freilich Material für die Humanontogenese abgeben könnte[7].

Während mir die hohe symbolische und reale Bedeutung der Annahme der Zygote durch das mütterliche Endometrium einleuchtet, meine ich doch, daß die Argumentation einer Mystifikation der Implantation nahekommt, wenn dieser bevorzugte Moment des biologischen Dialogs zwischen Mutter und Embryo mit der Humanontogenese gleichgesetzt wird. In der Argumentationsweise gehen einige Vertreter auch kritiklos von der Annahme aus, daß Implantation und der Moment endgültiger Individuation zusammenfallen, was nicht der Fall ist.

d) Bildung des Großhirns und Humanontogenese

Die Bedeutung des Hirntods anläßlich der Diskussionen um die Herztransplantation trug mit dazu bei, daß man in der Frage nach der Humanontogenese bzw. der individuellen Menschwerdung der Bildung des Großhirns ganz besondere Aufmerksamkeit zuwendet. Die Theorie, die behauptet, daß

6 Franz Böckle, Um den Beginn des Lebens, in: Arzt und Christ 14 (1968), 70. Böckle kann sich auf eine Reihe anderer Autoren berufen, z. B. G. Sauser und M. Vodipivec, Mediko-theologische Anmerkungen zum Problem der Humanontogenese, in: Gott in Welt (Festgabe für Karl Rahner) II, Freiburg 1964, 850–872.

7 E. Chiavacci, Reflessioni per una morale della manipolazione dell'uomo, in: Rivista di teologia morale 8 (1970), 28.

erst mit der Bildung der wesentlichen Struktur des typisch menschlichen Großhirns das Substratum der Geistseele des Menschen gegeben sei, gewinnt immer mehr an Boden[8]. Die Argumentation ist philosophischer Natur, stützt sich jedoch auf eine Reihe von neuen Ergebnissen der Embryologie und die immer deutlicher werdenden Ergebnisse der Studien über Phylogenese.

In möglicherweise bis zu zehn Prozent der Fälle gelingt dem Embryo der Entwurf eines spezifisch menschlichen Großhirns nicht. Es kommt zu einer mehr oder weniger ausgesprochenen Anenzephalie; es fehlen entscheidende Strukturen des Großhirns. Wenige Fälle ausgenommen stößt der mütterliche Organismus eine solche Mißbildung aus. Kommt es trotz einer solchen Mißbildung zur Geburt, so wird ein solches Kind nie einer geistigen Tätigkeit oder des menschlichen Selbstbewußtseins fähig sein. Diese Feststellungen verbinden sich mit den Beobachtungen über den Gehirntod (Decerebrationssyndrom). Fallen die Großhirnstrukturen endgültig aus, so hört auch jede bewußte Kommunikationsfähigkeit auf. Selbst in den Fällen, in denen die nachgeordneten Systeme des Hirnstammes sich verselbständigen und weiterhin biologische Leitfunktionen ausüben, ist doch die irdische personale Geschichte des Menschen zu Ende gekommen. Man setzt Hirntod und Tod des Menschen in eins, wenn freilich hier auf feinere Unterscheidungen Rücksicht genommen werden muß, auf die wir im nächsten Kapitel eingehen.

Der erste Entwurf des menschlichen Großhirns geschieht zwischen dem 15. und dem 25. Tag. In dieser Zeit entscheidet es sich, ob der Entwurf gelingt oder aber ob es zu einer Anencephalie kommt. Mit dem vierzigsten Tag oder jedenfalls nicht sehr viel später dürfte die entscheidende Grundstruktur des spezifisch menschlichen Großhirns gegeben sein. Mit der achten Woche lassen sich bereits elektrische Hirnströme feststellen. In der zwölften Woche ist die Hirnstruktur so gut wie komplett. Die gegenwärtigen Kenntnisse der Embryologie erlauben uns wohl die Vermutung, daß nach dem 25. oder spätestens nach dem vierzigsten Tag kein qualitativer Sprung mehr erfolgt, sondern nurmehr quantitative Entfaltung einer bereits in ihrer Entwicklung gesicherten Struktur des Großhirns. Die Entwicklung ist freilich auch nach dem vierzigsten Tag großartig. Ungefähr ein Jahr nach der Geburt hat die Entwicklung der grauen Großhirnrinde jenes Maß erreicht, das dem Kind volles Selbstbewußtsein und alle anderen charakteristischen geistigen Tätigkeiten erlaubt. Aber schon wenige Tage oder Wochen nach

[8] Ausgezeichnete Information bietet Wilfried Ruff in seinen Aufsätzen: Individualität und Personalität im embryonalen Werden, in: Theologie und Philosophie 45 (1970), 24–59; Das embryonale Werden des Menschen, in: Stimmen der Zeit 93 (1968), 327–337. Vgl. auch P. Glees, Das menschliche Hirn, Stuttgart 1968.

der Geburt lächelt das Kind in einer Weise, die ein einzigartiger Ausdruck des Personseins ist.

Wiederholt hat man den qualitativen, schöpferischen Sprung, der sich in der Ausformung der Struktur des Großhirns ereignet, mit der Phylogenese verglichen. Heutige Anthropologie behauptet aufgrund der paläontologischen Funde, daß sich der große schöpferische Sprung, der den Übergang vom tierischen Leben zum Auftauchen des ersten Menschen bedeute, durch die Bildung des spezifisch menschlichen Großhirns vollzog. Mit dem Substratum menschlichen Selbstbewußtseins ist auch die Geistseele gegeben[9].

Selbstverständlich sind wir uns über den großen Unterschied zwischen Phylogenese und der Ontogenese des Embryo bzw. des Fötus in der Entwicklung des typisch menschlichen Großhirns voll bewußt. Es bestehen Ähnlichkeiten, aber auch gewaltige Unterschiede. Jede Zygote hat kraft ihres menschlichen Ursprungs die ihr innewohnende Entelechie, die auf die Bildung des Großhirns hinsteuert und auch in den meisten Fällen gelingt. Dagegen war die Phylogenese ein ganz außerordentlicher Vorgang, der durch eine lange Geschichte der Evolution vorbereitet, von Gott gewollt und doch irgendwie unerwartet eintrat. In der Vision von Teilhard de Chardin sehen wir in der ganzen Schöpfung die Entelechie auf diesen Moment hin; aber wenn die Evolution an Tausenden von Stellen ihm nahe kam, so ereignete er sich doch nur im singulären Fall. Karl Rahner ist nicht allein, wenn er unter Voraussetzung der Theorie, »daß die geistige Seele erst in einem späteren Stadium der embryonalen Entwicklung in Existenz tritt«, meint, man dürfe dann eine Parallele ziehen. Etwa in dem Sinn, »daß eine so aufgefaßte Ontogenese der menschlichen Phylogenese entspricht ...: in beiden Fällen steuert ein noch nicht menschlicher biologischer Organismus auf eine Zuständigkeit zu, in der die Entstehung einer Geistseele ihr genügend biologisches Substrat hat[10]«. Die Lehre von der Schöpfung der Geistseele durch Gott besagt nicht, »die Seele sei ein Seiendes für sich, das unabhängig von jeder Bezogenheit auf die menschliche Leiblichkeit existieren und verstanden werden könne; sie tritt nicht als selbständiges Wesen ins Dasein, sondern als wesengebendes Prinzip des Menschen[11]«. »Die Frage, in welchem Zeitpunkt die Beseelung der menschlichen Leibesfrucht erfolge, bzw. in welchem Moment der Überstieg des durch die Ver-

[9] Vgl. Teilhard de Chardin, Le phénomène humain, Paris 1955; L'apparition de l'homme, Paris 1956. – Vgl. auch das ausgezeichnete Buch von Robert North, Teilhard and the Creation of the Soul, Bruce Milw. 1968.

[10] Karl Rahner, in: Paul Overhage/Karl Rahner, Das Problem der Hominisation, Freiburg 1961, 80.

[11] Johannes Feiner, Der Ursprung des Menschen, in: Feiner/Löhrer, Mysterium Salutis II, Einsiedeln 1967, 569.

einigung der elterlichen Keimzellen entstandenen neuen Organismus zur Seinshöhe des geistbeseelten Organismus geschehe, ist sekundär und vom kirchlichen Lehramt nicht entschieden. Für evolutionistisches Denken liegt es wohl eher nahe, anzunehmen, dieser Überstieg geschehe nicht im Moment der Empfängnis, sondern in einem späteren Zeitpunkt der embryonalen Entwicklung, nach Überwindung von Zwischenstufen, über die der Organismus auf den Geist hin orientiert wird[12].«

Zusammenfassend möchte ich meine Auffassung dahin ausdrücken, daß die Theorie, die das Ins-Dasein-Treten der Geistseele von einer hinreichenden Entfaltung des leiblichen Substrats abhängig macht, nicht der Wahrscheinlichkeit entbehrt. Sie entspricht gut der Einheit zwischen Leib und Geistseele. Aber im gegenwärtigen Stadium der Diskussion sind wir weit davon entfernt, mit Sicherheit behaupten zu können, daß vor einem bestimmten Tage der embryonalen Entwicklung noch keine menschliche Person, d. h. keine Geistseele, gegeben sei. Umgekehrt müssen wir wohl behaupten, daß zunehmend vom Augenblick der Empfängnis über den wichtigen Moment der Implantation und den noch entscheidenderen Moment, in dem die Individualisierung abgeschlossen ist, bis zu der Phase, in der die Struktur des menschlichen Großhirns eindeutig gegeben ist, die Wahrscheinlichkeit und dann eine moralische Sicherheit wächst, daß wir es mit wirklich menschlichem Leben zu tun haben. Sicher bietet heute die Theorie von dem Zusammenhang zwischen Entfaltung der Struktur des Großhirns und der Geistbeseelung nicht jenen Grad an Wahrscheinlichkeit oder Sicherheit, der den Arzt oder die Mutter rechtfertigen könnten, dem Embryo zu irgendeinem Zeitpunkt das Grundrecht auf menschliches Leben abzusprechen.

4. Empfängnisregelung als medizinisches Problem

In seiner Ehrfurcht vor menschlichem Leben und in seinem Dienst am Leben wird der Arzt den Fragen um Empfängnis und Empfängnisregelung große Aufmerksamkeit schenken. Die Medizin hat im Verlauf der Geschichte den Gatten große Dienste geleistet in der Erfüllung ihrer elterlichen Berufung, sowohl durch Bewahrung der Fruchtbarkeit wie auch durch Heilung von Sterilität. Heute gehört nicht nur die Wiederherstellung der biologischen Fruchtbarkeit, sondern auch die Regelung derselben zum Aufgabengebiet des Arztes. Die neue Sichtweise verantworteter Elternschaft und die Verantwortung für die Zukunft der Menschheit stellen an das ärztliche Wissen und Gewissen viele neue Fragen. Ich habe nicht die Absicht, hier den gan-

[12] A. a. O., 581.

zen Problemkreis verantwortlicher Empfängnisregelung zu behandeln[13]. Hier beschränke ich mich auf jene Fragen, die unmittelbar die medizinische Ethik angehen.

a) Totale Verschiedenheit zwischen Empfängnisregelung und Abtreibung

Sowohl in den Augen von Vertretern der modernen Medizin wie auch im Blickpunkt der Moraltheologie ist es eine unvergebliche Sünde, wenn man nicht klar unterscheidet zwischen Abtreibung und Empfängnisregelung. Es ist beschämend, daß nicht nur bei einem Teil der Ärzte und bei Vertretern der modernen Gesellschaften für Geburtenplanung, sondern auch bei katholischen Moralisten eine Verwechslung oder doch eine fast totale Verwischung der Grenzen feststellbar ist. Man braucht sich dann nicht zu wundern, daß unter der großen Masse diese Verwirrung mit Schuld an der weiten Verbreitung der Abtreibung trägt.
Obwohl die Gameten lebendige Zellen sind, fehlen ihnen doch alle Wesensqualitäten menschlichen Lebens. Der Gedanke an eine vielleicht einmal mögliche Parthenogenese oder Weckung menschlichen Lebens durch Cloning entkräftet diese Aussage keineswegs. Es könnte höchstens sein, daß ein solcher neuer Sieg der Wissenschaft dazu beitrüge, den Moment des Beginns wirklichen menschlichen Lebens genauer zu bestimmen. Zwischen den Gameten und der befruchteten Eizelle besteht ein Wesensunterschied. Diese Behauptung wird auch nicht in Frage gestellt durch die eben behandelten modernen Diskussionen über den Zeitpunkt der Individualisation und über jene qualitativen Sprünge, die wohl mit der Bildung der Großhirnstruktur zum Abschluß kommen. Was immer unsere Theorien über den Zeitpunkt der Gegenwart der Geistseele sein mögen, es bleibt doch der Wesensunterschied zwischen Empfängnisverhütung und Schwangerschaftsunterbrechung. Im Bereich der wissenschaftlichen Möglichkeit liegt freilich eine noch genauere Bestimmung der Begriffe »Empfängnis« und »Abtreibung«.

b) Unterschied zwischen biologischen Prozessen und der psychosomatischen Ganzheit

Die Weitergabe menschlichen Lebens hat es mit einer Reihe von biologischen Prozessen zu tun; als menschliches Ereignis ist sie jedoch vor allem in der Ganzheit der psychosomatischen und vor allem der geistigen Bezüge zu sehen. Medizin schenkt biologischen Tatsachen, Vorgängen, Richtungstendenzen und Determinismen große Aufmerksamkeit. Immer wenn die biologische Funktion gestört ist, versucht der Arzt, sie wiederherzustellen, aber nur insofern der medizinische Eingriff dem Gesamtgut der Person dient. Ebenso ist es eine feste Regel der Medizin, biologische Prozesse und Deter-

[13] Vgl. Bernhard Häring, Krise um Humanae Vitae, und: Brennpunkt Ehe, Bergen-Enkheim 1968.

minismen nicht zu stören, außer wenn das Wohl der Person es erfordert. Die heutige Medizin findet es unzulässig, den biologischen Vorgängen Vorrang zu geben vor den psychologischen Gesetzen und dem psychosomatischen Ganzen.
Auf die Frage der Geburtenregelung angewandt, bedeutet dies: Soweit Geburtenregelung durch Beobachtung des Rhythmus der unfruchtbaren Tage die biologischen Gesetze besser respektiert als andere Methoden, wird ihr die Medizin den Vorzug geben und ihre Anwendungsmöglichkeit durch weitere Forschung zu erleichtern suchen. Stört jedoch diese Methode in einer gegebenen Kultur oder in Einzelfällen die psychischen Abläufe, die Gesamtgesundheit und das Gesamtwohl der Person, so wird der Arzt sicher keine Vorliebe für eine solche Methode zeigen. Er wird also von der Anwendung der periodischen Enthaltsamkeit als Empfängnisregelung nicht nur dann abraten, wenn sie zu somatischen Störungen psychogenen Charakters führt. Psychische Störungen und Schädigungen der Person fallen noch mehr ins Gewicht. Der Arzt wird von seinem Standpunkt aus verschiedene Methoden in ihren Vorteilen und Nachteilen für die Gesamtgesundheit gegeneinander abwägen. Das Biologische allein ist für ihn nicht ausschlaggebend.

c) Therapie und Empfängnisregelung

Was immer man zu der der Eheenzyklika Humanae vitae Pauls VI. zugrunde liegenden Naturauffassung sagen mag, es ist ein Segen, daß der Papst nicht die Verantwortung für irgendeine Pille oder für irgendeine andere Methode der Geburtenkontrolle übernommen hat, über die zu urteilen allein ärztliche Kompetenz fähig ist. Gemäß der vom Zweiten Vatikanischen Konzil in der Konstitution über die Kirche in der modernen Welt (Nr. 36) betonten Autonomie der Wissenschaften wäre es eine unverzeihliche Grenzüberschreitung gewesen, wenn Inhaber des kirchlichen Lehramtes etwa den Gebrauch von Progesteronpillen zur Geburtenregelung empfohlen hätten. Die Geschichte hätte ihnen vielleicht einen Prozeß bereitet, der nicht hinter dem Contergan-Prozeß zurückstehen würde. Jeder Versuch der Regelung biologischer oder psychischer Abläufe muß von der Medizin gemäß ihrer Zuständigkeit in bezug auf ihre möglichen und wahrscheinlichen Folgen für die Gesundheit der einzelnen und die Erbgesundheit untersucht werden. So kann z. B. die medizinische Wissenschaft nicht umhin, die Auswirkungen der zyklischen Methode nicht nur auf die psychische Gesundheit der einzelnen Gatten und auf psychogen zu erklärende somatische Schädigungen, sondern auch auf die mögliche Auswirkung auf die Erbgesundheit genauestens zu erforschen. Ein von Ärzten behaupteter statistischer Befund, wonach Frauen, die ausschließlich die periodische Enthaltsamkeit als Methode der Empfängnisregelung benützen, einen höheren Prozentsatz von erbgeschädigten Kindern gebären als andere, muß weiter überprüft werden.

Trifft jene Auslegung zu, die den Grund in der Vereinigung von Gameten sieht, die nahe an den Rand ihre Wirkkräftigkeit herangerückt sind, dann wird sich vom ärztlichen Standpunkt die Ausdehnung der Enthaltsamkeit auf jene Tage empfehlen, die an die Randzone einer möglichen Befruchtung mit schon allzu abgelagerten Gameten heranrücken. Die päpstliche Enzyklika Humanae vitae schiebt die Verwendung von ovulationshemmenden Arzneien ganz der ärztlichen Wissenschaft und Praxis zu; denn sie behandelt diese Frage ausdrücklich unter dem Gesichtspunkt »therapeutischer Maßnahmen, die zur Heilung körperlicher Krankheiten notwendig sind« (Nr. 15). Der lateinische Text sagt »therapia corporis«. Ist damit gemeint, daß Therapie nur der Heilung somatischer Symptome diene? Folgt man dem in der katholischen Tradition und vor allem in der Schrift verwurzelten Leibverständnis, das wir uns zu eigen gemacht haben, so scheint es mir unmöglich, die Therapie auf das Somatische einschränken zu wollen. Es geht um den Dienst an der Gesamtgesundheit des ehelichen Menschen und um eine gesunde Fortentwicklung der Menschheit. Der westdeutsche Episkopat erklärte am 30. August 1968: »Erforderlich ist auch eine Klärung dessen, was in der Enzyklika über therapeutische Eingriffe gesagt wird.«
Es gibt jedoch neben den medizinischen Aspekten auch unmittelbar sittliche Normen der Geburtenregelung, denen gegenüber der Arzt nicht gleichgültig sein wird: »Wo es sich um den Ausgleich zwischen ehelicher Liebe und verantwortlicher Weitergabe des Lebens handelt, hängt die sittliche Qualität der Handlungsweise nicht allein von der guten Absicht und Bewertung der Motive ab, sondern auch von objektiven Kriterien, die sich aus dem Wesen der menschlichen Person und ihrer Akte ergeben und die sowohl den vollen Sinn gegenseitiger Hingabe als auch den einer wirklich humanen Zeugung in wirklicher Liebe wahren[14].« Ist mit dem Zweiten Vatikanischen Konzil und der Enzyklika Humanae vitae die Notwendigkeit bewußter Empfängnisregulierung und die bestmögliche Aufrechterhaltung intimer ehelicher Beziehungen anerkannt, so kann eine Methode nicht von vornherein unsittlich sein, wenn sie diesen beiden Zwecken wirksam dienen kann. Aber was die eheliche Liebe innerlich aushöhlt oder als Weigerung der elterlicher Berufung gelten muß, kann sittlich nicht gutgeheißen werden.

d) Ärztliche Beratung und Weisung

Gerade in einer so lebenswichtigen Frage wird der Arzt höchste Ehrfurcht vor der Gewissensüberzeugung des Patienten zeigen. Das schließt freilich nicht aus, sondern erfordert vielmehr, daß er ihm all die nötigen Informationen gibt, die vom ärztlichen Gesichtspunkt ins Gewicht fallen und even-

[14] Pastoralkonstitution Gaudium et Spes Nr. 51.

tuell den ratsuchenden Patienten veranlassen könnten, seine Gewissensüberzeugung zu revidieren. Der Arzt muß sich angesichts einer so vielschichtigen Frage der Grenzen seiner eigenen Kompetenz bewußt sein und wird darum, wenn er sich in einem gewissen Aspekt der Frage nicht als Fachmann weiß, den Patienten darüber informieren. Da die medizinische Seite der Frage oft nur in der Ganzheitssicht zum Tragen kommt, ist eine Zusammenarbeit zwischen Arzt und Gewissensberater vielfach eine Notwendigkeit. Selbstverständlich muß es sich auch der Priester sagen lassen, daß er in Fragen, in denen sowohl der grundsätzliche Begriff der Gesundheit und der Verantwortung für sie wie auch die Kenntnis der gesamten psychosomatischen Situation des Ratsuchenden eine so große Rolle spielen, nicht allein alles entscheiden kann.

Der moderne Mensch erträgt es nicht, wenn der Arzt gegenüber seinem Patienten auf die Moralpauke schlägt. Man will von ihm keine Moralpredigt, die allein von abstrakten, wirklichen oder vermeintlichen Sittennormen ausgeht, wo kein Bezug zu der eigentlich ärztlichen Aufgabe sichtbar wird. Wo jedoch ein unmündiges Verhalten, ein Nicht-Berücksichtigen des eigenen Gewissens die Ursache von Neurosen oder von psychogen zu erklärenden somatischen Störungen ist, hat es nichts mit falschem Moralisieren zu tun, wenn der Arzt auf diese Zusammenhänge hinweist. Ein hartnäckiges Verdrängen der Gewissensfrage bezüglich verantworteter Elternschaft und eine Einstellung, die alles Heil von künstlichen Methoden erwartet, ohne sich den tieferliegenden menschlichen Aufgaben zu stellen, all das kann zu einer Reihe gesundheitlicher Störungen führen. Der Heilvorgang wird dann eine zwar ehrfürchtige, aber auch klare Aufklärung über diese Zusammenhänge erfordern.

e) Sterilisation

Die traditionelle Moral unterscheidet zwischen direkter und indirekter Sterilisation. Erstere meint einen Eingriff, dessen erst- und letztentscheidende Intention die Zerstörung der Fruchtbarkeit als solche ist. Sie wird, was immer das besondere Motiv für eine solche Intention sein mag, als unsittlich abgelehnt. Ist das Intentionsziel aber unmittelbar die Heilung einer Krankheit, so spricht man von indirekter Sterilisation, die sittlich für berechtigt erklärt wird, wenn die Proportion zwischen Handlung und Handlungsziel gewahrt ist. Diese Unterscheidungen haben ihren guten Sinn, wenn auch vielleicht das Vokabular dem heutigen Arzt schwer verständlich ist. Angesichts der Notwendigkeit bewußter Geburtenregelung und der Erkenntnis der ungeheuren Bedeutung geregelter ehelicher Beziehungen für die Stabilität und Harmonie der Ehe und für ein psychisches Gleichgewicht und angesichts neuer Erkenntnisse auf dem Feld der Eugenik stellen sich eine Reihe neuer Fragen, die nach dem Schema der Unterscheidung zwischen direkter und indirekter Sterilisation nur gelöst werden können, wenn die Moral nicht am Buchstaben hängen bleibt.

Der Arzt wird auf keinen Fall bereit sein, eine Sterilisation an Männern oder Frauen vorzunehmen, denen es nur darum geht, den sexuellen Genuß ohne Angst vor Folgen auszukosten. Ganz anders liegt jedoch die Situation, wenn es sich um Gatten handelt, die sich aus schwerwiegenden Gründen im Gewissen verpflichtet fühlen, jede weitere Nachkommenschaft unbedingt auszuschließen. Dann ist es eine ärztliche Frage, ob Sterilisation die jetzt und hier bestmögliche Weise ist, der Gesundheit des Patienten zu dienen. Die biologische Fruchtbarkeit ist kein absolutes Gut. Ist ein klares Urteil möglich, daß in Verantwortung jede weitere Zeugung bzw. Schwangerschaft ausgeschlossen sein muß, so ist eine Sterilisation nicht gegen die spezifisch menschliche Fruchtbarkeit; denn diese unterliegt dem Gesetz der Verantwortlichkeit. Man wird jedoch nicht zu einer Sterilisation greifen, wenn gangbare und annehmbare Methoden der Geburtenregelung von weniger drastischer Art die Gesundheit schützen können.

Es mag jedoch zahlreiche Fälle geben, in denen der Arzt überzeugt ist, daß allein die Sterilisation die indizierte Methode des Gesundheitsdienstes ist. Man denke z. B. an eine Frau, die schon ein oder mehrere Male während der Schwangerschaft eine Schwangerschaftspsychose entwickelte und infolge psychopathischer Angst zu einem normalen ehelichen Leben unfähig ist. Warum soll eine Sterilisation unsittlich sein, wenn sie das bestmögliche und unschädlichste Mittel ist, diese Frau für ihre hohe Aufgabe als Mutter und Ehefrau zu retten? Es gibt eine Reihe ähnlich gelagerter Fälle, wo der Arzt ohne Gewissensangst nach dem Grundsatz handelt: die Eileiter bzw. die Samenleiter sind für die Person und nicht die Person für die Eileiter oder Samenleiter da.

Nicht selten bitten Frauen den Arzt um Sterilisation unter ungerechtem Druck von seiten des Mannes, der nach dem ersten oder zweiten Kind aus Egoismus jede weitere Schwangerschaft ausschließen will. Ein Arzt erzählt aus seiner Praxis, daß er in diesen Fällen sehr gute Erfolge erzielte, wenn er den Mann wissen ließ, er halte es für richtiger und einfacher, wenn unter diesen Umständen der Mann selbst um die Sterilisierung bitte. Auf diese Weise konnte er die Frau von dem ungerechten Drängen des Mannes befreien. Der Mann wollte selbst nicht sterilisiert werden.

f) Künstliche Befruchtung

In der Ansprache vom 29. September 1949 über Fragen der medizinischen Ethik sprach Pius XII. ein scharfes Verdikt über künstliche Befruchtung aus. Der Papst fand innerhalb und außerhalb der Kirche breite Zustimmung. Die Verurteilung gilt vor allem der künstlichen Befruchtung durch den Samen eines Spenders, der nicht der Ehemann ist. Um sich ein vollständiges Bild der Situation zu machen, muß man an die »Samenbanken« denken, die ein einträgliches Geschäft mit zahllosen Portionen von Sperma von Männern machten, die so auf bezahlte Weise der biologische Vater zahlreicher Kinder wurden. In bezug auf künstliche Befruchtung durch den Samen des Ehemannes ist der Papst weniger eindeutig: »Damit ist jedoch nicht notwendig der Gebrauch gewisser künstlicher Mittel verworfen, die dazu bestimmt sind, den natürlichen Akt zu erleichtern, d. h. zu bewirken, daß der normal vollzogene Akt sein Ziel erreiche[15].« In der Diskussion über die Reichweite dieser Aussage wurde vor allem die Vorsicht betont, mit der Pius XII. einen gewissen Raum der Freiheit offenlassen wollte, so lange der Samen vom Ehemann ist und letztlich die Synthese zwischen dem Zeugungssinn der Ehe und ehelicher Liebe gewahrt bleibt.

Einer der Hauptgründe, der gegen die künstliche Befruchtung, und sei es auch mit dem Samen des Ehemannes, ins Feld geführt wurde, ist die behauptete Unnatürlichkeit und darum Sittenwidrigkeit der Samengewinnung durch eine freigewollte Ejakulation. Eine Erklärung des Heiligen Offiziums vom 24. Juli 1929 bildete die Grundlage einer unter den Moraltheologen fast allgemeinen Meinung. Im Verlauf der letzten Zeit hat sich diesbezüglich jedoch die Einstellung der Moral stark geändert. Der Wandel kommt typisch zum Ausdruck in dem Artikel »Samenuntersuchung« der zweiten Auflage des Lexikons für Theologie und Kirche. Der Verfasser nimmt ausdrücklich Stellung gegen die Auffassung römischer Moralisten, die bei zwingenden Gründen für eine Samenuntersuchung empfahlen, der Ehemann solle einen etwas perforierten Kondom gebrauchen, um so die Natürlichkeit des Eheverkehrs zu sichern, und den Rest des Samens dem Arzte zuführen. Dagegen ist in dem genannten Artikel scharf Stellung genommen: »Die Gewinnung durch abgebrochenen, kondomierten, aber auch durch perfekten Verkehr ist untersuchungstechnisch ungeeignet und wegen der Vernutzung des Partners unsittlich. Da zur Natur der menschlichen Sexualität die Geistigkeit gehört, ist die Intentionalität nicht nur zweckbestimmend, sondern auch mitstrukturierend. Eine voluntäre Ejakulation zu diagnostischen Zwecken wäre dementsprechend keine Ipsation (vgl. dagegen D 2201). Beobachtungen zeigen, daß voluntäre Ejakulationen zur Samenuntersuchung kein masturbatorisches sexuelles Entstaltungssyndrom induzieren[16].«

Die Samenuntersuchung ist ein Problem hoher Aktualität, da sie nicht nur zur rechtzeitigen Feststellung eines Krebses dient, sondern auch als Fertilitätstest sehr bedeutsam ist für die Wiederherstellung der Fruchtbarkeit. Die freigewollte Ejakulation, die einem hohen Gut der Gesamtgesundheit dient oder einer Ehe die so heiß ersehnte Nachkommenschaft ermöglichen kann,

[15] A. A. S. 41 (1949), 561; abgedr. in: Herderkorrespondenz 4 (1949/50), 120.
[16] M. Vodipivec, Art. Samenuntersuchung, in: LThK IX, Freiburg 1964, 296.

verstößt meines Erachtens nicht gegen die Sittennorm. Sie ist kein Mißbrauch der Sexualität.
So sehr sich auch unsere traditionsbedingten Gefühle gegen den ungewohnten Gedanken einer künstlichen Befruchtung durch den Samen des Ehemannes sträuben, so müssen wir jedoch mit unserem moralischen Urteil vorsichtig sein, solange wir nicht überzeugende Gründe in einer personalistischen Sicht der Moral vorbringen können. Gewiß, es handelt sich hier um den Fall einer Manipulation; diese kann jedoch in einer Atmosphäre der Sachlichkeit vollzogen werden und den Eheleuten helfen, ihre eigene Nachkommenschaft in einer Atmosphäre echter Liebe und gegenseitiger Ehrfurcht zu empfangen[17].
Künstliche Befruchtung im striktesten Sinn des Wortes kommt nun in Sicht in der Form der *test-tube-babies*. Die Vereinigung der Gameten und die Entwicklung der Zygote in der ersten Zellteilungsphase geschieht außerhalb des Mutterleibes. Dies gilt als Vorbereitung für die künstliche Implantation in der Gebärmutter. Es ist heute noch kaum auszudenken, welch verschiedene Formen des Cloning außerdem in Zukunft ausgedacht und ausprobiert werden. Ein moralisches Urteil fällt nicht leicht. Wir denken z. B. an die hohe Verlustquote bei solchen Experimenten: Wieviele Zygoten gehen verloren? Doch diese Sorge wird vielleicht teilweise aufgewogen durch die enorm hohe Verlustquote *in vivo*. Es ist nicht undenkbar, daß durch diese Experimente die ärztliche Wissenschaft in den Stand gesetzt wird, den natürlichen Implantationsprozeß wirksam zu schützen. Ganz abgesehen von der Aussicht für manche Frauen, durch Implantation einer in der Test-Tube gezüchteten Zygote Mutter zu werden. Alle jene, die fest überzeugt sind, daß mit dem Moment der Befruchtung der Eizelle die Beseelung mit der unsterblichen Geistseele gegeben ist, sehen sich gezwungen, hier von unerhörter Immoralität zu sprechen, insbesondere solange das Experiment die Zygote in einem gewissen Augenblick sterben lassen muß. In ihren Augen handelt es sich um Tötung eines Menschen. Doch jene, die diese Experimente vornehmen, werden fest überzeugt sein, daß die Zygote in ihrer ersten Entwicklungsphase vor Abschluß der endgültigen Individualisation noch nicht das Substratum einer Geistseele ist. Wir sind heute noch nicht in der Lage, ein abschließendes moralisches Urteil abzugeben. Doch auch wenn wir gelernt haben, angesichts ganz neuer Probleme in unseren Urteilen vorsichtig zu sein, so empfinden wir doch eine Schockwirkung angesichts der enormen Desakralisierung natürlicher Vorgänge. Es scheint aber an diesem Punkt der Reflexion noch nicht evident zu sein, daß alle Experimente dieser Art der früher genannten Resakralisation widersprechen, nämlich dem absoluten Respekt vor der Würde der menschlichen Person, dem rechten Ver-

17 Vgl. E. Chiavacci, Riflessioni per una morale della manipolazione dell'uomo, 14.

ständnis der Person in ihrer Fähigkeit, wahre Liebe zu empfangen und weiterzuschenken. Sicher setzt diese Sicht der Heiligkeit der menschlichen Person, die alle früheren Tabus und heilige Naturdinge ersetzt, manchem dieser Experimente eine klare Grenze.
Sollten die bislang noch rein theoretischen Überlegungen über die Aufzucht der künstlich vereinigten Gameten über alle Phasen des embryonalen Lebens in einer künstlichen Gebärmutter eines Tages Wirklichkeit werden, so müßten wir ernste Bedenken anmelden. Dürfen wir den Aussagen der Psychologen über die tiefgreifende Auswirkung des mütterlichen Milieus auf den Embryo auch in bezug auf die spätere Entwicklung des Kindes Vertrauen schenken, so müssen wir fürchten, daß eine solche Ausbrütung im »steel womb«[18] ernste psychische Schädigung der Liebesfähigkeit des Menschen mit sich brächte.

5. *Abtreibung*

Abtreibung gab es zu allen Zeiten. Und wie der Eid des Hippokrates beweist, bestand auch schon im Altertum die Versuchung für den Arzt, Abtreibung zum Gewerbe zu machen. Heute stellt sich jedoch das Problem in ganz neuen Ausmaßen. Die kriminellen Abtreibungen zählen jährlich in der Welt viele Millionen. Mehrere Staaten haben Schwangerschaftsabbruch legalisiert, und auch ein Teil der Ärzteschaft verschiedener Länder weicht dem Druck der öffentlichen Meinung, und zwar bis dahin, daß man sich für die Abtreibung auch auf bloßes Verlangen der schwangeren Frau ausspricht, selbst wo keinerlei therapeutische Gründe vorliegen.
Der Moraltheologie stellt sich hier eine ganz dringliche Aufgabe, in Zusammenarbeit mit den entsprechenden Kräften der Gesellschaft und insbesondere der am alten Standesethos festhaltenden Ärzteschaft alles zu tun, um das Übel der Abtreibung einzudämmen. Während einige Moralisten glauben, diesem Ziel sei genügend gedient durch Wiederholungen der traditionellen Formulierungen der Moral und der kirchlichen Lehre, glaube ich, daß ein offener Dialog mit der modernen Welt nötig ist, der der neuen Bewußtseinslage und den neuen Erkenntnissen Rechnung trägt. Nur so können wir hoffen, Gehör zu finden und alle Kräfte zum Schutz des ungeborenen Lebens und des rechten Verständnisses der Mutterschaft zu mobilisieren. An die Moraltheologie von heute sind sehr viel höhere Anforderungen einer kritischen Unterscheidung gestellt, als dies früher der Fall war.
In den vergangenen Jahren erschienen eine ganze Reihe von Studien katholischer Theologen, Philosophen und Ärzte, die bei aller Treue gegenüber

[18] T. Francoeur, Utopian Motherhood, New York 1970.

dem Lehramt und der Vergangenheit der Kirche bereit sind, sich neuen Fragen zu stellen[19]. Die katholischen Moraltheologen von heute sind kein monolithischer Block mehr. Der Dialog mit der modernen Welt und neue Einsichten der Medizin zwingen sie, eine Reihe von Fragen genauer zu besehen; doch alle wollen dem Übel der Abtreibung widerstehen.
Die scharfe Verurteilung der Abtreibung durch die Kirche, wie sie neuerdings in der Pastoralkonstitution des Zweiten Vatikanischen Konzils wiederholt wurde, ist allgemein angenommen: »Das Leben ist von der Empfängnis an mit höchster Sorgfalt zu schützen. Abtreibung und Tötung des Kindes sind verabscheuungswürdige Verbrechen« (Nr. 51). Aber gerade um diese Lehre dem modernen Menschen nahezubringen, bedarf es klarer Unterscheidungen und einer aufgeschlossenen Auseinandersetzung mit allen neuen Gegebenheiten der Wissenschaft und den neuen Problemen wie z. B. der Bevölkerungsexplosion.

a) Notwendige Unterscheidungen

Angesichts der ungeheuren psychologischen und moralischen Bedeutung dieser Frage sei noch einmal ganz nachdrücklich auf die Notwendigkeit hingewiesen, sorgfältigst zwischen der Frage der Empfängnisverhütung und der ganz anderen Problematik der Abtreibung zu unterscheiden. Die Tatsache, daß die traditionelle Moraltheologie weithin Abtreibung und Empfängnisverhütung in einem Ton und mit der gleichen Schärfe der Verwerfung als Sünde gegen den Fruchtbarkeitsauftrag der Sexualität brandmarkte, führte dazu, daß die spezifische Immoralität der Abtreibung nicht klar zum Ausdruck kam. Die Folge war Verwirrung der Gläubigen und eine verminderte Fähigkeit zum Dialog mit der modernen Welt. Die Eheenzyklika Pius' XI. Casti connubii ist der klassischste amtliche Text, der Empfängnisverhütung und Abtreibung mit der gleichen Schärfe verurteilt. Sie folgte damit nur einem starken Trend der traditionellen Moraltheologie; ein anderer Grund ist jedoch die gerade damals weitverbreitete Furcht, daß eine sich in Empfängnisverhütung ausdrückende und stets wachsende Kinderscheu die Fortpflanzung des Menschengeschlechtes, die eheliche Keuschheit und die Erfüllung der elterlichen Berufe ernst in Frage stelle[20]. Die kirch-

[19] Ich verweise beispielsweise auf die Aufsätze von Franz Böckle, Um den Beginn des Lebens; Johannes Gründel, Unterbrochene Schwangerschaft. Ein moraltheologisches Tabu? in: Theologie der Gegenwart 13 (1970), 202–207.
Eine Reihe von Aufsätzen in: Theological Studies 31 (1970), Heft 1. Ferner das sich ziemlich weit vorwagende Buch von D. Callahan, Abortion: Law, Choice and Morality, New York 1970. Weiter das von John T. Noonan herausgegebene Sammelwerk: The Morality of Abortion, Cambridge 1970, mit Beiträgen von J. T. Noonan, P. Ramsey, J. M. Gustafson, B. Häring, G. H. Williams, J. M. Finnis, D. W. Louisell.

[20] Pius XI., Casti connubii, in: A. A. S. 22 (1930), 539–592.

lichen Autoritäten waren offenbar überzeugt, daß es unmöglich sei, die Abtreibung wirksam zu bekämpfen, ohne das Übel an der Wurzel anzugreifen; und diese Wurzel schien ihnen jene Kinderscheu und jenes sexuelle Sich-Ausleben zu sein, das sich vielfach in der Empfängnisverhütung ausdrückt. Der Fehler war, daß man nicht unterschied zwischen jener Empfängnisverhütung, die Ausdruck verantworteter Elternschaft ist, und anderseits der Empfängnisverhütung um jeden Preis.

Zwischen der Eheenzyklika Casti connubii (1930) und der Lehre des Zweiten Vatikanischen Konzils über verantwortete Elternschaft liegen 35 Jahre, die in bezug auf die kulturellen und sozialen Umwälzungen und den Fortschritt der Wissenschaften mehr bedeuten als sonst ein Jahrhundert. Das Ergebnis ist eine äußerst klare Unterscheidung zwischen verantwortlicher Geburtenregelung durch Empfängnisverhütung und Abtreibung. Während Empfängnisverhütung aus unsittlichen Motiven und um jeden Preis im Fall des Versagens der kontrazeptiven Mittel fast unausweichlich den Hang zur Abtreibung vermehrt, kann jene verantwortete Empfängnisverhütung, die die grundsätzliche Kinderfreudigkeit nicht beeinträchtigt, ein starker Damm gegen den Zug zur Abtreibung sein. Die pflichtgemäße strenge Verurteilung der Abtreibung durch die Kirche wird nur dann voll glaubwürdig und wirksam sein, wenn die Gläubigen gleichzeitig alle Anstrengungen machen, um die Ursachen der Abtreibung zu beseitigen. Dazu gehört eine wahrhaft pastorale Formulierung der kirchlichen Lehre, wozu die Moraltheologie beizutragen hat, und jede Art sozialer Hilfe zugunsten jener, die ohne sie der ständigen Gefahr ausgesetzt sind, ihr Probleme durch Abtreibung zu »lösen«.

b) Der eigentliche Grund der Verwerflichkeit der Abtreibung

Eine sinnvolle Diskussion über Grenzfälle medizinisch scheinbar oder wirklich indizierter Schwangerschaftsunterbrechungen ist nur sinnvoll, wenn wir zuerst den Gründen nachgehen, aus denen die Verwerflichkeit der Abtreibung sichtbar ist. Diese sehen wir vor allem in den folgenden Werten: 1. Das Grundrecht jeder menschlichen Person auf Leben und die fundamentalen Lebensbedingungen; 2. der Schutz dieses Grundrechtes vor allem von seiten jener, die mit der schöpferischen Liebe Gottes mitgewirkt haben; 3. die Bewahrung von Sinn und Würde der Mutterschaft; 4. der ethische Standard des Arztes, der aufgrund seiner Berufung menschliches Leben schützt und fördert und sich nie zu einem Werkzeug der Vernichtung desselben hergibt. Alle diese Argumente leiten ihre Kraft her von der Würde jeder menschlichen Person, die nach dem Bild und Gleichnis Gottes geschaffen ist, und von der Berufung aller Menschen zu allumfassender Brüderlichkeit in gegenseitiger Liebe, Mitverantwortung und Gerechtigkeit. Die letzte Kraft all dieser Gründe liegt in unserem Glauben an Gott, den Schöpfer und Er-

löser aller Menschen, den Herrn über Leben und Tod, an Gott, der Liebe ist und durch sein schöpferisches und erlösendes Tun alle Menschen zu gegenseitiger Liebe und Mitverantwortung ruft.
All diese Werte, die hier auf dem Spiele stehen, offenbaren ihre Dringlichkeit und Werthöhe ganz besonders in der Familie, in den Beziehungen zwischen Eltern und Kind, in der gegenseitigen Verantwortung der Gatten. Mitmenschliche Verantwortung und die innigste Abhängigkeit einer menschlichen Person von der Liebe und dem Schutz einer anderen offenbaren sich nirgends so wundervoll wie in den neun Monaten, in denen der Embryo bzw. der Fötus mit der Mutter in einem Blutstrom lebt. Die seelische und moralische Reife der Mutter als Mutter hat ungeheure Auswirkungen auf ihr Verhältnis zu dem Kind, das sie unter ihrem Herzen trägt. Und umgekehrt wird die Weise, in der sie dieses neue Leben bejaht und umhegt, entscheidende Rückwirkungen auf ihre eigene seelische Entwicklung haben. Die fortschreitende Vermenschlichung der Menschheit, die Ganzheit aller menschlichen Beziehungen stehen in einer grundlegenden Wechselwirkung mit dieser lebenspendenden Beziehung der Mutter zum ungeborenen Kind. Jedes »Vernünfteln«, das die Abtreibung aus Nützlichkeitserwägungen rechtfertigen will, wird unausweichlich zu anderen Formen der Entfremdung in bezug auf die zwischenmenschlichen Beziehungen und zu ähnlichen Explosionen der Gewalttätigkeit und ihrer Rechtfertigung führen.
Mancher findet es zu hart, wenn man Abtreibung in einem Atemzug nennt mit der Kindstötung und sie mit gleicher Schärfe verurteilt. Für den Augenblick stellen wir jene Stadien der embryonalen Entwicklung, in denen nach der Überzeugung ernst denkender und wohl informierter Menschen die individuelle Menschwerdung noch nicht stattgefunden hat, in der Diskussion zurück. Wir müssen diesbezüglich in der pluralistischen Gesellschaft und Christenheit zu einer sehr sachlichen Auseinandersetzung bereit sein. Hier sei jedoch mit aller Klarheit ausgedrückt, daß keine sachlichen Gründe dafür bestehen, die Trennungslinie zwischen verwerflicher Abtreibung und zulässigem Schwangerschaftsabbruch gemäß dem Kriterium zu ziehen, ob zu dem betreffenden Zeitpunkt der Fötus außerhalb der Gebärmutter lebensfähig sei. Wer ja sagt zum Grundrecht des Menschen auf Leben, muß auch ja sagen zu den Grundbedingungen für die Bewahrung des menschlichen Lebens. Wer den Fötus aus seinem lebenspendenden Milieu gewaltsam vertreibt, will ihn eben dadurch der Lebensbedingungen und damit des Lebens berauben. Nur nebenbei sei darauf hingewiesen, daß der ärztliche Fortschritt den Zeitpunkt, nach dem der aus der Gebärmutter ausgestoßene Fötus lebensfähig ist, immer mehr vorverlegen kann. Außerdem geschehen heute zahllose Abtreibungen zu einem Augenblick, in dem der ausgestoßene Fötus durchaus schon am Leben erhalten werden könnte.

c) Grad der Sicherheit der katholischen Lehre und ihre Voraussetzungen

Die Heilige Schrift gibt uns keine klare Antwort auf alle Grenzfragen bezüglich des Abortus. Sie gibt uns jedoch eine ganz eindeutige Lehre in bezug auf die Grundwerte, gegen die die Abtreibung verstößt: die Würde der menschlichen Person, die Schutzpflicht gegenüber dem unschuldigen Leben, den Begriff der Elternschaft und ganz besonders das Gebot der Liebe. Es finden sich jedoch im Neuen Testament auch einige Texte, die höchstwahrscheinlich direkt die Abtreibung verurteilen. Paulus verurteilt zusammen mit anderen Sünden, die vom Reiche Gottes ausschließen, auch *pharmakeia* (Gal 5, 20), was im Zusammenhang sowohl Giftmischerei wie Zauberei bedeuten kann und im damaligen Sprachgebrauch sehr oft im Zusammenhang mit Abtreibung genannt wurde. Die Apokalypse gebraucht mehrfach das Wort pharmakeia verurteilend in einem Zusammenhang mit Unzucht und Mord (Apk 9, 21; 21, 8; 22, 15). Die Didache, auch Zwölf-Apostel-Lehre genannt, die höchstwahrscheinlich vor dem Galaterbrief verfaßt wurde, nennt zwischen pharmakeia und Kindstötung ausdrücklich die Abtreibung: »Du sollst nicht Zauberei und nicht Giftmischerei (pharmakeia) treiben. Du sollst nicht ein Kind durch Abtreibung (phthora) töten. Du sollst nicht töten, was schon geboren ist« (Didache 2, 2). Der Barnabasbrief (19, 5) drückt sich in ganz ähnlicher Weise aus, hebt aber ganz besonders das Liebesgebot als letzte Begründung hervor: »Du sollst deinen Nächsten mehr lieben als dein eigenes Leben! Du sollst nicht ein Kind durch Abtreibung töten! Du sollst nicht töten, was schon geboren ist!«

Es besteht kein Zweifel, daß die Christenheit seit der apostolischen Zeit die Abtreibung äußerst scharf verurteilte und dieses Verbrechen auf eine Stufe stellte mit Mord[21]. Wie Kindstötung und Vatermord wurde die Abtreibung als schärfste Übertretung des Liebesgebotes angesehen. Voraussetzung für diese Einstufung des Abortus wie Mord und Vatermord ist offenbar die Überzeugung, daß es sich bei dem Kind im Mutterleib wirklich um ein menschliches Wesen handelt. Über den Zeitpunkt, von dem an dies fest angenommen werden müsse, bestand jedoch bereits in der Väterzeit keine einheitliche Überzeugung. Aber die Abtreibung galt immer als ein schwer sündhafter Eingriff, und zwar auch schon in den ersten Wochen; auf jeden Fall war man überzeugt, daß es sich bereits um ein Leben handle, das sich unter dem besonderen Schutz und der besonderen Gegenwart des Gebers allen Lebens auf das volle Menschsein hin entwickelt. Doch bei radikaler Ablehnung jeder Abtreibung zu jedem Zeitpunkt machten schon die Kirchenväter eine Unterscheidung in bezug auf die Schärfe der Verurteilung

21 John T. Noonan, An Almost Absolute Value in History, in: ders. (Hg.), The Morality of Abortion, 1–59.

und Strafsanktion, je nachdem sie glaubten, daß es sich um ein Lebewesen mit unsterblicher Geistseele handle oder aber um ein Lebewesen, das erst auf dem Wege dazu sei, sich für die Geistseele vorzubereiten. Hieronymus und Augustinus heben diese Unterscheidung deutlich hervor[22]. Doch sie zögerten nie einen Augenblick, jede Abtreibung streng zu verurteilen. Es sei jedoch vermerkt, daß sie ähnlich streng urteilten über Empfängnisverhütung.

Solange im ganzen Kulturraum die allgemeine Überzeugung vorherrschte, daß der Fötus erst zwischen dem vierzigsten oder achtzigsten Tag nach der Empfängnis die Geistseele empfange, verurteilten zwar die Theologen die Abtreibung vor diesem Augenblick generell scharf, glaubten jedoch, daß in außerordentlichen Fällen Gründe für die Rechtfertigung der Abtreibung eines unbeseelten Fötus gegeben sein könnten. Viele Theologen sprachen diese Meinung aus, ohne von der Kirche verurteilt zu werden. Thomas Sanchez, der diesbezüglich eine entwickelte Kasuistik vorlegt, konnte sich auf viele frühere berühmte Theologen stützen. Er erklärt die Abtreibung eines »unbeseelten« Fötus für gerechtfertigt aus mehreren Gründen, z. B. nach Empfängnis durch Ehebruch, wenn andernfalls nicht nur die Ehre, sondern auch das Leben der Ehebrecherin auf dem Spiele stünde. Besonders belangreich ist seine Argumentation in Fragen der Schwangerschaftsunterbrechung zur Rettung des Lebens der Mutter in äußerster Gefahr[23].

Für die heutige Diskussion, ob der Staat unter allen Umständen und von der Empfängnis an das ungeborene Leben durch Strafsanktionen schützen

[22] Hieronymus, Epistulae, 121, 4, in: CSEL 56, 16; Augustinus, De origine animae IV, 4, in: Migne, PL 44, 527.

[23] Thomas Sanchez, Disputationum de matrimonii sacramento, liber IX, disp. XX, 8–9 (Viterbo, 1754) II, 171. Eine eindrucksvolle Liste berühmter katholischer Theologen ist in dieser Richtung nicht nur von Sanchez, sondern auch von Laymann zitiert, der wohl die allgemeine Auffassung seiner Zeit wiedergibt, wenn er schreibt: »Wer böswillig verhindert, daß ein Fötus empfangen oder nach der Empfängnis beseelt werde, begeht nicht wahrhaft, sondern fast einen Mord und sündigt schwer ... Wer einen schon beseelten Fötus tötet, ist im genauen Sinn des Wortes ein Mörder ... Folglich ist es sehr wichtig, zu wissen, ob der Fötus zur Zeit der Abtreibung beseelt war oder nicht. Es wird allgemein angenommen, daß der Knabe die Geistseele empfängt am vierzigsten Tag nach der Empfängnis, das Mädchen aber am achtzigsten ... Wenn man weiß, daß der Fötus im Mutterleib noch nicht beseelt ist, ist der Schwangerschaftsabbruch um der Gesundheit der Mutter willen leichter erlaubt. Das darf mit direkter Intention geschehen, wenn man glaubt, daß der Fötus der Mutter den Tod bringen würde. (Hier zitiert Laymann eine lange Liste von Autoren und fährt dann fort:) Mir scheint, daß in diesem Fall der Fötus sozusagen ein Angreifer ist bzw. die Wirkursache für den Tod der Mutter; darum ist es nach dem natürlichen Sittengesetz erlaubt, ihn auszustoßen.« (aus: Paulus Laymann, Theologia moralis, liber III, tract. III, pars III, c. IV, Patavia 1733, I, 324–325).

muß, können wir einiges aus der Kirchengeschichte lernen; denn die Kirche hat im Verlauf der Geschichte nicht einmal für jene Abtreibungen, die nach ihrem Urteil schwer sündhaft waren, die Strafsanktionen angewandt, wenn entweder strafmildernde Umstände gegeben waren oder man der Annahme war, daß der Fötus noch nicht beseelt sei. Als Papst Sixtus V. durch seine Bulle Effraenatam vom 29. Oktober 1588 Strafsanktionen sowohl des kirchlichen wie weltlichen Rechts über alle der Abtreibung Schuldigen verhängte, ganz gleich in welchem Stadium der Entwicklung des Fötus dies geschah, rief er sehr heftige Diskussionen unter den Kanonisten und Theologen hervor. Angesichts des starken Widerspruchs stellte sein Nachfolger Gregor XIV. die frühere gesetzliche Situation wieder her[24]. Das Nichtverhängen von Sanktionen bedeutete jedoch in keiner Weise eine moralische Billigung.

Die Entwicklung einer sehr viel strengeren moralischen Beurteilung und der Ausweitung der kirchenrechtlichen Sanktionen auf Abtreibung vom ersten Augenblick der Empfängnis an hängt mit der in den letzten Jahrhunderten allgemein angenommenen Auffassung der Wissenschaftler und Ärzte zusammen, daß von der Empfängnis an die Geistseele gegeben sei. Sollten in Wissenschaft und Theologie moderne Theorien, die wir früher dargelegt haben, an Überzeugungskraft gewinnen, so könnte die Moraltheologie gezwungen sein, in ihren Überlegungen zu jenem Punkt der Geschichte der Theologie zurückzukehren, in dem nicht nur die gesetzliche Sanktion, sondern auch das moralische Urteil sehr viel nuancierter war als in den letzten hundert Jahren. Es ist durchaus möglich, daß unsere wissenschaftliche Kultur zu einem ähnlichen Urteil kommt wie die vorwissenschaftliche Mittelmeerkultur, wobei freilich nicht mehr an eine naive Festlegung auf einen ganz bestimmten Tag möglich sein wird, die eine absolute Zäsur zwischen unbeseeltem und mit der Geistseele beseeltem Fötus bilden würde.

Wir halten mit der gesamten Tradition durchaus daran fest, daß das Leben vom Augenblick der Empfängnis an unbedingt zu schützen ist. Bei der jetzigen Situation der wissenschaftlichen Diskussion können wir mindestens sagen, daß nach der Empfängnis eine Möglichkeit und eine mit jedem Tag wachsende Wahrscheinlichkeit besteht, daß es sich bereits um ein geistbeseeltes Menschenleben handle. Dieser Zweifel allein schon genügt, jeden willkürlichen Angriff auf dieses Leben für unmoralisch zu erklären. Auch für

[24] Interessant ist die Formel, mit der die frühere gesetzliche Lage wiederhergestellt wurde: »Die betreffenden Stellen der Bulle sollen so angesehen werden, als ob sie nie ergangen wären – ac si eadem constitutio in hiusmodi parte numquam emanasset«, in: Sedes Apostolica, Magnum bullarium romanum, Luxemburg 1942, II, 766. Demnach fiel der therapeutische Abortus und generell die Abtreibung zu einem Zeitpunkt, in dem man annahm, der Fötus sei noch nicht beseelt, weiterhin nicht mehr unter Strafsanktion.

den Fall, daß sich eventuell eine allgemeine Überzeugung herausbilden sollte, vor einem bestimmten Zeitpunkt sei noch nicht an eine Geistbeseelung des Fötus zu denken, so bleibt für unser genanntes ethisches Urteil immer noch eine starke Begründung: der Embryo ist von Anfang an ein Lebewesen, das in sich die vom Schöpfer verliehene Entelechie trägt, sich zu einer voll entfalteten menschlichen Person zu entwickeln. Dieses Lebewesen steht darum unter dem besonderen Schutz des Schöpfers. Aber äußerst harte Konfliktfälle zwischen Grundrechten der menschlichen Person (sagen wir der Mutter) und diesem Lebewesen, das noch nicht den Status der menschlichen Person erreicht hat, könnten unter dieser Voraussetzung eine andere Lösung finden.

Einige katholische Schriftsteller meinen, die katholische Moraltheologie könne möglicherweise zu einer weitherzigeren Tolerierung des Schwangerschaftsabbruchs auch unter der Voraussetzung kommen, es sei bereits ein geistbeseeltes Leben gegeben; sie weisen darauf hin, wie weitgehend die traditionelle Moraltheologie die Todesstrafe und das Töten im »gerechten Krieg« gerechtfertigt habe. Meine Reaktion verläuft jedoch in gegenteiliger Richtung: Es ist ein echter Fortschritt der Humanität, daß die Todesstrafe nicht mehr so leicht gerechtfertigt wird; und die Menschheit muß sich unbedingt von der jahrtausendealten Sklaverei der Kriege befreien und einem Zustand der Gewaltfreiheit zustreben. Das ist logisch und psychologisch nicht möglich, ohne die Ehrfurcht vor dem ungeborenen Leben zu stärken. Umgekehrt gilt auch: nur wenn die Moraltheologie ihre Argumentation zugunsten des ungeborenen Lebens verstärkt, kann sie glaubwürdig dazu beitragen, die Überzeugung auszurotten, gewisse Kriege könnten noch gerechtfertigt werden.

d) Die katholische Position im Dialog mit der pluralistischen Gesellschaft

Kurz vor dem Konzil beklagte ein katholischer Moraltheologe die hoffnungslose Unfähigkeit nichtkatholischer Christen, die zwingenden Argumente über die innere und absolute Unmoralität jeder Empfängnisverhütung zu verstehen. Er wies diesbezüglich dem ökumenischen Dialog nur die von Anfang an zum Scheitern verurteilte Aufgabe zu, unentwegt unsere unveränderliche Auffassung als ein Erfordernis unseres Glaubens zu erklären[25]. Seitdem sind sich die katholischen Moraltheologen bewußt geworden, daß auch sie in diesem Dialog zu lernen haben und nur Hoffnung haben können, gehört zu werden, wenn sie sorgsamer unterscheiden.

Ich glaube durchaus nicht, daß die Diskussion über Abtreibung zu einem ähnlichen Wandel in der Auffassung katholischer Moraltheologie führen

[25] John J. Lynch, Notes on Moral Theology, in: Theological Studies 22 (1961), 255–256.

kann wie jene über Empfängnisverhütung. In der sittlichen Beurteilung der Abtreibung besteht im Kern eine weitgehende Übereinstimmung nicht nur der orthodoxen, sondern auch der protestantischen Theologie mit der katholischen Auffassung, wenngleich die unterschiedlichen Standpunkte für Grenzfälle nicht übersehen werden sollen. Trotz kritischer Stimmen dürfte eine gemeinsame Erklärung der katholischen und evangelischen Kirche, unterzeichnet von den beiden höchsten Würdenträgern der evangelischen und der katholischen Kirche in der BRD, für den Grad der Übereinstimmung charakteristisch sein. Das Dokument sagt z. B.: »Es sollte möglich sein, über einige ethisch bestimmte Grundaussagen zum Schwangerschaftsabbruch ein breites Einvernehmen zu erzielen. Schwangerschaftsabbruch ist vorsätzliche Abtötung werdenden Lebens bzw. die vorzeitige Entfernung der noch nicht für sich lebensfähigen Frucht aus dem Mutterleib. Es geht hier also nicht um die Verhinderung der Entstehung menschlichen Lebens, sondern um die Frage, ob werdendes menschliches Leben getötet werden darf. *Schwangerschaftsabbruch ist in jedem Fall Tötung werdenden Lebens und damit als Mittel der Geburtenregelung zu verwerfen.* Zu den Grundaussagen gehört auch, daß die Leibesfrucht im Sinne von schutzwürdigem Leben von der Befruchtung an vorhanden ist. Dieses Leben ist unantastbar und für einen Dritten unverfügbar. Das gilt auch für die Mutter, da die Leibesfrucht nicht als ein Teil ihres Körpers, sondern als ein ihr anvertrautes Leben zu betrachten ist ... *Für die sittliche Betrachtung ist ein Verstoß gegen den Grundsatz der Unantastbarkeit des werdenden Lebens überhaupt nur im Falle einer Kollision mit höheren oder mindestens gleichwertigen Restgütern und eines darauf beruhenden Gewissens- und Pflichtenkonfliktes diskutabel*[26].«

Bedenkt man den verschiedenen Kontext der Tradition und das verschiedene Vokabular, so kann noch deutlicher werden, wie weitgehend katholische Moraltheologen und protestantische Ethiker wenigstens in bezug auf die Grundwerte übereinstimmen[27]. Ich glaube, daß wir zu einer noch sehr viel weiterreichenden Übereinstimmung kommen können, wenn wir den Dialog in dem Stil führen, wie er in einer pluralistischen Gesellschaft und Christenheit wohl geführt werden sollte. Die offizielle Lehre der Kirche gewinnt in den Augen unserer Gesprächspartner nicht, wenn wir die Vielfalt in der eigenen Tradition vergessen. Beachten wir dagegen den Einfluß des Weltbildes auf die Theologen der katholischen Kirche im Verlauf der Geschichte, so verstehen wir auch besser jene Unterschiede in den verschiedenen Theologien, die nicht letzte Grundsätze betreffen, sondern sich von

[26] Evangelisch-katholisches Memorandum zu Fragen der Rechtsreform, in: Herderkorrespondenz 25 (1971), 91–92.

[27] Ich verweise vor allem auf die Beiträge führender protestantischer Ethiker in dem von John T. Noonan herausgegebenen Buch: The Morality of Abortion.

einem verschiedenen Weltbild und von einer verschieden intensiven Beachtung neuer wissenschaftlicher Ergebnisse ableiten. Die Tatsache, daß protestantische Ethiker behaupten, daß der Schwangerschaftsabbruch in besonders harten Konfliktfällen, auch wenn er direkt gewollt sei, nicht die sittliche Verwerflichkeit aufweise, die sonst generell der Abtreibung anhaftet, ist eine für uns zunächst überraschende These; wenn sie sorgsam gegen Mißverständnisse abgeschirmt ist, scheint sie jedoch nicht weit entfernt zu sein von Auffassungen klassischer katholischer Moralisten. So lehrt Alphonsus Liguori, daß Epikie ihren Anwendungsbereich nicht nur bei Menschensatzungen hat, sondern auch in Fragen des natürlichen Sittengesetzes, so daß ein Handeln gegen das abstrakt formulierte Prinzip des natürlichen Sittengesetzes nicht unter allen Umständen die behauptete sittliche Verwerflichkeit aufweise[28]. Alphonsus spricht von der Anwendung dieses Prinzips z. B. auf den therapeutischen Schwangerschaftsabbruch, auch wenn es sich bereits um einen beseelten Fötus handle; er spricht der Auffassung jener, die behaupten, in einem solchen Fall sei die sonst generell der Abtreibung anhaftende sittliche Verwerflichkeit nicht gegeben, wenigstens theoretische Wahrscheinlichkeit zu, obwohl er in bezug auf praktische Anwendung der vorsichtigeren Auffassung den Vorrang gab. Kommt es jedoch zur brennenden Frage, ob man dann eher die Mutter sterben lassen müsse, so versucht er die Lösung durch eine weitherzige Anwendung der Unterscheidung zwischen direkt und indirekt gewolltem Schwangerschaftsabbruch. Zweimal wiederholt er eine praktische Lösung, die Verwundern erregen mag, wenn man seinen Sprachgebrauch nicht beachtet: »Warum sollte man den Fötus direkt abtreiben, wenn es doch sittlich erlaubt und hinreichend ist, es indirekt zu tun[29]?« Es geht unseren protestantischen Gesprächspartnern genau wie Alphonsus nur um jene Fälle, bei denen der Schwangerschaftsabbruch in keiner Weise in sich gewollt ist, da das Ziel und die Intention der Handlung einzig auf die Rettung des Lebens der Mutter ausgerichtet ist.

Die Ernsthaftigkeit des ökumenischen Dialogs und der Wunsch, durch sachgerechte Darlegung der katholischen Lehre in der Gesamtgesellschaft die grundsätzliche Verwerflichkeit der Abtreibung überzeugend darzulegen, kann die katholischen Moraltheologen verpflichten, nicht nur einige äußerste Grenzfälle neu zu überdenken, sondern die Antwort auch in einer neuen Sprache und mit neuen Begründungen zu geben. Die protestantischen und humanistischen Ethiker haben den Eindruck, daß innerhalb der katholischen Moraltheologie die Unterscheidung zwischen direkt und indirekt gewollter Abtreibung nicht selten strapaziert worden ist. Mit Ironie be-

[28] Alphons von Liguori, Theologia moralis, liber I, tract. II, n. 201 (Ausgabe von Gaudé, 1905), I, 182.

[29] A. a. O., liber III, tract. IV, n. 394, I, 644 und 646.

richtet ein Gynäkologe ein typisches Beispiel einer rein mechanischen Anwendung der Unterscheidung zwischen direktem und indirektem Schwangerschaftsabbruch, das als Illustrierung dienen mag, was katholische Moralkasuistik nicht sein darf: »Bei einer Frau im vierten Schwangerschaftsmonat mußte ich einmal einen stilgedrehten Adnextumor operieren. An der Gebärmutter bestanden zahlreiche variköse Gefäße, die dünnwandig und zerreißlich waren und *stark bluteten.* Umstechungsversuche machten die Blutung nur schlimmer. Um die Frau nicht verbluten zu lassen, habe ich die Gebärmutter geöffnet und die Frucht entfernt. Danach kontrahierte sich der Uterus, die Blutung kam zum Stehen, die Frau war gerettet. Ich war sehr stolz darauf, richtig gehandelt zu haben, da ja die Frau, die noch keine Kinder hatte, die Gebärmutter behalten und dadurch empfängnis- und gebärfähig geblieben war. Ich mußte mir später von einem bekannten Moraltheologen sagen lassen, daß ich zwar in gutem Glauben, *objektiv* aber falsch gehandelt hätte. Ich hätte die blutende Gebärmutter mit der Schwangerschaft entfernen dürfen, nicht aber die Schwangerschaft unterbrechen und die Gebärmutter erhalten. Das eine sei eben eine verbotene Schwangerschaftsunterbrechung zur Rettung der Mutter, das andere dagegen eine erlaubte *prima intentio,* wie etwa beim Karzinom des schwangeren Uterus. Die Rücksicht auf die Erhaltung der Gebärfähigkeit der Mutter und damit unter Umständen auch die Rettung der Ehe spiele dabei keine entscheidende Rolle[30].«

Während ich die Art und Weise, in der Moralisten früherer Generationen wie z. B. Alphons von Liguori die Unterscheidung zwischen direkt und indirekt gewolltem Schwangerschaftsabbruch anwandten, durchaus für sinnvoll halte, so glaube ich doch, daß wir mit Ärzten und Ethikern, die von einer ganz anderen Tradition kommen, das Problem besser von einer anderen Sicht anfassen. Natürlich dürfen wir auch nicht zu so absurden Ergebnissen kommen wie der bekannte Moralist in dem eben zitierten Beispiel. Es geht jedoch hier nicht um Einzellösungen, sondern um die grundsätzliche Frage, wie wir über die Verwerflichkeit bzw. Zulässigkeit von Schwangerschaftsabbruch in einzelnen Grenzfällen sprechen.

Das Problem sei an einem Beispiel illustriert, bei dem die offizielle katholische Lehre sowohl bei protestantischen Ethikern wie auch generell bei den modernen Ärzten jeglicher Konfession nicht angenommen wird. Es ist die Frage, ob man das Leben einer Mutter durch Schwangerschaftsabbruch retten darf, wenn der Arzt zum festen Urteil gekommen ist, daß sonst die Mutter und im Gefolge davon auch der Fötus sterben würden. Der bekannte Jesuit Augustin Lehmkuhl lehrte durch sieben Auflagen sei-

[30] H. Kramann, Umstrittene Heilmethoden in der Gynäkologie, in: Arzt und Christ 5 (1959), 202 ff.

ner Moraltheologie unbeanstandet: »Es scheint sittlich erlaubt zu sein, den Schwangerschaftsabbruch absichtlich herbeizuführen in einer *gegenwärtigen* Gefahr des Lebens der Mutter, wenn diese Gefahr nur durch die Ausstoßung des noch nicht lebensfähigen Fötus abgewendet werden kann: in einem solchen Fall handelt es sich im theologischen Sinn ebensowenig um eine *direkte* Abtreibung wie es sich im Falle eines Schiffbruches nicht um direkten Selbstmord handelt, wenn jemand seinem Freund das rettende Brett überläßt[31].« In der neunten Auflage vermerkt Lehmkuhl, daß dies seine Auffassung gewesen sei, fügt aber dann hinzu: »Jetzt ist die Erlaubtheit zu verneinen, und die früher geäußerte Meinung kann nicht mehr ruhigen Gewissens *(tuto)* in der Praxis befolgt werden, wie es sich aus dem weiter unter zitierten Dekret des Heiligen Offiziums ergibt[32].« In einer Antwort vom 24. Juli 1895 erklärte das Heilige Offizium, daß man sowohl in bezug auf Kraniotomie wie auch in bezug auf Ausstoßung eines noch nicht lebensfähigen Fötus zur Rettung des Lebens der Mutter nicht gefahrlos (*tuto*) lehren könne, daß dies erlaubt sei, und man könne nicht *tuto* gemäß diesen Meinungen handeln[33]. Pius XI. und Pius XII. bekräftigten diese Lehre wiederholt[34].

Die Formulierungen und der ganze Ton machen deutlich, daß es sich um Antworten handelt, die auf pastoraler Ebene liegen. In der Sorge um den Schutz des ungeborenen Lebens warnt der Heilige Stuhl gegen jede weitherzige Auslegung des Begriffes eines indirekten Schwangerschaftsabbruches. Es ging dabei nicht um einen Dialog mit einer pluralistischen Gesellschaft, noch wollte man letztlich die Frage auf der theoretischen Ebene lösen. Die strenge Haltung der Kirche trug sicher auch dazu bei, daß vor allem katholische Gynäkologen und andere, die katholische Patienten betreuten, außerordentliche Anstrengungen machten, um jeweils beide Leben, das der Mutter und das des Fötus, zu retten. In der Tat sind heute in Ländern mit hochentwickeltem Gesundheitsdienst die Fälle, in denen die Mutter nur durch Ausstoßung des noch nicht lebensfähigen Fötus zu retten ist, außerordentlich selten[35].

Im Falle einer ektopischen Schwangerschaft argumentierten die katholischen

[31] Augustin Lehmkuhl, Theologia moralis I, Freiburg [7]1893, Nr. 841, 500.

[32] A. a. O., Freiburg [9]1898, I, Nr. 841. Unter Nr. 844, 502, betont Lehmkuhl noch einmal, daß man nicht nach seinen früher vorgetragenen Meinungen handeln dürfe und begründet das so: »Um im Einklang mit dem Urteil des Heiligen Offiziums zu sprechen, daß ein solcher Eingriff nicht *tuto* geschehen könne.«

[33] DS 3298; vgl. 3258.

[34] Pius XI., Casti connubii, in: A. A. S. 22 (1930), 262–295. Pius XII., Ansprache an die Vereinigung katholischer Hebammen vom 29. Oktober 1951, in: A. A. S. 43 (1951), 838 ff.

[35] Vgl. August W. von Eiff, Zur medizinischen Indikation bei Schwangerschaftsunterbrechung, in: Arzt und Christ 17 (1971), 215–220.

Moraltheologen bis auf unsere Zeit, daß die Entfernung des Fötus ein indirekter und darum sittlich erlaubter Schwangerschaftsabbruch sei, sobald sich im Eileiter oder sonstwie ein pathologischer Zustand gebildet habe, dessen Beseitigung der Eingriff diene. Es handelt sich hier fast durchweg um eine letale Indikation. Ich glaube, wir würden überzeugender wirken und in zahlreichen anderen Fällen, wo wir den Schwangerschaftsabbruch unbedingt ablehnen müssen, eher Gehör finden, wenn unsere Begründung unmittelbar von jenen Werten ausginge, die unsere Moralprinzipien schützen wollen und müssen. Der eine Grundwert, den wir besonders hervorhoben, ist das Grundrecht des Fötus auf Leben. Ist ohnehin klar, daß der Fötus keine Aussicht hat zu überleben, auch für den Fall, daß der für die Mutter lebensrettende Eingriff nicht geschieht, so würde ich mit Lehmkuhl sagen, daß es sich hier nicht um eine Abtreibung im theologischen Sinn handelt, da dem Fötus ja ohnehin nicht die Aussicht auf Leben geraubt wird, er hat ja keine solche Aussicht. Als zweiten Grundwert hoben wir hervor die Mütterlichkeit und die Nächstenliebe, die die Mutter verpflichten, das Leben des Fötus auch mit eigenen großen Opfern und Risiken zu schützen. Steht jedoch fest, daß das Leben des Fötus ohnehin nicht zu retten ist, so können wir doch wohl nicht sagen, man verstoße gegen sinnerfüllte Mütterlichkeit, wenn der Arzt in einem solchen extremen Fall wenigstens das Leben der Mutter rettet, das vielleicht für den Gatten und die anderen Kinder unersetzbar ist.

e) Unantastbarkeit des erbkranken Fötus

Hitler ordnete die Tötung von Hunderttausenden von Menschen an, die er unter die Kategorie »lebensunwertes Leben« einreihte. Seine Kriterien waren Nutzwert für wirtschaftliches und politisches Leben und die Hochzüchtung einer Rasse, wie er sie sich für seine Ziele vorstellte. Menschen seiner Art können nicht begreifen, wie tapferes Annehmen und Durchhalten des Leidens im Glauben an die Erlösung und im Dienste des Heiles aller und eine dienstbereite, der leidenden Menschheit zugewandte Liebe und Aufopferung die Welt in einem letzten Sinn bereichern. Menschliches Leben würde im Gegenteil nutzlos und lebensunwert, wenn es nur nach den Maßstäben politischen, wirtschaftlichen und sozialen Nutzwertes eingeschätzt würde. Das Leben jeder menschlichen Person ist heilig, gerade weil der Daseinssinn die Kategorien bloßer Nützlichkeit unendlich übersteigt.
Konsequenterweise kann ein Schwangerschaftsabbruch auch dann nicht sittlich gerechtfertigt werden, wenn ernste Befürchtungen bestehen, daß das Kind mit ernsten Schäden zur Welt komme, wie z. B. die Contergan-Kinder. Nur unter der Voraussetzung, daß in Zukunft eine hohe moralische Sicherheit erreicht wird für das noch nicht Gegebensein der Geistseele in den ersten Phasen der embryonalen Entwicklung, und vorausgesetzt, daß

durch verbesserte diagnostische Möglichkeiten in dieser ersten Phase das Vorhandensein sehr schwerer Schädigungen oder Anomalien des Fötus festgestellt werden, ergäben sich nach strengen eugenischen Kriterien wohl Grenzfälle, in denen ein Eingriff unter Umständen gerechtfertigt wäre. Teilhard de Chardin hat diese und ähnliche Fragen in einer breiten Perspektive aufgeworfen: »Bisher ließen wir die menschliche Rasse nach Zufall sich entwickeln, und wir haben noch wenig über das Problem nachgedacht, durch welche medizinischen und moralischen Faktoren wir die rohen Kräfte der natürlichen Auslese ersetzen müssen, wenn wir sie unterdrücken wollen. Im Verlauf der kommenden Jahrhunderte ist es unerläßlich, eine edle menschliche Form der Eugenik gemäß Maßstäben, die unserer Personhaftigkeit würdig sind, zu entdecken und zu entfalten[36].« Sicher ist für Teilhard de Chardin das Töten menschlicher Personen bzw. eines Embryo, falls dieser als menschliche Person anzusprechen ist, nie und nimmer eine Form edler menschlicher Eugenik. Aber er schaut den neuen Möglichkeiten der Eugenik mit großem Mut ins Antlitz: »Werden wir mit der Entdeckung der Erbfaktoren nicht bald in der Lage sein, den Mechanismus des organischen Erbes zu kontrollieren[37]?«

Immer unter der eindeutigen Voraussetzung, daß es nie erlaubt ist, eine unschuldige menschliche Person aus irgendwelchen Nützlichkeitserwägungen zu töten, und zwar auch nicht um ernster eugenischer Erwägungen willen, stellen wir uns der Frage, ob ein total mißformter Fötus (z. B. im Falle einer Anencephalie), dem das biologische Substrat für irgendeine menschliche Bewußtseinsäußerung fehlt, überhaupt als Person angesehen werden kann. Ist es eine undiskutierbare sichere Pflicht, ein von einer menschlichen Mutter geborenes biologisches Leben mit höchstem Einsatz von Opfern und Mitteln am Leben zu erhalten, wenn nicht die geringste Hoffnung besteht, daß es irgendwann irgendeiner menschlichen Bewußtseinsäußerung fähig sein werde? Wäre es ein Schwangerschaftsabbruch im moraltheologischen Sinn, d. h. mit der moralischen Verwerflichkeit der Abtreibung, wenn ein Arzt nach einer klaren Diagnose einer solchen Mißformung die Schwangerschaft unterbrechen würde?

Ich zweifle, ob diese Frage im gegenwärtigen Stadium der Forschung und Diskussion eine eindeutige Antwort finden kann[38]. Sicher darf diese Frage

[36] Teilhard de Chardin, Le phénomène humain, 314.

[37] A. a. O., 277.

[38] Ich verweise auf den schon genannten Artikel von Wilfried Ruff, Das embryonale Werden des Menschen; ebenso: ders., Die Menschwerdung menschlichen Lebens. Anthropologische Reflexionen über die Individualentwicklung, in: Arzt und Christ 17 (1971), 129–138.
Mit einer Reihe anderer Moralisten antwortet Alphons von Liguori auf die Frage, ob der Schwangerschaftsabbruch sittlich erlaubt sei, wenn es sich um einen total mißformten Fötus handle, der keine Chancen des Überlebens habe: »Wie

nicht etwa in Analogie zu einer positiven Euthanasie gelöst werden. Aber die Frage könnte ähnlich gestellt werden wie das im nächsten Kapitel zu behandelnde Problem des »Hirntodes«: Muß man das biologische Leben auch dann noch mit ärztlichen Mitteln erhalten, wenn das Großhirn als Substrat menschlicher Bewußtseinsäußerung völlig ausgefallen ist?

f) Unzulässigkeit der Nidationshemmer

Wir haben schon wiederholt auf die Notwendigkeit hingewiesen, scharf zu unterscheiden zwischen Empfängnisverhütung und Abtreibung. Diese Unterscheidung wird brennend wichtig angesichts des immer weiter sich ausbreitenden Gebrauchs von Nidationshemmern. Die Frage, welche Mittel die Nidation der Zygote hemmen, ist von der Medizin zu beantworten. Allgemein werden heute zu dieser Kategorie gerechnet »die Pille am Morgen danach« und mit großer Wahrscheinlichkeit auch die intrauterine Spirale. Es mag durchaus sein, daß im Verlauf weiterer wissenschaftlicher Forschung ein Mittel, das heute als Nidationshemmer angesehen wird, sich später als bloßes Mittel zur Empfängnisverhütung erweisen wird. Die Moral äußert sich auf der Ebene allgemeiner Grundsätze. Und diesbezüglich ist eindeutig zu sagen, daß im gegenwärtigen Stadium der Diskussion über die Frage, ob das Leben der menschlichen Person mit dem Moment der Vereinigung der Gameten oder aber erst später gegeben ist, der Gebrauch von Nidationshemmern abzulehnen ist. Selbstverständlich werden wir jene, die den Gebrauch von Nidationshemmern in Notfällen rechtfertigen, weil sie fest überzeugt sind, daß vor der Nidation kein geistbeseeltes menschliches Leben gegeben ist, nicht der Absicht der Tötung anklagen. Denn wir unterscheiden das grundsätzliche Festhalten an der Heiligkeit menschlichen Lebens von der Tatsachenfrage, ob überhaupt schon ein menschliches Leben gegeben ist.

g) Unterscheidung zwischen ethischen Prinzipien und Kunst der pastoralen Beratung.

Der bekannte protestantische Ethiker James Gustafson hat einen bedeutenden Beitrag zur Diskussion der Situationsethik geleistet durch die scharfe

Sporer und Holzman richtig lehren, muß eine Ausnahme gemacht werden in dem Fall eines mißlungenen Fötus; denn wenn er in einem solchen Ausmaß mißformt ist, daß er keine Geistseele empfangen kann, dann ist es nicht mehr wirklich ein Fötus, sondern eine verdorbene Substanz« (Theologia moralis, liber III, tract. II, dubium IV, n. 394; Ausgabe von Gaudé, I, 645). Selbstverständlich müssen wir beachten, daß sich das Problem für die Moralisten jener Zeit in der allzu vereinfachten Sicht der sukzessiven Beseelung stellte. Wilfried Ruff gibt eine moderne Version der Sukzessivbeseelung, die, wenn sie einmal absolute Überzeugungskraft fände, uns erlauben würde, diese Probleme neu zu durchdenken.

Unterscheidung der verschiedenen Ebenen der Annäherung: der Ebene der allgemeinen Prinzipien, der Ebene grundsätzlicher Wertung der individuellen Entscheidung und der Ebene der pastoralen Beratung. Diese Unterscheidung ist auch wichtig für unsere Frage. In einem bedeutsamen Artikel über Abtreibung bleibt Gustafson auf jener Ebene, die er die zweite Ebene nennt, nämlich die besinnliche Frage einer Person, die wissen will: »Was soll ich in dieser meiner Situation tun[39]?« Gustafson illustriert die Problematik am Falle einer Frau, die, nachdem sie von ihrem geschiedenen Mann und einer Anzahl seiner Freunde ruchlos vergewaltigt ist, in großer geistiger Verwirrung pastoralen Rat sucht[40].

Bisher hielten sich unsere Darlegungen über das Problem des Schwangerschaftsabbruchs generell auf Gustafsons »dritter und ethischer Ebene«, auf der die allgemeinen sittlichen Prinzipien und Erwägungen auseinandergelegt werden, auf die hin das einzelne moralische Urteil hinterfragt wird. Die katholische Theologie hat eine lange Geschichte der sauberen Unterscheidung zwischen verschiedenen Ebenen der Problemstellung, z. B. zwischen der Ebene allgemeiner und spezieller Moraltheologie und der Ebene pastoralen Ratgebens. Es muß jedoch gesehen werden, daß sich die Unterscheidung innerhalb der protestantischen Tradition mit verschiedenen Nuancen stellt. Viele Mißverständnisse im ökumenischen Dialog und auch innerhalb der katholischen Kirche ließen sich vermeiden, wenn besser beachtet würde, auf welcher Ebene jeweils die ethischen Überlegungen stattfinden.

Pastorale und ärztliche Klugheit schauen nicht nur auf allgemeine ethische Prinzipien, sondern immer auch auf die Kunst des Möglichen. Im wirklichkeitsnahen Suchen nach dem nächstbesten Schritt entsprechend der konkreten Situation der Person verrät das pastorale Bemühen des Moraltheologen nicht die objektiven Prinzipien, wenn er klar und eindeutig das normative Ideal im Auge behält, aber nur gemäß dem »Gesetz des Wachstums« den jetzt und hier möglichen Schritt in dieser Richtung anrät; es mag ein Schritt sein, der die Norm noch nicht völlig einholt, aber im Bemühen um eine ständige Bekehrung sich tatsächlich in der rechten Richtung bewegt. Die mildere Richtung der Moral- und Pastoraltheologie drückt diesen wichtigen Aspekt einer dynamischen Sicht in den Ausführungen über die »unüberwindliche Unwissenheit« aus.

Der Ausdruck *»unüberwindliche Unwissenheit«* ist in keiner Weise intellektualistisch verstanden als eine bloße Schwierigkeit im begrifflichen Verstehen, sondern gemäß einer Sicht des Gewissens, die sowohl das Werdehafte

[39] James F. Gustafson, Context Versus Principles. A Displaced Debate in Christian Ethics, in: The Harvard Theological Review 58 (1965), 171–202.

[40] James F. Gustafson, Protestant Ethical Approach, in: John T. Noonan (Hg.), The Morality of Abortion, 101–122.

wie auch die Ganzheitlichkeit der Erfassung der Lebenswerte betont. Unüberwindliche Unwissenheit beschreibt den Gesamtzustand einer Person, der es ihr noch nicht erlaubt, eine abstrakt bestehende sittliche Verpflichtung in den Sichtkreis zu bekommen. Vorausgehende Erfahrungen, die psychische Verfassung und der gesamte Kontext des Lebens gestatten der Person trotz all ihres guten Willens nicht, ein bestimmtes moralisches Prinzip als konkreten Anruf zu erfahren. In irgendwelcher Hinsicht scheinen alle Menschen in der Lage der Jünger Christi zu sein, denen der Herr sagt: »Noch vieles habe ich euch zu sagen, doch ihr könnt es jetzt noch nicht tragen« (Joh 16, 12). Dies kann nicht nur in bezug auf Zielgebote, sondern auch auf Erfüllungsgebote zutreffen.

Alphons von Liguori zieht aus der Einsicht über die Natur der »unüberwindlichen Unwissenheit« folgendes Prinzip für pastorales Ratgeben: »Die verbreitetere und wahre Auffassung sagt, daß der Beichtvater sich der Mahnung enthalten und den Pönitenten in gutem Glauben lassen muß, wenn immer er auf unüberwindlichen Irrtum stößt, und zwar sowohl in Fragen des göttlichen Gesetzes wie auch der Menschensatzungen, falls er klugerweise voraussehen kann, eine Mahnung würde dem Pönitenten nicht nur nicht helfen, sondern eher schaden[41].« Das pastorale Gespräch schaut nicht nur auf abstrakte Normen, sondern ist achtsam auf die Gewissenslage der Person. »Der Grund liegt darin, daß wir mehr darum Sorge tragen müssen, daß die Gefahr einer formalen Sünde vermieden wird als der materielle Verstoß gegen ein Gebot. Gott straft nur die formelle Sünde, das Handeln gegen das Gewissen; denn nur dieses beleidigt ihn[42].«

Ich komme auf das von Gustafson behandelte Beispiel der pastoralen Beratung einer vergewaltigten und in tiefer Depression befindlichen Frau zurück. In einer meiner früheren Veröffentlichungen habe ich den gleichen Fall behandelt. Nach der grundsätzlichen Ablehnung jeder Abtreibung, also nach einer Behandlung der Frage auf der sogenannten »dritten Ebene« von Gustafson, wendete ich mich der pastoralen Frage zu und schrieb: »Kommt eine Frau, die durch Vergewaltigung schwanger geworden ist, zum Priester oder zu einem Laien, zu dem sie Vertrauen hat, und deutet etwa an, daß sie nicht willens sei, das Kind auszutragen, so muß er äußerst feinfühlig ausprobieren, ob die Frau seelisch zugänglich ist für eine Mahnung. Es kann nämlich in der großen Verwirrung durchaus sein, daß ein klares und nachdrückliches Wort der Mahnung, Abtreibung sei eine schwere Sünde, diese an sich schon verwirrte Person in die Verzweiflung treibt. Hier gilt, was früher über das unüberwindliche Nichtwissen und Nichtkönnen gesagt wurde. Wo es möglich ist, wird der Beichtvater oder Laienapostel gütig

[41] Alphons von Liguori, Theologia moralis, liber VI, tract. IV, n. 610 (Ausgabe von Gaudé), III, 634.

[42] Alpons von Liguori, Praxis confessarii, c. 1, n. 8.

versuchen, die Motive für das Austragen dieser schweren Last darzubieten. Selbstverständlich wird man auch bereit sein müssen, dieser Person konkret an die Hand zu gehen und ihr genaue Information und Hilfe bezüglich Adoption dieses Kindes usw. zu geben[43].«
Pastorale Besorgtheit berechtigt uns jedoch nie, in solchen Fällen positiv eine Abtreibung anzuraten oder zu billigen. Aber das pastorale Gespräch vermeidet alles harte Urteilen und beweist Ehrfurcht nicht nur vor den festen Gewissensüberzeugungen der anderen Person, sondern auch vor dem ehrlichen Suchen, auch wenn die klare Erkenntnis noch nicht in Sicht kommen kann. Sobald deutlich geworden ist, daß eine solche Frau hier und jetzt absolut nicht in der Lage ist, die sittliche Norm existentiell zu erfassen, wird man das Unmögliche nicht versuchen. Aber der pastorale Dialog wird so geführt, daß die Verantwortung deutlich auf die ratsuchende Person und nicht auf den Befragten fällt. In diesem letzten Punkt ist Gustafson nicht mit meiner Auffassung einig.
Ähnlich wie der Priester wird auch der Arzt solche Fälle feinfühlig nach dem Prinzip der »Kunst des Möglichen« behandeln. Kommt eine Frau unmittelbar nach der Vergewaltigung zum Arzt, so wird er selbstverständlich alle Mittel anwenden, damit es nicht zu einer Empfängnis kommt. Hat sie aber schon aus der Vergewaltigung empfangen, so wird er das Mögliche, aber nicht das Unmögliche versuchen, die Frau zu motivieren, die Last auszutragen. Ist dies unmöglich, so ist die jetzt und hier beste Lösung zu suchen, um größeres Unheil zu verhindern. Ist der Arzt überzeugt, daß in einem ersten Stadium der Embryo noch nicht die endgültige Individualisation und individuelle Menschwerdung erreicht hat, so wird er vermutlich guten Gewissens in einem äußersten Konflikt der Werte dem nachhaltigen Drängen einer Frau nachgeben, die hart am Rande der Verzweiflung ist, und ihr ein Mittel geben, das, wie Ärzte sich auszudrücken pflegen, die nächstfolgende Menstruation sichern wird. Während das grundsätzliche Prinzip eindeutig ist, daß auch angesichts einer Empfängnis durch Vergewaltigung der Arzt sein Bestmögliches tun wird, um das Leben des ungeborenen Kindes zu schützen, so gibt es doch Grenzfälle, für die eine praktische Lösung nicht unbedingt vorfabriziert werden kann.

h) Die sittliche Pflicht des Staates, das ungeborene Leben zu schützen

Die Daseinsberechtigung des Rechtsstaates steht und fällt mit dem Schutz der wesentlichen menschlichen Rechte. Zu diesen Grundrechten, die der Staat nach bester Möglichkeit zu schützen hat, rechnen wir auch das Recht der Ungeborenen auf Leben. Erst in neuester Zeit kamen diesbezüglich Unsicherheiten innerhalb von Kulturstaaten auf. Die Ursachen und Gründe

[43] Bernhard Häring, Die große Versöhnung, Salzburg ²1970, 188.

sind vielfältig. Wohl nicht gering zu veranschlagen ist der Einfluß der Gesellschaften für Geburtenplanung auf die öffentliche Meinung zusammen mit dem selbstsüchtigen Interesse privilegierter Kreise und Völker, die anderen Schichten und Ländern eine Geburtenkontrolle um jeden Preis und mit allen Mitteln auferlegen wollten. Es genügt, beispielsweise auf den Morgenthauplan für das besiegte Deutschland und auf die Bearbeitung der öffentlichen Meinung und der Gesetzgeber in Japan zugunsten großzügiger Förderung nicht nur der Geburtenkontrolle, sondern auch der Abtreibung zu verweisen. Andere sprechen sich trotz grundsätzlicher Überzeugung von der Heiligkeit und Unantastbarkeit des ungeborenen Lebens für eine Lokkerung der Strafgesetzgebung aus, weil sie sich davon eine Verminderung der illegalen Abtreibung durch Kurpfuscher und eine wirksamere Kontrolle des Schwangerschaftsabbruchs durch die Ärzteschaft erhoffen. Die Stellungnahme der Gesprächspartner bestimmt sich weithin von ihren Vorstellungen über das Verhältnis von Moral und Recht.

Strafgesetzgebung und von der Gesellschaft durchgehaltene Sitten spielten im Laufe der Geschichte eine große Rolle in der Formung des Gewissens. Sie boten innerhalb homogener und geschlossener Kulturgruppen und insbesondere bei den weniger entwickelten Schichten der Gesellschaft eine entscheidende Motivierung. Die Modelle für das Verhältnis zwischen Ethik und Recht stehen irgendwie in Wechselwirkung mit der Gesamtkultur. Dies ist leicht zu veranschaulichen durch einen Vergleich mit dem theokratischen Rechtsstaat in der alten Geschichte Israels, ähnlichen Modellen islamischer Staaten und auf der anderen Seite z. B. der moderne säkularisierte Staat der Türkei. Auch innerhalb der von der christlichen Religion beeinflußten Kulturen gab und gibt es Abwandlungen dieser Modelle. Wir weisen hier auf den Wandel der Auffassung zwischen Casti connubii (1930) und der heutigen Situation hin, weil sich daraus enorme Folgerungen in der Sozial- und Moralpädagogik ableiten.

Die Verfasser von Casti connubii neigen noch stark zu jenem Modell, wonach jede Sünde, die irgendwie an die Öffentlichkeit treten kann, nach einer staatlichen Strafsanktion ruft. Darum wird der staatliche Gesetzgeber ermahnt, »dem göttlichen Gesetz und der kirchlichen Gesetzgebung Rechnung zu tragen und mit Strafsanktionen gegen jene vorzugehen, die gesündigt haben. Die Leute denken, daß alles, was vom bürgerlichen Gesetz her erlaubt oder nicht Strafsanktionen unterworfen ist, ebenso nach dem Sittengesetz erlaubt sei; oder sie könnten es in die Tat umsetzen sogar gegen ihr Gewissen, wenn sie Gott nicht fürchten und auch von der menschlichen Gesetzgebung nichts zu fürchten haben[44].« Dieses Modell paßt sicher nicht mehr in die Gesamtsicht, die das Zweite Vatikanische Konzil durch die

[44] Pius XI., Casti connubii, in: A. A. S. 22 (1930), 589.

Erklärung über die religiöse Freiheit und die Pastoralkonstitution über die Kirche in der modernen Welt sich zu eigen gemacht hat. In der pluralistischen Gesellschaft gehört es zu den drängendsten Pflichten der Kirchen und aller Humanisten, das Bestmögliche zu tun im Beitrag zur Formung so mündiger Gewissen, daß auch beim Wegfallen staatlicher Strafsanktionen Überzeugung und Motivierung noch stark genug sind. Man kann angesichts der neuen Lage nicht nachdrücklich genug betonen, daß echte Moralität und Strafsanktionen, bzw. die Abwesenheit von Strafsanktionen, auf ganz verschiedenen Ebenen liegen. Jedermann muß wissen, daß es nicht genügt, sein Gewissen an Gesetzgebung und Sitte auszurichten; der mündige Gläubige bildet sein Gewissen innerhalb der Glaubensgemeinschaft am Evangelium und strebt nach stets besserer Einsicht in die moralischen Werte und ein besseres Verstehen der Wertskala. Die Einheitlichkeit der Sitte ist weithin im Schwinden, und eine Gesetzgebung, zumal wenn sie sich nicht auf einheitliche Gewissensüberzeugungen der Bevölkerung stützen kann, verliert immer mehr an überzeugender Kraft. Dies ist ein gewaltiger Anruf, nicht nur zur besseren Formung des individuellen Gewissens, sondern auch die Kunst zu lernen, einen sachgemäßen und wirksamen Beitrag zur Formung einer gesunden öffentlichen Meinung zu leisten. Beides ist gleich wichtig in bezug auf den Schutz des ungeborenen Lebens[45].

Zahlreiche moderne Staaten wie z. B. die Vereinigten Staaten von Nordamerika, Großbritannien und Kanada haben den Schwangerschaftsabbruch weitgehendst liberalisiert, während zahlreiche andere Staaten zwar formell den Schwangerschaftsabbruch unter teilweise schwere Sanktionen stellen, praktisch aber sehr wenig tun, um die Einhaltung des Gesetzes zu erzwingen. Der Propagandafeldzug um Liberalisierung der diesbezüglichen Gesetzgebung nimmt weithin den Charakterzug einer unsauberen Manipulation der öffentlichen Meinung an. Deshalb führt dann auch der Abbau der Sanktionen weithin zu Idolbildungen und Ausbeutung der neuen Lage durch Gewinnsucht. Diese neue Situation stellt höchste Anforderungen an alle verantwortlichen Kreise, zumal an die Kirchen. Der bloße Hinweis auf das Bestehen einer kirchlichen Lehre genügt nicht mehr, so bedeutend er auch für die Gläubigen sein mag. Es bedarf sorgfältiger Unterscheidungen, einer scharfen Herausarbeitung der Grundwerte und auch einer deutlichen Darlegung der Auswirkungen auf das gesamte Zusammenleben der Menschheit, besonders wenn die Gesellschaft nicht mehr durch klare Überzeugungen über die Unantastbarkeit des ungeborenen Lebens zusammengehalten wird und der Staat nicht mehr gewillt ist, das jeweils Bestmögliche zum

[45] Vgl. die sehr beachtlichen Erwägungen des Evangelisch-katholischen Memorandums zu Fragen der Rechtsreform über das Verhältnis von Recht, Moral und Ethik, in: Herderkorrespondenz 25 (1971), 87.

Schutz des ungeborenen Lebens zu tun. Wir Christen tun gut daran, deutlich zu sagen, daß es uns nicht darum geht, daß der pluralistische Staat von heute unseren religiösen Lehren Sanktionen gibt, sondern vielmehr darum, daß die die ganze menschliche Gesellschaft betreffenden Grundrechte jedes Menschen geschützt werden. Es geht um den Schutz der Schwachen und die Befreiung der gesamten Menschheit in der Richtung der Gewaltfreiheit.

Das Allermindeste, was wir von einem pluralistischen Staat erwarten können, der unter dem Druck einer gewissen öffentlichen Meinung den Schwangerschaftsabbruch generell liberalisiert, ist, daß mindestens die Freiheit auch jener geschützt ist, die grundsätzlich jeden direkten Schwangerschaftsabbruch im Gewissen ablehnen, und insbesondere das Recht der Ärzte, aus Gewissensgründen jede Mitwirkung am Schwangerschaftsabbruch zu verweigern. Diese Freiheit ist z. B. durch den Abortion Act Großbritanniens vom 27. Oktober 1967 nicht genügend respektiert. Zwar wird dem Arzt das Recht zugesprochen, die Mitwirkung am Schwangerschaftsabbruch bei nichtmedizinischen Indikationen zu verweigern; es wird jedoch bestimmt, »daß jeder die Pflicht hat, an jener Behandlung teilzunehmen, die notwendig ist, das Leben der schwangeren Frau zu retten oder schweren dauernden Schaden für ihre physische oder geistige Gesundheit von ihr abzuwenden«. Demzufolge könnte z. B. ein katholischer Arzt, der sich um seines Gewissens willen geweigert hat, am Schwangerschaftsabbruch teilzunehmen, vor Gericht gestellt werden.

Ich halte jedoch folgende Weise der Diskussion über die Gesetzgebung in einer pluralistischen Gesellschaft nicht für sehr hilfreich: »Mutter und Kind haben das gleiche Recht auf Leben, und keine Handlung, die dem Leben der einen Person gegen die andere den Vorzug gibt, ist moralisch zu rechtfertigen. Kein Katholik und in der Tat niemand – denn das Gesetz Gottes gilt allen Menschen – darf an einem solchen Schwangerschaftsabbruch teilnehmen ... Direkte Abtreibung ist immer gegen das positive und natürliche Gesetz Gottes. Nur ein indirekter Schwangerschaftsabbruch kann bisweilen aus hinreichend schweren Gründen erlaubt sein[46].« Eine solche Argumentationsweise liegt nicht auf der Wellenlänge der modernen englischen Gesellschaft, ja nicht einmal auf der der meisten katholischen Ärzte. Ich glaube, daß eine Kritik in folgender Richtung wirksamer wäre: Einer der entscheidenden Werte in einem pluralistischen Staat ist der Respekt vor den moralischen und religiösen Überzeugungen loyaler und ernstgesinnter Bürger. Im Blick auf das Allgemeinwohl und die Grundrechte aller Bürger ist nicht einzusehen, warum diesbezüglich die ehrliche Überzeugung vieler Katholiken, die der amtlichen Lehre ihrer Kirche anhängen, verletzt werden soll. Diese Mißachtung des Gewissens katholischer Ärzte und anderer, die glei-

[46] Peter Flood, The Abortion Act 1967, in: Clergy Review (Januar 1968), 46.

cher Auffassung sind, ist um so bedauernswerter, als die Restriktion der Gewissensklausel so formuliert ist, daß sie geradezu zum Druck gegen Ärzte herausfordert, die die Schwangerschaft nicht unterbrechen wollen. Ein solches Gesetz widerspricht der allgemeinen Praxis moderner Staaten, die generell darauf bedacht sind, niemand zu ermutigen, den Arzt vor Gericht zu stellen.

Angesichts der modernen Auswirkungen der Gesetzgebung über den Schwangerschaftsabbruch auf das allgemeine Wohl, auf das Verständnis des Rechtsstaates, auf die Ehrfurcht vor dem Leben jeder menschlichen Person und viele andere Grundwerte ist es Pflicht aller Bürger, sich über diese Fragen wohl zu informieren und an der Diskussion nach Kräften teilzunehmen. Dabei fällt der Ärzteschaft eine ganz besondere Rolle zu. »Eine weitgefaßte Legalisierung von Schwangerschaftsabbruch würde auch das Selbstverständnis eines Arztes einer großen Belastung aussetzen[47].« Dem Gesetzgeber müssen wir freilich das Recht zubilligen, sich auch an der Kunst des Möglichen zu orientieren. Nur wenn alle Kreise der Bevölkerung, unter anderem auch die Kirchen und jeder Gläubige, das Mögliche tun, um dem Übel der Abtreibung durch Erziehungsarbeit, nicht zuletzt auch durch eine geeignete Sexualerziehung, durch Förderung der Sozial- und Familienpolitik und die Bildung einer gesunden öffentlichen Meinung zu begegnen, kann eine gute und zugleich wirksame Gesetzgebung erhofft werden[48].

47 Evangelisch-katholisches Memorandum zu Fragen der Rechtsreform, 91.

48 Sehr gute Beiträge zum gesamten Fragekomplex der Abtreibung und auch des gesetzlichen Schutzes werdenden Lebens finden sich in: Theologische Quartalschrift 151 (1971), 3. Quartalheft, 193 bis 263, und in: Arzt und Christ 17 (1971), Heft 3–4, 129–236. In beiden Heften finden sich auch gute Literaturzusammenstellungen.

7. Kapitel

Der Tod des Menschen

Die Frage nach dem Sinn des Todes bedrängt den Arzt Tag für Tag in einer höchst existentiellen Weise. Der akademische Lehrer mag gemäß der begrenzten Zielsetzung seiner besonderen Disziplin sich darauf beschränken, die anatomisch-physiologischen Anzeichen des Todes darzulegen, der praktische Arzt dagegen verlangt nach einer Ganzheitssicht. Anders kann er seine ärztliche Aufgabe nicht erfüllen. Die Frage nach dem Sinn von Leben und Tod begleitet den Arzt auf Schritt und Tritt. Sie stellt sich nicht erst, wenn der Patient in seinem Vertrauen zum Arzt von diesem erwartet, daß er ihm auch in der Stunde des Todes beistehe. Die Gesundung des Patienten wie die Gelassenheit, mit der er letzten Möglichkeiten ins Auge schaut, hängen weithin davon ab, wie der Arzt selbst auf die Sinnfrage antwortet. Ja, die Gesundheit und das seelische Gleichgewicht des Arztes selbst stehen hier auf dem Spiel. »Je mehr ein Arzt Mensch wird und erst so auch sein ärztliches Tun und ärztliches Ethos zur Vollendung bringt, um so mehr wird auch die Frage des Menschen, was der Tod sei, eine Frage des Arztes selbst, die Frage des Arztes, der dem Menschen nachblickt, dem er seine Sorge geweiht hatte, des Arztes, der seinem eigenen Tod entgegenblickt, der helfend inmitten von Menschen lebt, die alle unter der Bestimmung stehen, sterben zu müssen[1].«

Die Fragen dieses Kapitels sind: der Sinn des Todes, die Aufgabe des Arztes am Sterbebett, die neue Definition des Todes bzw. des Augenblicks des Todes, die Verlängerung des Lebens und des Todeskampfes, Wiederbelebung, Transplantation und schließlich Euthanasie.

1. Der Sinn des Todes

Der Tod hat mehr als ein Antlitz. Anders stellt sich die Frage für den Biologen, den Philosophen, den Soziologen, den Theologen, den Arzt, ganz besonders aber für jede einzelne Person, die in existentieller Weise der Frage nach dem Tod gegenübertritt. Niemand weiß besser als die Ärzte und Krankenschwestern, wie verschieden die Menschen angesichts des Todes reagieren. Sie erleben den Kontrast zwischen Geduld, Gelassenheit, Vertrauen angesichts des Todes und auf der anderen Seite nicht nur die natürliche Angst, sondern auch Entsetzen, Auflehnung in einem Gefühl letzter Sinn-

[1] Karl Rahner, Gedanken über das Sterben, in: Arzt und Christ 15 (1969), 28.

losigkeit. Der Arzt hat es mit Patienten ganz verschiedener Weltanschauungen und religiöser Auffassungen zu tun, die das Phänomen des Todes unterschiedlich auslegen. Und sogar innerhalb der gleichen Glaubensgemeinschaft gibt es verschiedene Weisen des Denkens und des Ausdrucks über das »Lebensende«, die »Ebbe des Lebens«, den »Weggang« oder »Heimgang«. Dies ist zu erwarten, da das Geheimnis des Todes in seiner Tiefe größer ist als jede einzelne Ausdeutung. Eine ganz entscheidende Frage sowohl an den Patienten wie an den Arzt ist die, ob sie überhaupt den Mut haben, dem Tod ins Auge zu schauen und ehrlich die Sinnfrage zu stellen.

An dem, was uns der christliche Glaube über den Tod sagt, dürfte wohl ganz besonders deutlich werden, wie bestimmend sich der Glaube auf entscheidende Fragen der speziellen Moral auswirken kann. Das Evangelium gibt uns weder philosophische noch naturwissenschaftliche Antworten zur Todesforschung; das Wort der Schrift ist eine existentielle Botschaft, Heilslehre. Die Frage, ob es ohne die Erbsünde den physischen Tod gebe, ist nicht eigentlich das, was Offenbarung und Theologie interessiert. Der Tod, der durch die Sünde in die Welt kam, ist nicht so sehr das physische Sterben, als vielmehr jener Tod, der das Verfehlen des Lebenssinnes offenbart. Er ist das Schicksal des Gott entfremdeten Sünders, der im Tod die Entfremdung letztlich erfährt. Im Lichte der Lehre von Sünde und Erlösung erscheint der Tod entweder als Bote ewigen Lebens oder aber als Gericht, je nach der letzten Wahl und Entscheidung, welche die Person dem Leben gegeben hat. Die biblische Botschaft vom Tod ist existentieller Anruf zur Wachsamkeit hier und jetzt. Die Offenbarung spricht nie vom Tod allein, sondern von der letzten Wahl des Menschen angesichts des Schöpfungs- und Erlösungsplanes Gottes.

Im Tode Jesu Christi enthüllt sich der letzte Sinn nicht nur des Leidens und Sterbens, sondern auch des Lebens. Der Tod Christi ist Ausdruck letzter Heilssolidarität, das Tragen der Last aller Menschen. Im Tod Christi, der das Leiden und die Angst aller mitträgt, ereignet sich eine letzte Verwandlung des Sinnes des Todes. Er wird zur höchsten Offenbarung des Vertrauens auf den Vater und der Liebe, die allen Menschen den Pfad des Heiles eröffnet. Der Glaube an das Ostergeheimnis des Todes und der Auferstehung Christi schenkt eine ganz neue Sichtweise des Todes. Der Mensch steht nun unausweichlich vor der Entscheidung, ob er den Tod in letzter Heilssolidarität wählen oder aber ihn als Teilhabe an der kollektiven Entfremdung der Egoisten auf sich zukommen lassen will. Für den, der im Glauben ja gesagt hat zum Tode Christi und zu dem erneuten Sinn des eigenen Todes, ist das Sterben nicht ein katastrophales Ende eines sinnlosen Lebens, sondern Teilnahme an dem größten Heilsereignis, am Tod und an der Auferstehung Christi, und so des Lebens höchste Chance. Es ist letzte Bewährung des Glaubens und der Liebe und Überschritt zum ewigen Leben.

Der Glaube befreit den Menschen von jenem Tod, der durch die Sünde in die Welt kam. »Wer an mich glaubt, wird leben, auch wenn er durch den Tod hindurchgeht; und jeder, der da lebt im Glauben an mich, wird auf ewig nicht sterben« (Joh 11, 125–26). In der Feier des Glaubens und in einem Leben aus dem Glauben ereignet sich bereits jenes Leben, das den Tod überschreitet. »Wer glaubt, hat das ewige Leben. Ich bin das Brot des Lebens ... Wer immer von diesem Brot ißt, wird leben in Ewigkeit« (Joh 6, 47–51; vgl. 6, 59). Der Tod Christi ist das größte Ereignis in der Freiheitsgeschichte der Menschheit. »Gott, um dessentwillen das All da ist und durch den es seinen Bestand hat, kam es zu, wenn er viele Söhne zur Herrlichkeit führen wollte, jenen Führer zum Heil durch Leiden zur Vollendung gelangen zu lassen. Denn der Sohn, der heiligt, und die Söhne, die von ihm geheiligt werden, sind eines Stammes ... Da nun diese Kinder eines Fleisches und Blutes sind und darin zusammengehören, hat Christus sich in die gleiche Lage wie sie begeben, um durch seinen Tod dem den Garaus zu machen, der die Kraft des Todes besitzt, nämlich dem Teufel, und die zu befreien, die ihr Leben lang der Todesfurcht versklavt waren« (Hebr 2, 10–15). Christi Tod bedeutet eine wirkliche Befreiung von einem angsterfüllten und sinnlosen Tod. »Er hat in den Tagen seines irdischen Lebens mit lautem Schreien und unter Tränen, Bitten und Gebete vor Gott gebracht, der allein ihn vom Tode zu erretten vermochte: und er ist erhört und befreit worden aus seiner Angst ... So ist er allen, die ihm im Gehorsam folgen, Urheber ewigen Heiles geworden« (Hebr 5, 7–9).
Der Tod bringt auch dem Gläubigen nicht selten großes physisches und seelisches Leiden; die Trennung von den Geliebten ist schmerzvoll; und doch kann er zu jener letzten Haltung durchfinden, von der Paulus spricht: »Wir sind aber guter Zuversicht und wünschen nichts so sehr, als das Zuhause im Leibe verlassen zu dürfen, um dafür bei dem Herrn unsere Heimat zu finden« (2 Kor 5, 8). Doch gerade diese Todesbereitschaft wird nie zur Entfremdung vom irdischen Leben. »Ich hätte wohl Lust, von hier zu scheiden und bei Christus zu sein; und das wäre auch viel besser für mich. Doch ihr habt es nötiger, daß ich am Leben bleibe« (Phil 1, 23–24).
Für christlichen Glauben ist der Tod nicht etwa, wie für hellenistische Tradition, eine Befreiung aus dem Kerker des Leibes, sondern vielmehr eine letzte Bejahung der leiblichen Wirklichkeit in der Hoffnung auf die Auferstehung des Leibes und die Transfiguration des ganzen Menschen. Diese Hoffnung umfaßt eine geheimnisvolle Solidarität mit der ganzen Schöpfung und schaut vorwärts nach dem neuen Himmel und der neuen Erde.
Der Glaube sagt uns über das Geheimnis des Todes nur soviel, als notwendig ist für die Sinnergreifung und Sinnerfüllung des Lebens. Fragen, die darüber hinausgehen, bleiben offen. Gibt Gott dem Menschen in der letzten Stunde noch eine besondere Chance, seine Lebensentscheidung in letzter

Zielrichtung auf ihn zusammenzufassen, oder enthüllt der Tod nur, was schon vorher ausgedrückt ist[2]? Vollzieht sich die letzte Reinigung in intensivstem Erleben der Begegnung mit Gott, oder ist es ein Fegefeuer, das sich über Zeitabschnitte hinzieht? Lebt die Geistseele bis zum Tag der Parusie in totaler Trennung von der Leiblichkeit, auf die sie doch ganz und gar hingeordnet ist, oder ereignet sich für sie die Auferstehung in einem durchgeistigten Leibe, sobald sie letzte Vollendung und Reinigung erfahren hat?

2. Der Arzt und sein dem Tode entgegengehender Patient

Der Arzt steht kraft seiner Berufung auf der Seite des Lebens. Mit der ganzen Kraft seines Könnens und seiner Hingabe kämpft er gegen den Tod. Aber das Wie dieses Kampfes, seine Haltung und die Taktik hängen weitgehend davon ab, wie er und sein Patient den Tod deuten. Auf alle Fälle wird der Arzt, solange dies sinnvoll geschehen kann, nicht aufhören, den Willen zum Leben zu stärken und Hoffnung auf Wiedergenesung einzuflößen; denn Hoffnung ist der stärkste Faktor im Kampf gegen den Tod. Dies erlaubt jedoch keine Vogel-Strauß-Politik, wenn es gilt, dem Tod wirklich ins Auge zu sehen.

a) Im Dienste letzter Freiheit

Der entscheidende Wertmaßstab für die Geschichte der Menschheit insgesamt und die Geschichte jeder einzelnen Person ist das Maß der Freiheit und ihr sinnvoller Einsatz. Der ärztliche Beistand für den Sterbenden muß sich deshalb bewußt in den Dienst dieser Freiheitsgeschichte stellen. Die noch mögliche Hilfe wird sich darauf konzentrieren, jenen Grad an Bewußtheit und jene psychosomatischen Bedingungen zu fördern, jenes Milieu zu schaffen, das dem Patienten hilft, in Ruhe, Friede, Offenheit und Freiheit die letzte Wegstrecke des Lebens zurückzulegen. Arzt und Pfleger werden durch ihr Beispiel und ihre Weisung die Angehörigen und Freunde des Patienten dahingehend unterstützen, daß sie durch liebende Sorge, Vertrauen, Zuversicht und wahrhaften Frieden dem Patienten im Gebrauch seiner Freiheit helfen. Der Arzt wird den Kampf gegen Schmerz nicht so führen, daß praktisch der Patient des Bewußtseins und damit auch des Gebrauchs der Freiheit beraubt würde. Aber er wird selbstverständlich Schmerz und Leiden soweit zu stillen versuchen, daß sie dem Patienten in den letzten Tagen und Stunden seines Lebens nicht den Gebrauch der Freiheit rauben.
Arzt, Pfleger und Seelsorger stehen dem Sterbenden bei, daß er dem Tod in einer Atmosphäre und Haltung des Friedens begegnen kann. Der Arzt,

[2] Vgl. Ladislaus Boros, Mysterium mortis: Der Mensch in der letzten Entscheidung, Olten/Freiburg 1965.

der dem Kranken hilft, die Angst zu überwinden, steht im Dienste der Erlösung, die ja nicht zuletzt auch Befreiung von der Todesfurcht bedeutet (vgl. Hebr 2, 15). Das Ja zum Tode in vollem Frieden ist Höhepunkt und Vollendung menschlicher Freiheit.

Ob es dem Arzt gelingen kann, den Lebenswillen des Patienten solange wie möglich zu stärken und ihm zugleich zu helfen, den Tod in Friede und Freiheit anzunehmen, hängt weithin von seiner eigenen Einstellung zu Tod und Leben ab. »Die glaubende Haltung vermittelt nicht nur für den Sterbenden, sondern auch für den Arzt ein Plus an Freiheit. Sie erlaubt uns vollen Einsatz für das Leben ohne den inneren Zwang, den Tod als der ›Übel größtes‹ anzusehen, da er als dem Leben zugehörig mit diesem bejaht wird. Die freiwillige Annahme des Todes ist nämlich die einzige Chance, ihm, der uns total entmachtet, doch noch eine Möglichkeit für unsere Freiheit abzuringen[3].«

Nicht selten mag es zutreffen, daß sowohl der Arzt als auch sein Patient zwar noch nicht zu vollem Glauben an das Ostergeheimnis und damit an den christlichen Sinn des Sterbens durchgefunden haben, aber in absoluter Redlichkeit eine existentielle Haltung des wartenden Aushaltens der Frage nach dem eigentlichen Sinn des Lebens und des Sterbens einnehmen. Der Theologe kann einer solchen ehrlichen Haltung nicht den Heilswert absprechen. Gerade in diesem Suchen nach dem Sinn des Todes spricht sich vielleicht der entscheidende Durchbruch, ein existentielles Transzendieren zu Gott hin aus.

Der Durchstoß zum Erfassen des letzten Sinnes von Leiden, Krankheit und Tod ist Gnade Gottes. Diese Botschaft bringt dem Kranken insbesondere auch das Sakrament der Krankensalbung. Es weist auf den Zusammenhang von Erlösung und Heilung hin. Wird seine Botschaft verstanden und voll angenommen, so kann es einen Grad inneren Friedens schenken, in dem sich eine sonst unerwartete Heilung vollziehen kann. Aber die entscheidende Gabe dieses Sakramentes ist jene erlöste Freiheit, die Ja sagt zum Tode wie zum Leben.

b) Das Recht des Patienten auf wahrhafte Information

Durch alle Zeiten haben sich die Ärzte die Frage gestellt, wieweit sie auf eigene Initiative den Kranken über den Ernst seiner Situation aufklären und ihm auf seine Fragen deutlich antworten sollen. Es gibt keine Routinelösungen auf diese Frage. Es bedarf ernster Überlegungen und eines ständigen Austausches der Erfahrungen und Reflexionen zwischen den Ärzten. Aber ebenso entscheidend ist die Kunst der einfühlenden Liebe und des

[3] Rudolf Kautzky, Der Arzt vor dem Phänomen des Todes, in: Arzt und Christ 15 (1969), 138.

Mitgehens des Arztes mit dem Patienten, damit dieser wahrhaft seinen eigenen Tod finde, in dem alles, was in seinem Leben an echtem Suchen nach Sinnfülle gegeben ist, zur letzten Wahrhaftigkeit und Reife kommt. Gerade das macht Menschen das Sterben so schwer und fremd, daß es nicht ihr eigener Tod ist, weil sie nicht ihre eigene Lebenswahrheit und den Mut zur Wahrheit des Sterbens gefunden haben[4]. Das rechte Verständnis der Informationspflicht über den Ernst der Todeslage stellt den Arzt ganz und gar auf die Seite des Patienten in seinem besten Vermögen, der Wahrheit ins Auge zu schauen.

Eine ganze Reihe von Veröffentlichungen von Ärzten weist darauf hin, daß viele Ärzte meinen, dem Patienten die Wahrheit über den Ernst seiner Lage unbedingt vorenthalten zu müssen. »Die Wahrheit über die wirkliche Situation wird dem Patienten gewöhnlich verweigert. Da alles darauf aus ist, die Situation zu verschleiern, findet er sich in einem ganzen Spiel von Täuschungen ... Sollte nicht der Patient um der Ehre seines Lebens und der Würde seines Todes willen das Recht haben, sein Schicksal aufgrund der Wahrheit in seine eigenen Hände zu nehmen[5]?!« Eine Krankenschwester, die dreißig Jahre in einem großen Hospital Dienst geleistet hatte, sagte mir, als ich sie während des letzten Stadiums ihrer Krebserkrankung besuchte: »Ich finde, daß der ständige Versuch meines Arztes, mich über den Ernst der Krankheit zu belügen, eine Verhöhnung meiner Intelligenz ist; und die Feigheit meiner Oberin, die diesbezüglich den Anweisungen des Doktors folgt, ist eine Beleidigung einer gläubigen Person.« Es scheint nicht selten der Fall zu sein, daß Ärzte die Angehörigen streng anweisen, dem Patienten die Wahrheit zu verschleiern bzw. ihn zu belügen, und zwar auch dann, wenn dieser durchaus gewillt wäre, die Wahrheit zu erfahren.

Während der moderne Mensch zur Einsicht gekommen ist, daß die Einstellung zur Geschlechtlichkeit viel gesünder ist, wenn die Fragen offen behandelt werden, bleibt die Rede über das Sterben für viele Ärzte noch ein Tabu, und zwar auch in jenen Fällen, in denen der Patient selber dieses Stadium der Tabu-Haltung längst hinter sich gelassen hat. Ein Arzt schreibt: »Irgendwie haben sich viele von uns die Überzeugung beigelegt, wir hätten ein Recht, den Patienten zu belügen unter der Annahme, dies sei notwendig, um ihn von den Grausamkeiten und Wirklichkeiten des Lebens und des Todes zu schützen. Dies ist jedoch der erste Schritt zur Zerstörung einer ehrbaren Beziehung mit dem Patienten. Verleitet der Arzt die Familie, ebenso zu handeln, dann wird die Integrität der familiären Beziehungen in

[4] Ich verweise hier auf das ausgezeichnete Kapitel: Die Wahrheit am Krankenbett, in: Margaretta K. Bowers u. a., Wie können wir Sterbenden beistehen, Mainz/München 1971, 103–121.

[5] John C. Conley, Rights of the Dying Patient, in: Archives of Otolaryngology 90 (1969), 405.

einem Augenblick geschwächt, in dem sie stark genug sein sollte, dem Patienten die Erfahrung starker Liebe und den Überlebenden Mut zu vermitteln. Es ist nicht möglich, jemandem zartfühlend zu begegnen, dem man nicht aufrichtig in die Augen schauen kann[6].«
Das Berufsethos verpflichtet den Arzt, den Patienten über den Ernst seiner Lage soweit zu informieren, als dieser es vernünftigerweise wünscht. Entscheidend ist die Art und Weise der Information. Auch wenn die Lage sehr ernst ist, wird der Arzt der Hoffnung so viel Raum als möglich geben. Er wird nie die Aussicht auf ein möglicherweise baldiges Hinscheiden erwähnen, ohne zu betonen, daß keines Arztes Urteil je unfehlbar war. Der Arzt wird nie mit der Türe ins Haus fallen, sondern versuchen, die Aufklärung über den Ernst der Lage nur stufenweise zu geben, entsprechend der Fähigkeit des Patienten, die Botschaft anzunehmen, und selbstverständlich entsprechend der Zeit, die der Verlauf der Krankheit ihm dabei läßt.
In vielen Fällen wird der Arzt nicht selbst über diese ernste Angelegenheit mit dem Patienten sprechen, sondern es vielmehr seinen nächsten Angehörigen überlassen, wenn diese dazu fähig und bereit sind. Die Information der Angehörigen verlangt vom Arzt gewöhnlich nicht weniger Feingefühl als die Kunst einer unmittelbaren Information des Patienten. Es hängt ganz von den Umständen ab, ob und in welchem Ausmaß der Arzt und die Familienangehörigen es dem Seelsorger überlassen können, zuerst mit dem Kranken über den Ernst seiner Situation zu sprechen. Die Frage kann positiv ausfallen, wenn bereits ein inniges Vertrauensverhältnis zwischen Seelsorger und Patient besteht. In vielen Fällen wäre es jedoch verfehlt, den Seelsorger an das Krankenbett zu rufen, bevor sich der Sterbende über seine Lage klar geworden ist, auch deshalb, weil in manchen Kreisen Patienten und Familienangehörige das Auftauchen des Seelsorgers auf eine angsthafte Weise in Beziehung zum letzten Stadium des Lebens setzen. Aber auch wenn die Umstände es dem Seelsorger erlauben, seine besondere Aufgabe zu erfüllen, so befreit das doch den Arzt nicht, entsprechend seines Vertrauensverhältnisses und den Erwartungen des Patienten die Last seiner seelischen und geistigen Probleme mitzutragen. Während der Jahre meines Sanitätsdienstes und insbesondere auch in der Pflege russischer Zivilisten konnte ich immer wieder erfahren, wie sehr viel mehr der geistige Zuspruch geschätzt wird, wenn er von dem kommt, der sich zugleich um die Heilung des Patienten bemüht. In der Vorbereitung auf den Tod ist der Beitrag des Arztes oder der Krankenschwester oft ganz unersetzlich.
Der Umstand, daß der Arzt auch die geistige Dimension der Situation seines Patienten wahrnimmt, hebt sein ärztliches Tun in die volle Ganz-

[6] W. H. Baltzell, The Dying Patient – When the Focus Must be Changed, in: Archives of Internal Medicine 127 (1971), 108.

heitssicht. In diesem Licht ist die wahrheitsgemäße Information des Sterbenskranken zu sehen. Auch in der erstesten Situation wird so die Mitteilung der ernsten Wahrheit durch den Arzt zu einem Realsymbol der Gegenwart des göttlichen Arztes, durch den jegliche Wahrheit die heilende Kraft der Liebe ausstrahlt.

Gibt jedoch der Patient klar zu erkennen, daß er nicht die ganze Wahrheit hören will, so wird der Arzt seine Entscheidung respektieren. Der Arzt läßt in seinem ganzen Verhalten diesbezüglich seinem Patienten die Wahlfreiheit. Er gibt ihm Gelegenheit, seinen Wunsch und Willen zum Ausdruck zu bringen. Das will nicht heißen, daß der Arzt einfach passiv warten soll, bis der Patient selbst die Frage an ihn stellt; vielmehr wird der Arzt zu ihm so sprechen, daß der Patient, wenn er die ganze Wahrheit wirklich erfahren will, selbst den Arzt auf irgendeine Weise ermuntern wird, deutlich über die Situation zu sprechen. Nie soll der Arzt von vornherein vermuten, sein Patient wolle nicht über den Ernst seiner Situation aufgeklärt werden. »Einige Untersuchungen legen nahe, daß, während die meisten Ärzte nicht dafür sind, dem Patienten die Wahrheit über seinen bevorstehenden Tod zu sagen, die Mehrzahl der Patienten erwartet, daß man sie freimütig und selbstverständlich freundlich über ihre Lage aufkläre. Werden sie auf die rechte Weise informiert, so zeigen sie gewöhnlich eine hohe Fähigkeit, sich mit der Mitteilung auseinanderzusetzen entweder in einer offenen Art oder aber durch Defensivmechanismen, die sie vor einem Trauma schützen[7].« Eine Anzahl von Untersuchungen weist darauf hin, daß dies auch auf Kinder zutrifft[8].

Auf jeden Fall verlangt die besondere Beziehung zwischen Arzt und Patient, daß der Arzt nie aktiv den Sterbenskranken über seine Situation täuscht. »Nie, unter gar keiner Bedingung, sollte man den Patienten Unwahrheiten sagen. Tut man dies, so ist das der sicherste Weg, das gegenseitige Vertrauen und den Respekt zu zerstören, die letztlich zu den wichtigsten therapeutischen Kräften gehören, über die der Arzt verfügt[9].«

c) Aufgabe des Arztes nach dem Tode seines Patienten

Nach dem Hinscheiden des Patienten gehört es zur Berufung des Arztes, den Angehörigen durch menschliche Teilnahme und sein ganzes Verhalten beizustehen. Findet der Arzt, der mit letztem Einsatz für Gesundheit und

[7] A. L. Knutson, Cultural Beliefs on Life and Death, in: The Dying Patient, hg. von Orville G. Brim u. a., New York 1970. Der Band enthält eine ausführliche Dokumentation.

[8] J. Vernick/M. Karon, Who's Afraid of Death in a Leukemia Ward?, in: American Journal of Diseases of Children 109 (1965), 393–397.

[9] Paul S. Rhoads, Management of the Patient with Terminal Illness, in: Journal of the American Medical Association 192 (1965), 78.

Leben des Gestorbenen gekämpft hat, das rechte Wort der Ermunterung, so erfüllt sich darin ein wahrhaft ärztliches Tun, das nicht wenig zum emotionalen Gleichgewicht und zur Gesundheit der Hinterbliebenen beitragen kann. Je größer das Vertrauen der Familie zum Arzt ist, um so wichtiger und aussichtsreicher ist diese seine Aufgabe.

3. Neubestimmung des Augenblicks des Todes

Die zuverlässige Feststellung des eingetretenen Todes gehörte immer schon zur ärztlichen Kompetenz. Mit der Entwicklung der Wiederbelebungsmaßnahmen, die heute auch dann noch erfolgreich sind, wenn die traditionellen Anzeichen des Todes schon gegeben sind, ist die ganze Frage nach dem Augenblick des Todes revolutioniert.

Die Öffentlichkeit wurde erst recht darauf aufmerksam mit dem Ereignis der ersten Herztransplantation. Für den ärztlichen Bereich ist es vorbei mit der Mystik des Herzens. Sie ist eine wichtige Pumpe, die heute durch das Herz eines eben Verstorbenen und vielleicht in Zukunft durch ein Plastikherz ersetzt werden kann. Zum Ertrag der neuen Erfahrungen und Forschungen gehört nicht nur die Verfeinerung der Kriterien zur Feststellung des Todes, sondern auch eine ganze Reihe neuer Einsichten über das biologische Zentrum des Lebens und das leibliche Substratum menschlichen Bewußtseins.

Als sich das Problem der Wiederbelebung nach dem Stillstand des Herzens stellte, erklärte Pius XII.: »Eine klare und genaue Definition des Todes und des Augenblicks des Todes eines Patienten zu geben, der ohne Wiedererlangung des Bewußtseins stirbt, gehört in die Zuständigkeit des Arztes. Zu diesem Zweck kann man Bezug nehmen auf die üblichen Begriffe der Trennung der Seele und des Leibes; aber praktisch wird man die Ungenauigkeit der Ausdrücke ›Leib‹ und ›Trennung‹ in Rechnung ziehen . . . Was die Feststellung der Tatsache des Todes im Einzelfall betrifft, so kann sich die Antwort von keinem religiösen und moralischen Prinzip ableiten und unter dieser Rücksicht gehört die Frage nach dem Tod nicht zur Kompetenz der Kirche[10].«

Das Problem der Herztransplantationen zwang die ärztliche Wissenschaft, eine möglichst scharfe Definition des Augenblicks des Todes zu erarbeiten. Dabei kam es zu einer fast allgemeinen Übereinstimmung, daß der Hirntod das Ende der irdischen Geschichte einer menschlichen Person ist. »Die Wirklichkeit menschlichen Lebens ist an das Großhirn gebunden; wo es zerstört ist, besteht menschliches Leben nicht mehr. Dies ist die Überzeugung, die von den führenden nationalen und internationalen medizinischen Autori-

[10] Ansprache vom 24. November 1957, in: A. A. S. 45 (1957), 1027–1033.

täten ausgedrückt ist[11].« Daraus ergeben sich Folgerungen von großer Tragweite. »Nach dem Hirntod ist der Arzt verpflichtet, alle künstlichen Methoden zur Erhaltung des Lebens durch Respirator abzubrechen[12].« Ferner gilt: Nach dem Hirntod bedeutet die Entnahme von noch brauchbaren Organen zur Rettung des Lebens anderer sicher keinen Eingriff in menschliches Leben.

Die Gleichsetzung des Augenblicks des Todes mit dem Hirntod ergibt sich nicht automatisch aus Tatsachen der empirischen Wissenschaft. Überlegungen philosophischer Art sind mit beteiligt. Wie könnte jemand ohne eine ganzheitliche Sicht menschlichen Lebens zu der Überzeugung kommen, daß ohne das Großhirn als das für menschliches Bewußtsein wesentliche Substrat kein Menschenleben gegeben ist? Denn auch nach dem Hirntod können menschliche Organe wie Herz, Lunge, Nieren und Leber durch künstliche Mittel funktionstüchtig erhalten werden. Trotz des Fortbestehens dieses aufgesplitterten organischen Lebens kommt die Ganzheitssicht vom Menschen zu dem Schluß, daß ohne das leibliche Substrat des Bewußtseins, der Freiheit und der Affektivität, d. h. ohne das Lebenszentrum, das organisches Leben zusammenfaßt und Sinnäußerungen menschlichen Lebens möglich macht, die irdische Geschichte der menschlichen Person zu Ende gekommen ist. Neue verfügbare biologische Daten zwingen jedoch zu weiterer Reflexion.

Ganz abgesehen von der nicht geringen Schwierigkeit, den Zeitpunkt des endgültigen Hirntods festzustellen, ist auch der Begriff Hirntod selbst gar nicht so leicht zu definieren. Das menschliche Gehirn ist nämlich selbst eine ungemein vielschichtige und komplexe Wirklichkeit. Es kommt vor, daß die Großhirnrinde, an die jegliches Bewußtsein als Substrat gebunden ist, für immer funktionsuntüchtig geworden ist, während die entwicklungsgeschichtlich älteren Hirnabschnitte des Hirnstammes, die als Regulationszentren für Atmung und Kreislauf dienen, noch nicht verfallen sind und weiter funktionieren. In diesem Fall ist die Ganzheit des Organismus als biologischer Organismus noch nicht endgültig und unabänderlich zerstört. Im sogenannten »apallischen Syndrom« fällt das Großhirn als das Zentrum bewußter Kommunikationsfähigkeit zeitweilig oder für immer aus, während jene Teile des Hirnstammes, die das Zentrum der biologischen Kommunikation bilden, noch weiter funktionstüchtig sind. Unter Hirntod im totalen und umfassenden Sinn verstehen wir den endgültigen, irreversiblen Ausfall der Funktionsfähigkeit all jener Teile des Gehirns, ohne die die Ganzheit des Organismus unabänderlich zerfällt. Davon zu unterscheiden ist der ir-

11 M. Goulon/P. Babinet, Le coma dépassé, in: Cahiers Laënnec (1970), 18.
12 Lyman A. Brewer, De Humanitate, in: The American Journal of Surgery 118 (1969), 136.

reversible Ausfall jener Großhirnstrukturen, an die menschliches Bewußtsein gebunden ist.

Da die graue Masse des Großhirns außerordentlich empfindlich ist und bei totalem Entzug des Sauerstoffes schon nach etwa vier Minuten endgültig ausfällt, während das Absterben der primitiveren Teile des Gehirns sich langsamer und nicht immer unmittelbar nach der Zerstörung der grauen Masse vollzieht, stehen wir vor einer ähnlichen Problematik, wie sie sich im Werden des Menschen durch die Theorie der Sukzessivbeseelung ausgedrückt hat. Die Frage lautet: Ist nach dem endgültigen Auslöschen des Geistes, beim Aufhören jeglicher Möglichkeit menschlichen Bewußtseins infolge totalen Ausfallens des körperlichen Substrats, noch die Geistseele im Leibe anwesend? Können wir sagen, daß der Mensch als Person in seiner Leiblichkeit gestorben ist, bevor das Zentrum der organischen Ganzheit des Leibes letztlich ausgefallen ist? Diese Frage ist noch nicht bis zum letzten durchdiskutiert[13].

Die Meinung jener, die behaupten, der Tod sei erst dann endgültig eingetreten, wenn die einzelnen Organe das biologische Leben verloren haben, ist praktisch aus der Diskussion ausgeschaltet.

Was die praktische Feststellung des Todes insbesondere in bezug auf die Freigabe der Organe des Verstorbenen für eine Transplantation betrifft, geht die Medizin heute den sichereren Weg. Man verlangt den Hirntod in seiner Ganzheit, also auch den Ausfall des Gehirns als bloßes Regulationszentrum für die biologische Einheit des menschlichen Leibes. Man verlangt eindeutige Kriterien, die beweisen, »daß das zentrale Nervensystem von oben bis unten, von der Großhirnrinde bis zum Stamm endgültig aufgehört hat zu funktionieren[14].«

Die Frage nach der praktischen Feststellung des Gehirntodes gehört nicht zur medizinischen Ethik als solcher; dennoch seien einige Hinweise gegeben, die heute zur Allgemeinbildung gehören. Man begnügt sich nicht mehr, das Aufhören der Herztätigkeit durch Elektrokardiogramm festzustellen; noch genügt das Ausbleiben jeder spontanen Atmung nach Entfernung der künstlichen Lunge. Zahlreiche Kommissionen und Symposia von Wissenschaftlern haben Standardkriterien erarbeitet. Die weiteste Annahme fand wohl das Gutachten eines Komitees der Harvard-Universität, das zur Feststellung des Todeseintritts folgende Kriterien verlangt: »Zur Feststellung des Gehirntodes gehören totale und irreversible Bewußtlosigkeit, die Reak-

[13] Wilfried Ruff, Individualität und Personalität im embryonalen Werden, 47. Die vielseitigste und bestdokumentierte Darstellung der gesamte Problematik des Todeszeitpunktes findet sich bei Wilfried Ruff, Organverpflanzung. Ethische Probleme aus katholischer Sicht, München 1971, 86–99.

[14] H. Fishgold, Electroencephalographe et signes de la mort, in: Cahiers Laënnec (1970), 50.

tionslosigkeit auf Schmerzreize, totales Erlöschen der Spontanreflexe des Muskeltonus und keine Auslösbarkeit von Reflexen, weite, lichtstarre Pupillen und schließlich totales Erlöschen des Wellenbildes im Elektroenzephalogramm (EEG), und zwar während mindestens vierundzwanzig Stunden[15].« Zahlreiche Staaten haben das Einhalten dieser oder ähnlicher Kriterien sanktioniert, zum Teil so weitgehend, daß praktisch Organübertragungen vom Leichnam kaum möglich sind.

Überraschende Tatsache ist, daß die medizinischen Autoritäten und andere, die sich am interdisziplinären Dialog im Anschluß an die Herztransplantationen beteiligten, nunmehr einen sehr viel höheren Grad der Sicherheit des bereits eingetretenen vollständigen Todes verlangen, wenn es um das Entnehmen eines Organs zur Lebensrettung eines anderen geht, als dies früher gemeinhin der Fall war. Nicht nur sind die Kriterien für die absolute Irreversibilität des Hirntodes außerordentlich streng, sondern im allgemeinen wird auch verlangt, daß die Feststellung des Todeszeitpunktes nicht von dem Team durchgeführt wird, das die Transplantation beabsichtigt, sondern durch ein davon verschiedenes Team von Ärzten.

Voraussetzung jeder Organübertragung von einem Verstorbenen ist ganz offensichtlich, daß dieses Organ selbst nicht sein biologisches Leben verloren hat. Nach dem Urteil mancher Ärzte bleibt zu dem Zeitpunkt, zu dem die biologisch intakten Organe zur Transplantation entnommen werden können, eine, wenn auch geringe theoretische Möglichkeit, daß mit dem eingetretenen und festgestellten Hirntod zwar der Prozeß des Sterbens irreversibel ist, aber der Totaltod vielleicht noch nicht eingetreten ist. Infolgedessen befürchten sie, daß in diesem Fall das Entnehmen der Organe irgendwie den Charakter der Tötung, nämlich einer Antizipation des Totaltodes trage. H. Pompey glaubt in diesem Fall, daß man mit der traditionellen Auslegung des fünften Gebotes durchaus zum Schluß kommen könne, daß diese zwar mögliche, aber nicht sehr wahrscheinliche Antizipation des Totaltodes bei einem irreversiblen Prozeß des Sterbens nicht gegen das biblische Tötungsverbot verstößt, da es sich um einen Menschen handelt, dessen geschichtliche Existenz ohnehin mit Sicherheit zu ihrem Ende gekommen ist[16]. Die entscheidende Begründung scheint mir darin zu liegen, daß es

15 Commitee of the Harvard Medical School: A Definition of irreversible Coma, in: Journal of the American Medical Association 205 (1967), 337–340. Vgl. auch Schweizer Akademie der medizinischen Wissenschaften: Richtlinien für die Definition und die Diagnose des Todes, in: Münchener Medizinische Wochenschrift 111 (1969), 1323–1324; J. Gerlach, Die Definition des Todes in der Medizin, in: Münchener Medizinische Wochenschrift 112 (1970), 65–70.

16 H. Pompey, Gehirntod und totaler Tod. Moraltheologische Erwägungen zur Herztransplantation, in: Münchener medizinische Wochenschrift 111 (1969), 736–741.

sich bei einer solchen Organentnahme nicht um einen wirklichen Verstoß gegen das Grundrecht auf Leben handelt, weil ja vorausgesetzt ist, daß der Prozeß des Sterbens absolut irreversibel ist und nur noch ein letztes biologisches Absterben möglicherweise aussteht. Der Verstorbene bzw. in der letzten Phase des biologischen Sterbens sich Befindende wird voraussetzungsgemäß keiner Chance auf Leben und Gesundheit und vor allem keiner Chance auf irgendeine menschliche Tätigkeit beraubt. Ich halte persönlich dafür, daß mit dem eingetretenen und festgestellten Hirntod wirklich der Totaltod im Sinne menschlicher Existenz gegeben ist[17].

4. Ethische Voraussetzungen der Organtransplantation

Schon bisher war von Organtransplantation die Rede, jedoch nur im Zusammenhang mit der Bestimmung des Todeszeitpunktes. Eine Reihe anderer wichtiger Aspekte der Transplantation werden im folgenden Abschnitt, wo von der Verlängerung des Lebens die Rede ist, zur Sprache kommen. Hier sind einige zusätzliche ethische Fragen berührt.

Die Organtransplantation ist zweifellos ein großes Ereignis in der Geschichte der Medizin. Tausende von Blinden haben durch die Übertragung einer Hornhaut Lebender und vor allem Toter das Augenlicht wiedergefunden. Während noch vor zehn Jahren Nierenübertragungen infolge starker Unverträglichkeitsreaktion beim Empfänger nur im Falle einer Übertragung der Niere der Mutter oder eines Zwillings hinreichend Aussicht auf Erfolg hatten, werden jetzt jährlich tausend und mehr Menschen durch erfolgreiche Nierenübertragung gerettet, und zwar in der Mehrzahl der Fälle mit Nieren Verstorbener. Die Übertragung der Bauchspeicheldrüse scheint zukunftverheißend zu sein, während Herz-, Lungen- und Lebertransplantationen noch an einem toten Punkt stehen.

Über die Moralität des Spendens eines paarigen Organs von seiten Lebender wurde in der katholischen Moraltheologie bis vor einigen Jahren heftig diskutiert. Nicht wenige traditionelle Moralisten wollten eine absolute Unmoralität behaupten, da das Spenden eines Organs mit direkter und freiwilliger Selbstverstümmelung verbunden sei, die vom moralischen Stand-

17 Wilfried Ruff geht bedeutend weiter als Pompey: »Wenn die immunologischen Probleme so weit gelöst sind, daß eine echte Erfolgsaussicht für den Herz- und Leberempfänger besteht, dann könnte eine Organentnahme bei einem Sterbenden auch schon vor dem Eintritt des Hirntodes erwogen werden« (Organverpflanzung, 152; vgl. die sehr sorgfältige Eingrenzung dieses Falles unter Voraussetzung klarer Kriterien auf Seite 124).
Die Hypothese Ruffs bezieht sich offenbar nur auf den Fall, in dem möglicherweise das Absterben des unteren Hirnstammes aussteht, das das Zentrum biologischer Ganzheitsfunktionen ist, während die Zerstörung jener Strukturen, die Voraussetzung spezifisch menschlichen Bewußtseins sind, feststeht.

punkt aus auch dann objektiv zu verwerfen sei, wenn sie in guter Absicht der Liebe geschehe. Hürth, Ermecke u. a. kamen zu diesem Ergebnis, weil sie der Auffassung waren, jeder Teilakt müsse in sich auf seine eigene Moralität untersucht werden. Heute hat sich fast durchweg die Auffassung durchgesetzt, daß die moralische Beurteilung die Gesamtbedeutung der Handlung zu beachten habe. Das freiwillige Opfer eines Organs, um das Leben einer anderen Person zu retten oder ihre Lebenstüchtigkeit wesentlich zu erhöhen, entspricht dem großen Gebot der Liebe, wenn alle Voraussetzungen für die Proportionen gegenseitiger Verantwortlichkeit gegeben sind. Die Begründung liegt also nicht in einem abstrakten Begriff der Liebe, sondern schaut auf die totale Artikulation der Liebe gemäß Klugheit und allseitiger Verantwortlichkeit[18]. Der infrage kommende Spender wird sorgfältig den Wert und die Aussicht seines Opfers abwägen mit den Auswirkungen auf sein eigenes persönliches Leben und seine Gesundheit und im Blick auf etwaige Verpflichtungen gegenüber anderen Personen. Ist der Empfänger bei Bewußtsein, so darf er selbst das Angebot nicht annehmen, wenn es der Spender im Blick auf seine Gesamtverantwortung für sich und andere in nicht kluger Weise anbieten würde. Es gehört zur Aufgabe des Arztes, die infrage kommenden Personen gemäß seiner besten Kenntnis über Aussichten und Gefahren aufzuklären und ihnen zu helfen, eine verantwortete Entscheidung zu treffen.

Es ist selbstverständlich, daß das Spenden von seiten lebender Personen nicht mehr gerechtfertigt ist, wenn das gleiche Ziel durch die Entnahme eines Organs von einer Leiche erreicht werden kann. Es gibt jedoch immer noch Fälle, z. B. bei Nierentransplantationen, wo nur die sofortige Ausführung das Leben retten kann und infolgedessen auf einen lebenden Spender zurückgegriffen werden muß, wenn dieser sich anbietet.

In der Diskussion um die moralische Erlaubtheit von Organübertragung wurde vor allem der Gesichtspunkt der Identität der Person in ihrer Freiheitsentwicklung ins Feld geführt. Pius XII. verurteilte die Übertragung von tierischen Geschlechtsdrüsen auf den Menschen ausdrücklich als unmoralisch, zumal im Blick auf die voraussichtliche Störung der Freiheit[19]. Die Verpflanzung von Genitalorganen wurde mehrfach versucht. Abgesehen von der enormen medizinischen Problematik, dürfte hier wohl auch eine zusätzliche ethische Fragwürdigkeit bestehen, da eine beachtliche Störung des personalen Lebens nicht ausgeschlossen ist. Übertragung des Ovariums einer Frau auf eine andere enthält mehr Probleme als die künstliche Befruchtung durch das Sperma oder das Ovulum einer anderen Person. Die

[18] Vgl. A. Regan, Man's Administration of His Bodily Life and Members, the Principle of Totality and Organic Transplants Between Humans, Rom 1967, 179–200.

[19] Pius XII., Ansprache vom 14. Mai 1956, in: A. A. S. 48 (1956), 460.

Identität und die gesunde Entfaltung der Person in ihrer Freiheit wiegt gewichtiger als die Verlängerung des Lebens oder andere Vorteile, die man sich von einer Transplantation solcher Art erwarten könnte. In bezug auf Herz- oder Lungentransplantation besteht keine Gefahr einer Modifizierung der Personalität. »Ein transplantiertes Herz bedeutet ein geringeres Risiko für die geistige Persönlichkeit des Empfangenden als gewisse geläufige Methoden der Psychiatrie und der Neurochirurgie[20].«

Manche sahen ein ethisches Problem in der künstlichen Bewahrung lebendiger Organe nach dem Eintreten des Hirntodes, um sie dann für Transplantation verfügbar zu halten. Ist dies nicht gegen die Würde der menschlichen Person? Es besteht kein Zweifel, daß es sich hier um eine wirkliche Manipulation handelt, aber sie betrifft nur Organe des menschlichen Leichnams, der nicht mehr den Status einer lebendigen Person hat. Unsere Auffassung gründet in unserem Verständnis von der menschlichen Natur. »Daß es grundsätzlich mit dem durch das Vermögen zu sterben bestimmten geistigleiblichen Dasein des Menschen vereinbar ist, daß meine Organe nach meinem Tod einem Lebenden transplantiert werden, dies scheint mir daraus hervorzugehen, daß meine Selbstverwirklichung ja immer eine Selbstverwirklichung auf den andern Menschen hin ist. Ich setze ja unter Umständen in meinem Leben meine Leiblichkeit, meine Gesundheit im ganzen für den andern ein[21].«

Es ist eine sittlich bedeutsame Entscheidung, wenn jemand zu Lebzeiten bestimmt, daß seine Organe nach seinem Tod der Gesundheit und dem Leben eines Mitmenschen dienen dürfen, wenn immer dies möglich ist. Die Meinungsbildung sollte dahin zielen, alle zu dieser Überzeugung und Bereitschaft zu bewegen. Der Gesetzgeber sollte die Frage entscheiden, ob dem Arzt die Entnahme eines Organs von der Leiche nur erlaubt ist, wenn entweder der Verstorbene selbst durch eine letztwillige Verfügung oder aber die Angehörigen es ausdrücklich erlauben, oder aber in all den Fällen, in denen keine ausdrückliche Ablehnung von der einen oder anderen Seite erfolgt ist.

5. Probleme der Lebensverlängerung

Die Lebensverlängerung, Chancen und Proportionen gehörten immer zum Fragenkreis der ärztlichen Ethik. Heute stellen sich jedoch die alten Probleme in ganz neuer Sicht, abgesehen davon, daß neue Probleme wie z. B. die der Wiederbelebung und der Organtransplantation dazugetreten sind.

20 Charles Dubost, Scientific and Ethical Problems in Organ Transplantation, in: The Annals of Thoracic Surgery 8 (1969), 102.

21 Vgl. Bernhard Casper, Der Tod als menschliches Phänomen, in: Arzt und Christ 15 (1969), 160.

a) Die Neuheit des Problems

Im vorwissenschaftlichen Zeitalter waren z. B. neugeborene Kinder, die nie zum menschlichen Bewußtsein und Gebrauch der Freiheit kommen können, unwiderruflich dem Tode geweiht. Heute ist die Medizin in der Lage, diese Kinder für Monate, ja oft sogar für Jahre am Leben zu erhalten. Noch erstaunlicher sind die Möglichkeiten, das Leben der Alten immer mehr zu verlängern. In zahllosen Fällen, in denen traditionell der vollendete Tod festgestellt wurde, bestehen reichliche Aussichten, durch Wiederbelebung das Leben zu retten oder aber den Sterbeprozeß lang hinauszuschieben. Nach den ersten Herztransplantationen und dergleichen stellt sich die Frage: Ist es sinnvoll, eine Lebensverlängerung unter solchen Opfern und Risiken überhaupt anzustreben?
Während in früheren Zeiten die meisten Menschen in ihrem eigenen Familienkreis starben, zeigen die Statistiken, daß z. B. in den Vereinigten Staaten über achtzig Prozent in den Hospitälern sterben, wo alle Mittel zur Verlängerung des Lebens zur Verfügung stehen. Oft verbringen die Leute ihre letzten Tage in einem Zustand psychischer Isolation und Entfremdung, mit Apparaturen belastet und mit Nadeln in den Venen, während sie auf den letzten Atemzug warten. Unvorstellbare Anstrengungen werden gemacht, um sie so lange wie möglich am Atmen zu bewahren, während Herz und Lunge künstlich in Gang gehalten werden. »In vielen Fällen mögen diese Techniken die Verlängerung von Lebenszeichen bewirken, aber sicherlich kann man nicht eigentlich von Verlängerung des Lebens sprechen[22].« Zahllose Ärzte beklagen die Tatsache, daß sehr oft Organismen am Leben erhalten werden, wenn schon längst alle Hoffnung geschwunden ist, die Person wirklich wieder zum Leben zu bringen.
An diesem Punkt der Überlegungen ist es wohl angebracht, ein Wort über die enorme Disproportion zu sagen zwischen der Anstrengung, menschliches Leben künstlich zu verlängern, den stets sich steigernden Bemühungen, eine absolut letzte Sicherheit zu haben, ob der Tod wirklich schon von selbst eingetreten sei, und auf der anderen Seite starke Tendenzen bei einem Teil der Ärzteschaft, beginnendes und hoffnungsvolles Leben im Mutterleib zum Ende zu bringen, und zwar auf eine bloß wahrscheinliche Meinung hin, daß es sich doch wohl noch nicht um eine menschliche Person handle. In vielen Ländern besteht gar kein Verhältnis zwischen den Anstrengungen, die generell gemacht werden, das Sterben hinzuziehen, für immer bewußtloses Leben zu verlängern, und auf der anderen Seite Mangel an Schutz und Sorge für das werdende Leben im Mutterschoß.

[22] Ch. U. Letourneau, Dying with Dignity, in: Hospital Management (1970), 30.

b) Das sittliche Recht, in Würde sterben zu dürfen

Immer mehr Ärzte, Krankenpfleger und breite Kreise der Bevölkerung stellen die Frage, ob nicht vielfach die künstliche Verlängerung des Lebens dem Grundrecht der Person auf ein Hinscheiden in Würde und Frieden widerspreche. Dies hat nichts zu tun mit dem Problem der Euthanasie, auf das wir später eingehen. Typisch für die neue Situation ist die Möglichkeit einer Wiederbelebung, wenn höchstwahrscheinlich der größere Teil der Großhirnrinde für immer geschädigt oder gar zerstört ist. Sollte man wirklich einen Menschen, der während seines ganzen Lebens Reife und Weisheit bewiesen hat, jetzt künstlich durch Monate und Jahre »am Leben erhalten«, wenn er aller geistigen Tätigkeit beraubt ist oder mit beschämenden geistigen Störungen dahinleben muß? Dies ist nur einer der vielen Fälle, in denen die moderne Technik den Lauf der »Natur« umkehrt. Immer mehr Menschen kommen zur Überzeugung, daß in nicht seltenen Fällen die künstliche Verlängerung des Lebens unmoralisch ist, wenn dies nur zu einer Verlängerung schweren Leidens bzw. zu einem lange sich hinziehenden Sterbevorgang führt. Schon Pius XII. sprach in einem billigenden Ton von Familien, die den Arzt bedrängen, »den Respirator zu entfernen und so dem Patienten, der virtuell schon tot ist, zu erlauben, in Frieden hinzuscheiden[23].« Das technische Können der Medizin darf nicht dazu führen, daß dem Menschen das Recht verweigert wird, in Frieden zu sterben[24].

c) Kriterien für sinnvolle Verlängerung des Lebens

Helmut Thielicke stellt die Frage nach den Kriterien mit aller Schärfe: »Wenn von der Pflicht des Arztes die Rede ist, Leben zu erhalten, dann kann damit nicht das biologische Leben schlechthin, sondern nur ›menschliches‹ Leben gemeint sein. Um dieses menschliche Leben zu charakterisieren, bedarf es anderer Kriterien, als es diejenigen sind, die sich in Cardio- und Encephalogrammen manifestieren. Von der Urgeschichte der Bibel bis Martin Heidegger – um einen etwas abenteuerlich ausladenden Radius des Überblicks zu schlagen – gilt als das maßgebliche Kriterium, mit dessen Hilfe zwischen animalischem und humanem Leben differenziert wird, der Umstand, daß menschliche Existenz durch Selbstbewußtsein bestimmt werde[25].«

[23] Pius XII., Ansprache an Ärzte vom 24. November 1957, in: A. A. S. 49 (1957), 1029.

[24] Vgl. W. J. Boone, Religion and Medicine, in: Journal of the Medical Society of New Jersey 65 (1968), 637; A. Gütgemann, Über ärztliche Verantwortung in der Chirurgie, in: Münchener Medizinische Wochenschrift 17 (1967), 14.

[25] Helmut Thielicke, Wer darf leben? Ethische Probleme der modernen Medizin, München 1970, 23.

Ein erstes annäherndes Kriterium ist die sachliche Abschätzung zwischen der erhofften Lebensverlängerung und dem Ausmaß an Schmerz und Enttäuschung, die dieses künstlich verlängerte Leben für den Patienten und seine Angehörigen mit sich bringen wird. Wozu sollte man dem Tod gewaltsam einen Aufschub abverlangen, wenn dies nur größeres Entsetzen, Enttäuschung und allerhand Versuchungen mit sich bringt? Positiv formuliert besagt dieses Kriterium: Besteht eine wohlbegründete oder auch nur schwache Hoffnung, das Leben in einer solchen Weise zu verlängern, daß ein hinreichend glückliches und sinnvolles Dasein für einen kürzeren oder längeren Zeitabschnitt vorauszusehen ist, dann sollte jedes mögliche Mittel versucht werden, das zur Verfügung steht[26]. Der Kostenfaktor darf dabei sicherlich nicht die Hauptrolle spielen; aber es kann z. B. für einen Vater, der sein Leben lang für seine Familie gesorgt und insbesondere im Ausblick auf eine gute Ausbildung seiner Kinder beachtliche Ersparnisse eingebracht hat, ein schweres seelisches Leiden bedeuten, zuzusehen, wie die Verlängerung seines ohnehin hoffnungslos dahinsiechenden Lebens um ein paar Monate all die Ersparnisse aufzehrt. Der Arzt darf sich auch nicht von der Familie des Patienten verleiten lassen, kostspielige Methoden nur zu ihrer Beruhigung anzuwenden, wenn praktisch gar keine Aussicht besteht, daß dies dem Patienten wirklich hilft. Noch unverantwortlicher wäre es, durch aufwendige, das ganze Leben der Angehörigen schwer belastende Mittel ein dem Tod hoffnungslos geweihtes Leben in einem Zustand großer Schmerzen oder des Unbewußtseins zu erhalten, wenn der Arzt sehen kann, daß die Familie dies als Unrecht empfindet und nur aus Furcht, es möchte falsch ausgelegt werden, nicht zu widersprechen wagt.

Ich stimme mit Rudolf Kautzky überein, der als Hauptkriterium für Lebensverlängerung die sinnvolle Verwirklichung menschlicher Freiheit nennt. »Da das Leben die Vorbedingung für die Verwirklichung menschlicher Freiheit ist, soll es mit angemessenen Mitteln verlängert werden, sofern es nach menschlichem Ermessen diesem Ziel tatsächlich dient ... Nicht jede Lebensverlängerung ist ein Freiheitsgewinn. Er kann durch Bewußtlosigkeit, grobe Defekte und Leiden aller Art hinfällig werden. Deshalb sollen Schmerzen und andere Qualen so weit wie möglich bekämpft werden, selbst wenn dabei ein früherer Eintritt des Todes in Kauf genommen werden müßte. Es kann aber auch die Freiheit anderer durch die Lebensverlängerung des einen so beeinträchtigt werden, daß diese deshalb abzulehnen ist[27].« Selbstverständlich kann Freiheit nur dann als Kriterium dienen, wenn wir einen rechten Begriff von Freiheit in Verantwortlichkeit vor Gott und den Mitmenschen und für das eigene Selbst haben. Ein individualisti-

[26] Paul S. Rhoads, Moral Considerations in Prolongation of Life, in: Jorunal of the South Carolina Medical Association (1968), 422–423.

[27] Rudolf Kautzky, Der Arzt vor dem Phänomen des Todes, 137–138.

scher Freiheitsbegriff kommt nicht infrage. Opferbereite und liebende Pflege von Kranken, solange dies sinnvoll und in Proportion zu anderen Pflichten getan werden kann, ist einer der größten Freiheitsgewinne der Menschheit. Ebenso ist das bewußte und freie Annehmen des Leidens im Ja zum Erlösungsplan ein großes Zeichen der Freiheit der Kinder Gottes. Bei einer künstlichen Verlängerung des Sterbevorgangs, nachdem der Freiheitsgebrauch endgültig verlorengegangen ist, scheint jedoch keiner dieser Werte unmittelbar gegeben zu sein.

Die Orientierung an der Verwirklichung sinnvoller menschlicher Freiheit im Gesamt der Freiheitsgeschichte der Menschheit schließt das von Hitler gebrauchte und heute wiederum von vielen vorgeschlagene Kriterium von nützlichem und lebensunnützem Leben radikal aus. Eine Gesellschaft, die nur jenes Leben unter ernstem Aufwand erhalten will, das sich wirtschaftlich als nützlich erweist, hat ihre eigene Freiheitsberufung verraten. Deshalb hüten wir uns, von nützlichem Leben zu sprechen, sondern sagen sinnvolle Verwirklichung des Lebens.

Die Frage nach der Lebensverlängerung stellt sich oft in Form eines harten Dilemmas: Welchem Patient soll die Wohltat der Verlängerung zukommen, wenn die Mittel nicht für alle reichen? So stehen z. B. in Deutschland bei weitem nicht genügend künstliche Nieren zur Dialyse oder brauchbare menschliche Nieren zur Verpflanzung zur Verfügung, um das Leben jener zu retten, bei denen an sich gute Erfolgsaussichten bestünden. Arzt und Krankenhaus stehen diesbezüglich oft vor sehr schweren Fragen. Wir kommen darauf noch in anderem Zusammenhang zurück. Es geht hier vor allem um eine Gewissensfrage an die Gesamtgesellschaft. Welcher Anteil des Sozialproduktes steht für sinnvolle Behandlung und sinnvolle Lebensverlängerung aller Bürger ohne Rücksicht auf ihre wirtschaftliche Lage zur Verfügung, und nach welchen Kriterien werden die zur Verfügung stehenden Mittel verwendet?

Vom Hauptkriterium sinnvoller Verwirklichung der Freiheit her ist besonders die Einstellung des Patienten selbst zu berücksichtigen. Ist er auf den Tod vorbereitet und wünscht er in sachlicher und ruhig gefaßter Entscheidung, daß sein Leben nicht weiterhin künstlich verlängert werde, und sei es auch, daß in seiner Entscheidung die Rücksicht auf eine den Angehörigen schwer zumutbare Belastung mitspielt, so ist dieser Wunsch im allgemeinen zu berücksichtigen. Ich betone hier wiederum, daß es nicht um den Wunsch nach Euthanasie, sondern nur um Beendigung künstlicher Lebensverlängerung geht, in Fällen, in denen gar keine Hoffnung besteht, die Gesundheit wiederherzustellen.

Die traditionelle Moraltheologie löste die Frage nach der Lebensverlängerung hauptsächlich durch die Unterscheidung zwischen ordentlichen und außerordentlichen Mitteln. Da aber mit wachsendem Wohlstand und mit dem Fortschritt der Medizin und Technik die ordentlicherweise allen zur Verfügung stehenden Mittel weit über das hinausgehen, was früher an außerordentlichen Mitteln zur Verfügung stand, so kann dieses Kriterium nicht mehr genügen. Wo es sich jedoch wirklich um Verlängerung von Leben handelt, das sich in die menschliche Freiheitsgeschichte positiv einschreiben kann, gelten die unter früheren Voraussetzungen formulierten Grundsätze Pius' XII. heute noch genauso: »Die natürliche Vernunft und die christliche Moral sagen, daß der Arzt (und wem immer es obliegt, für seinen Nächsten zu sorgen) das Recht und die Pflicht hat, im Falle einer ernsten Krankheit die Maßnahmen zu treffen, die nötig sind, um Leben und Gesundheit zu erhalten. Diese Pflicht, die er gegenüber sich selbst, gegenüber Gott, gegenüber der menschlichen Gemeinschaft und häufiger noch gegenüber gewissen ganz bestimmten Personen hat, entspringt der geordneten Nächstenliebe, dem Gehorsam gegenüber dem Schöpfer, der sozialen Gerechtigkeit und selbst der Gerechtigkeit schlechthin sowie der Rücksicht auf die Angehörigen. Aber sie verpflichtet gewöhnlich nur zum Gebrauch der (entsprechend den Umständen, dem Ort, der Zeit, der Kultur) üblichen Mittel, d. h. der Mittel, die keine außergewöhnliche Belastung für einen selbst oder andere mit sich bringen. Eine strengere Verpflichtung wäre für die Mehrzahl der Menschen zu schwer und würde die Erlangung wichtigerer höherer Güter zu sehr erschweren. Leben, Gesundheit und jede irdische Aktivität sind in der Tat geistigen Zielen untergeordnet. Im übrigen ist es nicht verboten, mehr als das strikt Notwendige zur Erhaltung des Lebens und der Gesundheit zu tun, vorausgesetzt, daß dadurch keine wichtigeren Pflichten versäumt werden[28].«

6. Euthanasie

Das aus dem Griechischen stammende Wort Euthanasie bedeutet ursprünglich einen guten und ehrbaren Tod. Im Blick des Arztes bedeutete es liebevollen Beistand für den sterbenden Patienten, um Schmerzen und Angst zu erleichtern. Erst im Verlauf des 20. Jahrhunderts erhielt dieses freundliche Wort den neuen Sinn von direktem Töten von Patienten, die infolge schlechter Aussichten auf Wiederherstellung der Gesundheit oder aus anderen Gründen eine direkte Sterbehilfe verlangen.
Karl Binding und Alfred Hoche schlugen dann unter dem Wort Euthanasie die vorbedachte und breit angelegte Ausrottung von sozial und wirtschaftlich unerwünschten Personen vor, insbesondere die der geistig Kranken und der Krüppel, die nichts mehr zum wirtschaftlichen Fortschritt beitragen

[28] Pius XII., Ansprache vom 24. November 1957 über moralische Probleme der Wiederbelebung, in: Herderkorrespondenz 12 (1957/58), 229.

könnten[29]. Hitler setzte diesen schrecklichen Vorschlag in die Tat um. Die gegenwärtigen Diskussionen über Euthanasie in der Fachliteratur setzen sich alle ausdrücklich von den Massenmorden Hitlers ab; nicht selten stoßen wir jedoch auf Ausdrücke und Erwägungen »unnützes Leben«, die ein Nutzdenken verraten.

Die ärztliche Literatur unterscheidet zwischen negativer und positiver Euthanasie. Unter negativer Euthanasie versteht man im allgemeinen die vorausberechnete Unterlassung von Behandlungsmethoden, die das Leben verlängern würden. Den Ausdruck positive Euthanasie gebraucht man nur für jene wohlüberlegten Behandlungsmethoden, deren direktes Ziel die Beschleunigung des Todes ist. Früher sprach man auch von »Gnadentod«. Das direkte Ziel der positiven Euthanasie ist also die aktiv herbeigeführte Beendigung des Lebens des Patienten. Als Begründung führt man gewöhnlich Mitleid an. Die medizinische Diskussion beschränkt sich im Für und Wider streng auf jene Fälle, in denen der Patient selbst unzweideutig den Wunsch ausdrückt, daß der Arzt positiv mitwirken soll, um seinen Tod zu beschleunigen.

a) Probleme um die negative Euthanasie

Der Ausdruck negative Euthanasie weist eine große Verschiedenheit von Schattierungen auf. Vom moralischen Standpunkt müssen eine Reihe von Unterscheidungen gemacht werden. Die Mitglieder der Sekte Christian Science, die glauben, daß man der Krankheit nur durch Gebet begegnen und im übrigen der Natur ihren Lauf lassen müsse, die Zeugen Jehovas, die die lebensrettende Bluttransfusion als unsittlich zurückweisen, ein katholischer Arzt, der eine schwangere Frau lieber sterben läßt, als einen von ihm als direkt und deshalb als unmoralisch angesehenen Schwangerschaftsabbruch vorzunehmen, all diese weigern sich, eine lebensrettende Behandlung durchzuführen, welche Ärzte allgemein als normal ansehen. Keiner von ihnen wird jedoch seine Entscheidung als negative oder gar positive Euthanasie ansehen, denn sie möchten das Leben gern verlängern, wenn sie es auf eine ihrem Gewissen entsprechende Weise tun könnten. Im streng wissenschaftlichen Sinn bezieht sich der Begriff negative Euthanasie nur auf Fälle, in denen praktisch alle Hoffnung auf Wiederherstellung der Gesundheit und wirkliche Rettung des Lebens aufgegeben ist und sich darum die Frage stellt, ob ein weiteres Sich-hinziehen-Lassen der Todeskrankheit vermieden werden soll, und zwar durch Abbruch gewisser Behandlungsmaßnahmen.

Nicht-katholische Leser würden wohl weithin die oben zitierten Grundsät-

[29] Karl Binding/Alfred Hoche, Die Freigabe der Vernichtung lebensunwerten Lebens, Leipzig 1920.

ze Pius' XII. über den Verzicht auf außerordentliche Mittel zur Lebensverlängerung als generelle Billigung negativer Euthanasie ansehen. Aber das ist doch wohl nicht ganz genau. Es besteht ein Unterschied mindestens in bezug auf die direkte Intention, ob man lediglich auf außerordentliche Mittel verzichten will, eben weil diese nicht als zumutbar erscheinen, oder aber die Behandlung mit üblichen oder außerordentlichen Mitteln einfach deshalb einstellt, weil man das von unheilbarer Krankheit oder von nahender Todesaussicht gekennzeichnete Leben nicht verlängern will. In katholischer Tradition wird man nicht zögern, Mittel zur Unterdrückung unerträglicher Schmerzen oder zur Minderung der Angst auch dann anzuwenden, wenn man klar voraussieht, daß diese Mittel die Todeskrankheit beschleunigen; denn das Ziel ist nicht die Beschleunigung des Todes. Ich hoffe, daß nichtkatholische Leser dies nicht als Haarspalterei ansehen. Auch protestantische Theologen machen ähnliche Unterscheidungen, obwohl gewöhnlich mit geringerer Betonung. Ich zitiere den bekannten protestantischen Ethiker Helmut Thielicke: »Selbstverständlich bedeutet es einen grundlegenden Unterschied, ob ich ein Übel, eine Fragwürdigkeit als Nebenprodukt meiner therapeutischen Absicht in Kauf nehme oder ob ich sie als selbständiges Ziel angehe. Diese entscheidende ethische Differenz zwischen Zweck und Nebenprodukt ist uns ja aus anderen medizinischen Zusammenhängen von jeher vertraut. Sie spielt etwa bei der Frage der Euthanasie eine Rolle: Ich darf als Arzt unter keinen Umständen töten wollen; aber es kann sein, daß ich den Tod oder die Verfrühung des Todes im Rahmen einer anderen therapeutischen oder schmerzlindernden Maßnahme als mögliches Risiko in Kauf nehme[30].«

Bei einer ganzen Reihe von ärztlichen Eingriffen sind die Aussichtschancen geringer als die Gefahr eines tödlichen Ausgangs. Generell machte die medizinische Ethik gegen solche Eingriffe keine Einwände, wenn es die einzige Alternative zu einer kurzfristigen Spanne höchst elenden Lebens war. Die Herztransplantationen ließen sich nur auf dieser Basis rechtfertigen. Sie haben aber nichts zu tun mit dem Begriff der negativen Euthanasie.

Im strikten Wortsinn meint negative Euthanasie die direkte Intention, der Todeskrankheit ihren Lauf zu lassen durch vorüberlegtes Unterlassen einer lebensverlängernden Behandlung. Der entscheidende Grund ist nicht etwa, weil die Mittel als außergewöhnlich im Sinne der traditionellen Unterscheidung angesprochen werden müßten. Man will vielmehr einem unzumutbaren Leiden und einer peinvollen Situation, die im Widerspruch mit einem Sterben in Würde zu sein scheint, ein Ende machen. Dies wird als die Antwort angesehen auf den ungeheuren Fortschritt der Medizin, der oft zu einer qualvollen Verlängerung des Lebens führt. In zahlreichen Veröf-

30 Helmut Thielicke, Wer darf leben?, 30.

fentlichungen halten sich die Begriffsbestimmung von negativer Euthanasie und die angeführten Kriterien ziemlich genau im gleichen Rahmen wie unsere oben angeführten Kriterien in bezug auf eine nicht pflichtgemäße Verlängerung des Lebens.

Negative Euthanasie ist jedoch zu mißbilligen, wenn der Begriff ungebührlich ausgeweitet wird und Nützlichkeitserwägungen hinzutreten. In der Diskussion zeigen sich bisweilen Tendenzen, bei denen es nicht bloß darum geht, den Patienten mit Würde und in Frieden sterben zu lassen; der Entzug von an sich normalen Behandlungsweisen geschieht vielmehr in der ausdrücklichen Absicht, auf eine unauffällige Weise jene sterben zu lassen, die infolge ihrer ständigen Kränklichkeit andere belasten und sich nicht mehr in den Wirtschaftsprozeß einschalten könnten. Es ist deshalb entscheidend, daß in allen Diskussionen um negative Euthanasie und Lebensverlängerung alles utilitaristische Denken ausgeschlossen bleiben muß und daß nicht irgendwie unter dem Namen negative Euthanasie mehr oder weniger das gleiche gemeint ist wie unter positiver Euthanasie.

Wie denken Ärzte über die negative Euthanasie im strikten Sinn? Williams berichtet über eine Umfrage, die sich an die Abteilungsvorstände der ärztlichen Schulen der Vereinigten Staaten und an Vorstände der ärztlichen Vereinigungen wandte. Von 344 Fragebogen wurden 333 beantwortet. Davon sprachen sich 87 Prozent zugunsten der negativen Euthanasie aus, aber nur 80 Prozent gaben an, daß sie auch danach handeln; die Protestanten stellten dabei den höchsten Prozentsatz (88 Prozent), die katholischen Ärzte den niedrigsten (62 Prozent)[31].

b) Ein entschiedenes Nein zur positiven Euthanasie

In der oben erwähnten Umfrage von Williams sprachen sich nur ganz wenige protestantische und jüdische Ärzte und nicht ein einziger katholischer Arzt zugunsten der positiven Euthanasie aus, während 38 Prozent der übrigen Ärzte dafür sind. In England war das Problem der Euthanasie im Lauf der letzten Jahre Gegenstand heftiger Diskussionen[32]. Wie in anderen wichtigen Fragen der medizinischen Ethik könnte es auch hier sein, daß die Entscheidungen, die England trifft, eine weitreichende Wirkung auf andere Länder ausüben wird. Im Oberhaus sprachen sich vierzig Prozent der Abstimmenden für einen Gesetzesvorschlag aus, der die positive Euthanasie legalisieren wollte, wenn auch unter genauen Bedingungen, wie z. B. Feststellung einer spontanen und freien Entscheidung von seiten des Patienten und eine Wartezeit von dreißig Tagen nach der Äußerung des Wunsches.

[31] Robert H. Williams, Our Role in the Generation, Modification and Termination of Life, in: Archives of Internal Medicin 124 (1969), 230.

[32] Killing of Patients, in: British Medical Journal (1969), 4–5.

Daß wir uns von der christlichen Sicht her energisch gegen die positive Euthanasie aussprechen, ist selbstverständlich; aber auf die Dauer werden wir nur Gehör finden, wenn wir einen erfolgreichen Kampf gegen eine utilitaristische Philosophie führen, die Ehrfurcht vor jeder menschlichen Person stärken und wenn die Menschheit auf allen Gebieten und in jeder Hinsicht das biblische Tötungsverbot als Wohltat versteht. Ist einmal die Tötung ungeborenen Lebens als etwas Normales in den Lebensplan eingebaut, so kann es nicht ausbleiben, daß den wirtschaftlich unproduktiven alten Menschen so oder so klargemacht wird, es sei nun höchste Zeit, daß sie von der Bühne des Lebens verschwänden. Der Ärztestand muß sich bewußt sein, daß sein Ethos und seine gesamte soziale Rolle tiefgreifend verändert werden, wenn mit seiner Billigung die positive Euthanasie institutionalisiert würde.

Wie lassen sich Gründe und Motive gegen sie in der gegenwärtigen Situation formulieren? In früheren Zeiten genügte das allgemeine Argument: du sollst Gott, der allein Herr über Leben und Tod ist, nicht in die Arme fallen! Doch auch die Vertreter der Christian Science und die Zeugen Jehovas berufen sich auf dieses Argument, wenn sie lebensrettende Blutübertragungen verweigern. Auch eine andere traditionelle Formulierung überzeugt nicht mehr: »Man soll der Natur ihren Lauf lassen«; denn der ganze Problemkreis künstlicher Lebensverlängerung und der strikt medizinisch verstandenen negativen Euthanasie sind ja gerade dadurch entstanden, daß die Medizin in unendlich vielen Fällen der Natur nicht mehr erlaubt, ihren Lauf zu nehmen. Die künstliche Beatmung und die Wiedererweckung sind nur einige auffällige Beispiele dafür. Ich glaube, daß die Perspektive echt menschlicher Freiheit das stärkste Argument gegen positive Euthanasie bietet. »Der sogenannte Freitod, das Erzwingen unseres Todes zu einem uns genehmen Zeitpunkt und in der uns genehmen Art, erhöht nämlich nicht, sondern vermindert die Vollkommenheit seiner freien bedingungslosen Annahme, zu der wir uns entschlossen haben. Im Leben die eigene Mächtigkeit, im Tod die eigene Ohnmacht freiwillig ergreifen, ist die dem Wesen beider gemäße Bejahung unserer Existenz, ihr einzig tragfähiges Fundament, das wir Tag für Tag mühsam neu errichten müssen[33].«

Vom praktischen Standpunkt aus gesehen, dürfte die Legalisierung der Euthanasie sich wohl als Bumerang auswirken. Hat man einmal die positive Euthanasie in eine Nützlichkeitsphilosophie eingebaut, wer wird dann schließlich die Entscheidung treffen? Die Personen, von denen man eine Entscheidung zugunsten des Freitodes erwartet, werden infolge ihrer Lage weithin unfähig sein, eine freie, auf Überzeugung beruhende Entscheidung zu treffen. »Höchstwahrscheinlich würde die Unruhe über die Last, die sie

[33] Rudolf Kautzky, Der Arzt vor dem Phänomen des Todes, 138.

ihrer Familie verursachen, dabei eine Rolle spielen und, wie Lady Summerskill sich ausdrückt, ›wird sich zweifellos jemand finden, der den arbeitsunfähigen Kranken an seine nunmehr ihm zustehende Entscheidungsmacht erinnert‹. Soll so ein Schuldgefühl über die Tatsache, daß man noch am Leben ist, zum Gefühl der Resignation oder schmerzlichen Ergebung in den Tod gefügt werden[34]?« Es wurde wohl nicht zu Unrecht behauptet, daß die von Jahr zu Jahr zunehmenden Selbstmordziffern, z. B. in Skandinavien, weithin davon herrühren, daß die Gesellschaft die Alten fühlen läßt, sie seien im Wege.

Während die wissenschaftliche Diskussion um die negative Euthanasie sich hauptsächlich um Grenzfälle dreht, die durch die neuen Methoden der Lebensverlängerung entstanden sind, enthüllt die Propaganda zugunsten der positiven Euthanasie die schreckenerregende Situation eines Teiles der Menschheit, der das Verständnis für Leben und Tod verloren hat. Sie sind weithin von der gleichen Einstellung gekennzeichnet, kraft deren Hitler mit Todesurteilen zwischen nützlichem und lebensunwertem Leben unterschied.

Wir müssen uns bewußt sein, wie schwer es ist, jenen überzeugende Motive gegen Euthanasie zu reichen, die nicht an den Tod und die Auferstehung Christi glauben, den letzten Sinn des Leidens und des selbstlosen Dienstes am leidenden Mitmenschen nicht verstehen und auch nicht zu jenen Humanisten gehören, die in entscheidender Selbsttranszendenz die Würde jedes Mitmenschen verehren. Die Einstellung zur positiven Euthanasie ist ein Prüfstein für das ärztliche Ethos und die Ethik überhaupt.

[34] Killing of Patients, 4.

8. Kapitel

Die Gesundheit des Menschen

Die ärztliche Ethik hängt entscheidend davon ab, welche Antwort man auf die Fragen gibt: Was ist Natur und Wesen des Menschen? (Kapitel 5), was ist Begriff und Sinn menschlichen Lebens? (Kapitel 6), was ist es um den Tod des Menschen? (Kapitel 7). Die vierte umfassende Frage, der wir uns nun zuwenden, nämlich die Frage nach dem Begriff und Sinn menschlicher Gesundheit und Krankheit, kann eine vernünftige Antwort nur finden im Lichte einer ganzheitlichen Sicht der Natur, des Lebens und des Todes des Menschen. Obwohl uns hier die Beziehung zwischen Arzt und Patient ganz besonders interessiert, so stellen wir doch die Frage in jener breiten Perspektive, in der sie sich für jeden Menschen stellt. Die Antwort auf die Frage nach dem letzten Sinn von Krankheit und Gesundheit gibt eine Reihe von ethischen Einsichten in bezug auf die verschiedenen Formen der Psychopathologie und ihrer Therapie; sie beleuchtet die Einzigartigkeit der Beziehung zwischen Arzt und Patient und die besonderen Berufspflichten des Arztes, wie Verschwiegenheit und sinnvolle Information des Patienten; sie hilft dem Arzt in der Wahl seiner verschiedenen Tätigkeiten und in seinem Bewußtsein, daß alle Menschen ein Recht auf Pflege haben. Ohne die Frage nach dem Sinn von Gesundheit und Gesundheitsdienst lassen sich auch keine hinreichenden Kriterien für das Experimentieren am Menschen erarbeiten.

1. Über Sinn und Begriff von Gesundheit und Krankheit

Wie die Antworten auf die Frage nach der Natur, dem Sinn des Lebens und des Todes des Menschen, so hängt auch die Antwort auf die Frage nach dem Sinn von Gesundheit und Krankheit entscheidend von dem gesamten Welt- und Menschenbild wie auch von den spezifischen Möglichkeiten der Medizin ab. So verschieden auch die Antworten sind, so widersprechen sie sich gewöhnlich nicht, sondern bleiben im Bereich der Wahrheit, solange die Begrenztheit der Sicht und infolgedessen die Komplementarität der verschiedenen Sichtweisen im Bewußtsein bleibt. Die ärztliche Ethik darf diesen Gesichtspunkt der ganzheitlichen Fragestellung nie aus den Augen verlieren.

a) Gesundheit: mehr als Tauglichkeit für Zwecke

Wie die menschliche Natur überhaupt, so trägt auch die Gesundheit des Menschen eine soziale Kennmarke. Als Ausstattung der Gruppe verweist Gesundheit auf die Mitwirkung und gegenseitige Abhängigkeit der Menschen auf dem Gebiet der Ernährung, der Wohnung, der Sorge für die Kinder vor und nach der Geburt, der Erziehung, der Sorge für die schwächeren Glieder der Gesellschaft und der Gestaltung des gesamten Lebensraumes des Menschen. Wie Bewahrung und Entfaltung der Gesundheit von der Gemeinschaft und Gesellschaft abhängen, so besagt Gesundheit auch Verpflichtung zum Dienst an der Gemeinschaft, an Familie und Gesellschaft. Dementsprechend bestimmt sich auch die soziale Rolle des Arztes. Man nimmt seine Hilfe vor allem dann in Anspruch, wenn jemand infolge verminderter Gesundheit nicht mehr in der Lage ist, seine Rolle in Familie und Gesellschaft zu erfüllen. Während sich in der Vergangenheit die soziale Rolle des Arztes vor allem in seiner Funktion als Hausarzt ausdrückte, spezifiziert sie sich in der differenzierten Gesellschaft z. B. in der Aufgabe des Schularztes, des Werkarztes, des Versicherungsarztes usw.
Eine utilitaristische Weltauffassung verengt den Begriff der sozialen Berufung und auch den sozialen Sinn der Gesundheit so, daß die Arbeitsfähigkeit in den Vordergrund tritt und schließlich Gesundheit nicht viel mehr bedeutet als »Verwendbarkeit des Menschen für beliebige Zwecke[1].« Der Arzt ist dann versucht, die soziale Berufung des Menschen als Gatte, als Vater oder Mutter, als Kulturträger, als Bürger und ganz besonders seine einmalige Berufung als Person zu übersehen. Es gehört zur Aufgabe der Ärzteschaft, aus einer ganzheitlichen Sicht des Menschen und menschlicher Gesundheit jenen Ideologien zu widerstehen, die dahin tendieren, die Menschen nur nach ihrer Nützlichkeit für Staat und Wirtschaft zu katalogisieren und sogar jene, die den wirtschaftlichen, militärischen und politischen Zielen des Staates nicht dienen, ausmerzen zu wollen.
Leistungsfähigkeit in Arbeit und Sport ist ein, wenn auch nur begrenztes Kriterium der Gesundheit. Die Gesundheit ist um so robuster, je mehr mit einem Mindestmaß von Anstrengung und Müdigkeit ein Höchstmaß an Leistung erzielt wird, eine Qualität, die weithin von sinnvoller Übung, vernünftiger Ernährungsweise und vom ganzen Lebensstil abhängt. In den letzten Jahrzehnten schenkte man dem Einfluß des Milieus und der sozialen Antriebe auf die Leistungsfähigkeit ganz besondere Aufmerksamkeit[2].
Auf einer anderen Ebene als der bloßer Leistung in Beruf und Sport liegt

[1] Viktor von Weizsäcker, Diesseits und jenseits der Medizin, Stuttgart 1951, 196.
[2] Hans Schäfer, Probleme der Leistungsfähigkeit des Menschen, in: Arzt und Christ 12 (1966), 207–215.

die Fähigkeit, schwierige Lebenssituationen ohne Verlust des Gleichgewichtes und ohne beachtliche Schäden für die leibliche und seelische Gesundheit zu meistern. Man drückt eine Binsenwahrheit aus, wenn man sagt, daß die Gesundheit nicht mit dem Blick auf den Leib allein bestimmt werden kann; ihr Wesen enthüllt sich erst angesichts der Ganzheit der Person in ihrer irdischen und ewigen Berufung. Menschliche Gesundheit läßt sich verstehen als die größtmögliche Harmonie der menschlichen Kräfte untereinander, in der größtmöglichen Vergeistigung des Leiblichen und in der bestmöglichen Verleiblichung des Geistigen. Wahre Gesundheit spricht sich aus in der Selbstverwirklichung der Person, die jenen Grad der Freiheit erlangt hat, der ihr erlaubt, alle Energien in den Dienst der Erfüllung der gesamtmenschlichen Berufung zu stellen.

Damit ist eine strotzende Vitalität des Körperlichen, die den Geist erdrückt, mehr in das Gebiet des menschlich Kranken gerückt als ein zwar schwächlicher, aber dem Geist in der Erfüllung echter Freiheit gefügiger Körper. Das bedeutet durchaus nicht eine feindliche Stellung gegenüber dem Vitalen, körperlich Starken und Frohen, sondern nur gegen die Verabsolutierung des rein Vitalen, insoweit es keine echt menschliche, keine vergeistigte, der Freiheit dienende Vitalität bedeutet. Der kraftvolle, abgehärtete und geschmeidige Körper als Ausdruck und Werkzeug des Geistes ist ein hoher Wert.

Das Auf und Ab leiblicher Gesundheit trägt manchmal mehr zur totalen Entfaltung der menschlichen Person bei als eine unangefochtene Vitalität. Die bloß leibliche Gesundheit bedeutet sehr viel weniger als die psychische und geistige Gesundheit; die psychosomatische Medizin hat uns jedoch deutlich gemacht, wie innig und vielfältig die Wechselwirkungen dieser beiden Seiten einer Wirklichkeit sind.

Leben und Tod, Gesundheit und Krankheit erhalten ihr letztes Maß von dem Beitrag, den sie zur Freiheitsgeschichte der einzelnen Person und der Gemeinschaft leisten. Das Verständnis der Verantwortung gegenüber der eigenen Gesundheit und des Gesundheitsdienstes hängt ganz entscheidend davon ab, ob man sich diesen Gesichtspunkt zu eigen macht.

Für jede einzelne Person und für den Arzt ist die Gesundheit nicht eine Abstraktion, sondern ein Gut der einmaligen Person und ein Auftrag an sie; denn jeder hat *seine* Gesundheit mit den ererbten und umweltbedingten Möglichkeiten und Begrenzungen. Es ist die jeweils konkrete Möglichkeit der Gesundheit, die der Freiheit des einzelnen und der Mitverantwortung seines Nächsten und der Gemeinschaft anvertraut ist.

b) Gesundheit und Krankheit im Streben nach Heiligkeit

Das altrömische Gebet, »Eine gesunde Seele möge in einem gesunden Leibe sein«, gewinnt an besonderer Dringlichkeit, wenn wir die letzte Bezogenheit von Gesundheit und Heil aufeinander im Auge behalten. Es gibt gesunde Seelen in einem kränklichen Leibe und vom Unheil gezeichnete Seelen in einem kraftstrotzenden Leibe. Josef Bernhart zitiert ein Wort Taulers und der heiligen Hildegard: »Gottes Wohnung pflegt nicht in einem gesunden Leibe zu sein, oder, wie Sankt Paulus sagt: Die Tugend wird vollbracht in der Schwachheit. Diese Schwachheit aber kommt nicht von der äußeren Übung (Aszese), sondern von dem Überfluß des Ergusses der überströmenden Gottheit, die einen solchen Menschen so überströmt hat, daß der arme Leib es nicht ertragen kann[3].« Das Streben nach Heiligkeit, verstanden als Anbetung Gottes im Geiste und in der Wahrheit in unentwegtem Dienste am Nächsten, hat bisweilen etwas Erschütterndes und Zerreibendes. Anderseits ist es aber auch wahr, daß aus der Synthese zwischen Gottes- und Nächstenliebe eine tiefe Gesundheit erfließt.

Ein wachsendes existentielles Kennen Gottes und Vernehmen seines Anrufs zur tätigen Liebe für den Nächsten erschüttern eine oberflächliche Sicherheit und decken wie ein Erdbeben die bislang verborgenen Unheilstiefen auf. Die Erfahrung, daß das selbstische Selbst sterben und die oberflächliche Sicherheit erschüttert werden muß, können das scheinbar erworbene Gleichgewicht der Gesundheit infrage stellen. Immer wieder ereignet sich im Leben der einzelnen, was wir heute analog in der Kirche beobachten: der Verlust einer oberflächlichen Sicherheit, die sich an Gesetze und Formulierungen vergangener Zeit klammerte, geht nicht ohne eine heilsame Erschütterung vonstatten. Der Weg zu vollmenschlicher Gesundheit und zum Heil verlangt den Mut zum Wagnis und so das Suchen nach einem besseren Gleichgewicht. Heil und Heiligkeit des Menschen stehen in inniger Beziehung zu Ganzheit und Heilung der menschlichen Person. Der Pfad führt für den sündigen Menschen nur über schmerzliche Reinigung. Dazu kommt, daß Heil in christlicher Sicht Opferbereitschaft, das eventuelle Hingeben der Gesundheit im Dienste des Nächsten besagt. Aber gerade die Berufung zur Liebe verbietet dem Menschen, seine Gesundheit törichterweise und sinnlos aufs Spiel zu setzen.

c) Sinn und Unsinn der Krankheit

Versteht man unter Gesundheit nur Leistungsfähigkeit, so ist Krankheit immer absolut negativ zu beurteilen. Die eben gezeichnete Ganzheitssicht der Gesundheit erlaubt jedoch eine andere Beurteilung. Auch Krankheit ist eine wesentliche und unter Umständen wertvolle Situation des Menschen. Sie enthüllt die Gebrechlichkeit menschlichen Daseins. Der Mensch hat *seine* Krankheit, aber in gewissem Sinn ist der Mensch es selbst, der seine Krankheit erzeugt; und er allein ist es, der ihr Sinn verleihen kann. Um

[3] Zit. bei J. Bernhart, Heiligkeit und Krankheit, in: Geist und Leben 23 (1950), 177.

die Krankheit eines Menschen zu verstehen, muß man sich oft bemühen, sein ganzes Leben zu verstehen; und nicht selten hilft die Krankheit, den Richtungssinn des Lebens zu erhellen[4].

»Kranksein ist eine Weise des Menschseins[5].« Der Mensch als das Wesen zum Tode hin kann in der Krankheit den Ruf zu letztem Heil erfahren. Ist der Mensch hörbereit, so verkündet ihm die Krankheit die Endlichkeit und Hinfälligkeit des irdischen Daseins, erleichtert ihm aber auch so den Durchblick zum unvergänglichen Leben. Sie ist ein Angebot zur Besinnung und Vertiefung. Vor und in der Krankheit soll der Mensch sich bemühen, ihren Sinn im Gesamtzusammenhang des Lebens und des Heiles zu entziffern.

Es wäre jedoch naiv, zu vermeinen, daß Krankheit an sich und aus sich selbst ein Heilsweg sei. Mit Recht kämpft der ärztliche Beruf gegen die Krankheit als ein Übel, das nach Möglichkeit beseitigt werden soll. Krankheit hat in vieler Hinsicht mit Sünde zu tun, wenn sie auch nicht notwendig und sicher nicht immer Frucht persönlicher Sünde des Kranken ist. In vielen Krankheiten tragen wir an der Schuld und an dem Versagen unserer Vorfahren und unserer Mitwelt. Im Erbgut sind Tausende von Informationen eingeschrieben, die Irrtum und Versagen der Vorfahren weitergeben. Dazu kommen vorgeburtliche Störungen, unangenehme Erfahrungen in der Kindheit, Wasser- und Luftverschmutzung, die vielfältigen Belastungen des Lebens, die Störung unserer Sinne durch die technische Welt, Nachlässigkeit oder Bosheit von seiten der Mitmenschen, gesellschaftliche Strukturen, die in vieler Hinsicht eine institutionalisierte Versuchung sind: all das belastet die leibliche und seelische Gesundheit des Menschen oft über das Tragbare hinaus.

Nicht selten ist Krankheit die Frucht eigenen schuldhaften Versagens, eines gewalttätigen Ausbruchs der Leidenschaften, der Zuchtlosigkeit, der Genußsucht und vielfältiger Süchtigkeiten. Jede Sünde ist ein gradueller Verlust der Freiheit und ein Angriff auf die Gesundheit. Wer gegen die eigene bessere Einsicht und das innerste Sehnen nach mehr Licht und Wahrheit handelt, kann nicht Ganzheit und Friede erlangen. Wer sich weigert, aus der Wahrheit zu leben und sich so von Gott, der Quelle aller Wahrheit, alles Guten und des Lebens, trennt, entfremdet sich von seiner eigenen Sinnmitte. Die Sünde trifft den Menschen im Seelenfunken, in jener Tiefe, in der alle Fähigkeiten des Menschen ihre Einheit finden oder aber die Zerrissenheit schmerzlich erfahren müssen. Verletzung des Gewissens bedeutet Verlust der geistigen Mitte. Jede Sünde schreibt sich als fehlleitende Information im Großhirn ein und gibt von dort ihre falschen Funksignale in das gesamtleib-seelische Leben des Menschen und setzt ihn so in gefährliche Beziehung zu einer gestörten Umwelt. Das ist ganz besonders der Fall, wenn der

[4] Vgl. K. Gastgeber, Vom Sinn der Krankheit, in: Arzt und Christ 15 (1969), 90.

[5] Viktor von Weizsäcker, Diesseits und jenseits der Medizin, 199.

Mensch nach der Sünde nicht bald durch Reue und Genugtuung Heilung sucht.

Vor allem die anthropologische Schule der Medizin hat alles getan, um uns klarzumachen, daß eine rein naturwissenschaftliche Erklärung der Krankheit durchaus unzureichend sei. Ohne naturwissenschaftliche Zusammenhänge unterzubewerten, betont diese Schule, daß Krankheit sich uns weithin als eine Kritik des menschlichen Lebens aufdrängt und wir uns mit ihr als mit einem Prüfstein menschlichen Benehmens und Verhaltens auseinandersetzen müssen. »So viel wir da bisher erkennen konnten, haben z. B. der Ausbruch und Verlauf gewisser Infektionskrankheiten mit den sittlichen Situationen eines Menschen sehr vieles gemeinsam, mit seinen kulturellen Tätigkeiten aber fast gar nichts zu tun. Auch bei einer ganzen Anzahl anderer Krankheiten, etwa des Kreislaufs und des Stoffwechsels, zeigt sich, wie der biographische Zusammenhang mit den erotischen oder moralischen Krisen, die auch Dauerkrisen sein können, unverkennbar ist[6].«

In manchen Fällen zeigt Krankheit eine Tendenz der Selbstbestrafung[7]. Ein vielstudiertes Phänomen ist die Managerkrankheit. Menschen, die ganz im Wirtschaftsprozeß und in Verwaltung aufgehen, sind unfähig, dem affektiven Leben seine Rolle zu geben und sich am Leben in seinem letzten Sinn zu freuen, und zeigen infolgedessen eine Disposition zu einer Reihe von Krankheiten[8].

Aber auch in solchen Fällen sind wir keineswegs berechtigt, über die kranke Person zu urteilen. Wir wissen nie, ob ihr seelisches Potential ihr erlaubte, die Situation zu meistern. Die Überzeugung, daß ein vielschichtiger Zusammenhang zwischen Sünde und Krankheit besteht, erlaubt uns keine Verallgemeinerung. »Aufgrund der Realeinheit von Person und Natur wird selbstverständlich personale Schuld die Natur prinzipiell treffen, leidend und unter Umständen krank machen. Daß nicht jede Schuld Krankheit bedeutet, liegt an der relativen Fügsamkeit bzw. Widerständigkeit der Natur gegenüber der Person – im Guten und im Schlechten. Krankheit in der Dimension der Natur ist aber zweideutig, da die menschliche Natur das Medium ist, in dem Person und Welt Kontakt erhalten. Krankheit der menschlichen Natur kann daher nicht ohne weiteres als Folge personaler Schuld angesehen werden, da die Natur ja auch – und wie sehr! – durch die Umwelt verletzlich ist. Es gibt also Krankheit, die der Mensch *macht* (die Krankheit der anthropologischen Medizin), und solche, die er *erleidet* (die Krankheit der Schulmedizin)[9].«

[6] A. a. O., 107.
[7] P. Tournier, Krankheit und Lebensprobleme, Basel 1965, 80 ff.
[8] A. a. O., 117 ff.
[9] Rudolf Kautzky, Die Bedeutung der Person in der modernen medizinischen Wissenschaft, in: Arzt und Christ 10 (1964), 172.

d) Krankheit und Versuchung

Der Arzt und der Pfleger, die Angehörigen des Kranken und der Krankenseelsorger und nicht zuletzt der Kranke selbst müssen um die Gefahren und Versuchungen wissen, die sich oft im Gefolge der Krankheit einstellen oder offenbaren. Sowohl dauernde Organminderwertigkeiten wie akute Krankheiten und die besondere Situation der Entfremdung im Krankenhaus, Arbeitsunfähigkeit und Leiden haben oft sehr tiefgehende psychische Auswirkungen und können Personalitätsveränderungen und Identitätskrisen hervorrufen[10]. In sehr vielen Fällen kann ein Wissen aller Beteiligten um diese Zusammenhänge die Gefahren verringern und sie sogar in positive Möglichkeiten des Wachstums umformen. Gewöhnlich ist wohl zu sagen, daß die Krankheit nicht Veränderungen in der Persönlichkeitsstruktur hervorgerufen, sondern vielmehr charakteristische Schwachheiten enthüllt hat. Absonderlichkeiten, die in gesunden Tagen kaum aufgefallen sind, nehmen nun besorgniserregende Ausmaße an. »Anderseits aber ist oft festgestellt worden, daß es, besonders bei bestimmten Erkrankungen, zu so tiefgreifenden Veränderungen kommt, daß man nicht mehr von einer bloßen Übersteigerung oder Abweichung von der Norm sprechen kann, sondern es schon mit einer strukturellen Persönlichkeitsveränderung zu tun hat[11].«

Besonders chronische Krankheiten verursachen bisweilen heftige Gefühle der Unsicherheit und der Angst. Während Furcht vor einer genau umschriebenen Gefahr vernünftig ist und vielfach höchste Abwehrkräfte hervorruft, ist Angst charakterisiert durch eine allgemeine Gefühlslage der Mutlosigkeit und Verzagtheit. Sie lähmt die konstruktiven Energien und ruft weithin unvernünftige psychische Reaktionen hervor. Selbstverständlich variieren die Angstgefühle je nach Temperament, nach vorausgehenden Lebenserfahrungen und entsprechend dem Verhalten der Umwelt.

Ursachen der Angst sind die aufgezwungene Untätigkeit, das Abgeschnittensein von dem gewohnten Lebensstil, Minderwertigkeitskomplexe und vor allem das Gefühl verminderter Energie und gehemmter Freiheit. Die Einweisung in das Krankenhaus kann ein Trauma hervorrufen, vor allem wenn der Patient sich als bloße Nummer vorkommt, ein Gegenstand einer allzu bürokratischen Verwaltung und Statistik, ein Fremdling inmitten deprimierter und angsterfüllter Patienten. Zu all dem kann noch das Gefühl der Selbstbemitleidung kommen, das durch ungeschicktes Verhalten der Besucher verstärkt wird, die nicht wissen, wie man einer kranken Person Mut

[10] Vgl. A. Guirdham, Krankheit als Schicksal, Freiburg 1960, 112; Erik H. Erikson, Insight and Responsibility, New York 1964, 97; Heinz Fleckenstein, Persönlichkeit und Organminderwertigkeiten, Freiburg 1938.

[11] Peter Bolech, Das Bild des kranken Menschen, in: Arzt und Christ 15 (1969), 100.

zusprechen soll. Findet der Patient keinen persönlichen Kontakt zu einem der verschiedenen Spezialisten, Techniker und Krankenpfleger, die einander abwechseln, so kann das Gefühl der Verlorenheit besonders wachsen. Das Schwinden der Schönheit und die abstoßende Krankenkleidung, die Furcht, anderen zur Last zu fallen, die Unsicherheit bezüglich der Zukunft, all das kann zu heftiger Depression oder zu Minderwertigkeitskomplexen führen. Der allmähliche Verlust der Kräfte, die zur Freiheit der Aktion notwendig sind, die demütigende Abhängigkeit von anderen, der Abbruch vieler sozialer Kontakte und die Unmöglichkeit, seine eigene Rolle in Familie und Gesellschaft auszuüben, bringen den Patienten in Gefahr, die *Freiheit zum Hoffen* zu verlieren. Kein Wunder, wenn dann auch bei sonst gelassenen und gottesfürchtigen Menschen nicht nur der Wunsch, sterben zu können, sondern sogar Gedanken an Selbstmord auftauchen.

Überempfindlichkeit und Reizbarkeit sind bisweilen fast unvermeidlich; das zentrale Nervensystem kann sowohl durch die heftigen Schmerzen wie durch Nebenwirkungen von Medikamenten besonders stark gereizt sein, während gleichzeitig Schlaflosigkeit, Herzbeschwerden und Verdauungsschwierigkeiten das Gefühl der Hilflosigkeit noch verstärken. Gibt dann noch die Umgebung Zeichen des Mißfallens über seine Reizbarkeit, so ist es dem Kranken ganz besonders schwer, Frieden und Gleichgewicht zu bewahren oder zurückzugewinnen.

Bisweilen ist das Gemütsleben des Patienten sehr unausgeglichen, und manche Reaktionsweisen scheinen sogar unbegründet zu sein. Nicht selten fallen erwachsene Patienten in einen gewissen Infantilismus zurück oder zeigen Gefühlsreaktionen, die man nur von Heranwachsenden erwarten würde. Patienten, die sich sonst wohl zu betragen wissen, erschrecken selbst bisweilen über ihren Mangel an Selbstbeherrschung, über überraschende Äußerungen der Hartnäckigkeit, des Egozentrismus, einer krankhaften Sorge für ihre leibliche Gesundheit, über Undankbarkeit und Gereiztheit gegenüber der Krankenschwester oder dem Arzt. Manche Patienten erfahren angstvoll einen sonst nie gekannten Grad erotischen Verlangens und sexueller Spannungen; dies kann z. B. der Fall sein während einer lang dauernden Lungenerkrankung[12]. Die Ursachen können vielfältig sein, wie z. B. gesteigerte Aufmerksamkeit auf den Leib, die aufgezwungene Untätigkeit, die der Phantasie eine freie Bahn gibt, aufregende Lektüre, das enge Zusammensein mit anderen Patienten, die ebenfalls ein gesteigertes Trost- und Liebesbedürfnis zeigen, und möglicherweise Nebenwirkungen von Medikamenten.

Das Zusammenspiel all dieser genannten Umstände kann zu einer gefährlichen Abulie führen, die den Widerstand gegen die Krankheit und den

[12] Fr. Székély, TBC. Seelische Probleme und ihre Überwindung, Wien 1957.

Willen zur Heilung gefährden[13]. In dieser Situation ist es wichtig, die goldene Mitte zu suchen zwischen einem falschen Schuldgefühl und einem passiven Hinnehmen. Arzt und Patient müssen versuchen zu unterscheiden zwischen jenen Aspekten, die hinzunehmen sind, und jenen, die ein Anruf an die aktive Freiheit sind. Es gilt Freiheit und Verantwortung innerhalb der gegebenen Grenzen zu betätigen.

In einem solch entscheidenden Moment des Lebens verkündet das Sakrament der Krankensalbung Gottes Gnade, jene Kraft, die sich in der Schwachheit vollendet; die Feier des Sakramentes durch den Priester und sein Wort des Trostes dürfen nicht eine isolierte Episode bleiben; der Arzt, die Krankenschwester und all die Personen, die dem Kranken nahestehen, sind aufgerufen, ihm durch ihr Gebet und durch ihr ganzes Betragen Vertrauen in die Gnade Gottes einzuflößen.

Die Erkenntnis, daß die Zeit der Krankheit Versuchungen mit sich bringen kann, darf uns jedoch nicht blind machen gegenüber den positiven Heilsmöglichkeiten, die Gott mit der Krankheit und trotz ihr den Menschen anbietet. Die Heilige Schrift spricht wiederholt vom *kairos* der Versuchung. So kann die Krankheit ein privilegierter Augenblick in der Freiheitsgeschichte des Patienten werden. Im Erfahren seiner Schwachheit kann er sich mit größerer Demut und totalerem Vertrauen Gottes Erbarmen und heilender Güte öffnen. Er kann lernen, seinen Mitmenschen größeres Verstehen entgegenzubringen. Die Schule des Leidens während einer Zeit aufgezwungener Untätigkeit kann ein Anruf zu größerer Tiefe und zu einer radikalen Neuorientierung des ganzen Lebens werden.

e) Das Annehmen oder das Verfehlen des Sinnes der Krankheit

Es ist wohl klar geworden, wie vielfach die Ursachen und wie verschieden die Sinnbedeutung der Krankheit sein können. Das Letztentscheidende ist, daß der Kranke, unterstützt vom Arzt und von anderen Freunden, selbst nach dem Sinn seiner Krankheit sucht und die ihm durch seine Krankheit nahegelegte oder ermöglichte Neuorientierung seines Lebens wagt. Das größte Versagen ist es, wenn sich der Kranke überhaupt weigert, nach dem Sinn seines Krankseins zu suchen und sich entweder trotzig auflehnt oder aber sich einfach passiv den auf ihn einstürmenden Gefühlen und Angstzuständen überläßt.

Wir werden später bei der Behandlung der Neurosen auf jene psychosomatischen Krankheiten eingehen, die in ihrem ganzen Gefüge eine konkrete Einladung an den Kranken sind, nach einer besseren Gesundheit seines gesamten Lebens zu streben.

Was immer die Ursache der Krankheit sein mag, und sei es auch ein Gemisch

[13] Vgl. P. Tournier, Krankheit und Lebensprobleme, 89 ff.

eigener und fremder Sünden, sie gibt doch auch eine positive Chance. Dem, der wirklich sucht, wird sich ein Sinn eröffnen. Es gehört zur mitmenschlichen Solidarität, daß der Kranke dazu vielfach der Hilfe anderer bedarf. Legt die Gesamterfahrung des Krankseins das eigene menschliche Versagen und die teilweise Unreife offen, so kann der Sinn der Krankheit vor allem darin bestehen, sich selbst in demütiger Selbsterkenntnis anzunehmen und realistischer nach einer tiefergehenden Bekehrung zu streben.

Wie schon gesagt, bringt die Krankheit oft eine schmerzvolle Erfahrung einer Freiheitsverminderung mit sich. Und doch kann sie sich positiv in die Freiheitsgeschichte der Person einschreiben, wenn nämlich der Kranke den ihm jetzt und hier belassenen Raum der Freiheit und die größeren Chancen z. B. der Selbsterkenntnis und der Erfahrung seiner totalen Abhängigkeit von der Gnade nützt.

Zahlreiche Krankheiten haben nichts oder doch nur sehr wenig zu tun mit persönlicher Schuld des Patienten, aber sie können den Raum freigeben zu einer tieferen Erfahrung der Solidarität, die im gläubigen Annehmen der Last aus Unheilssolidarität zu heilsgemäßer Solidarität verwandelt wird. Die Schule des Leidens kann ein Tor öffnen zum sühnenden Mitleiden mit der unter ihrer Last seufzenden Menschheit. Sünde beginnt vielleicht gerade erst damit, daß der Kranke den Sinn seiner Krankheit nicht suchen oder nicht annehmen will und seine wahre Chance der Freiheit durch eine Haltung des »wenn nur« verschmerzt.

Das Kranksein ist ein Anruf an die Freiheit der Kinder Gottes, die im *Glauben* ihr radikales Vertrauen auf Gott ausdrücken, gerade auch dann, wenn der Verlauf der Krankheit und neu auftretende seelische Schwierigkeiten in sich kein positives Bild bieten. Der gläubige Christ sieht die Krankheit letztlich im Lichte des Ostergeheimnisses. Die Krankheit ist in ihren Schmerzen, in der Erfahrung der Ohnmacht und Abhängigkeit ein Vorbote des Todes. Sie ruft nach einem schmerzlichen Sterben des Egoismus und wird, wenn richtig angenommen, zu einer Verheißung neuen Lebens. Die Krankheit ist in vielfacher Hinsicht eine Unordnung, eine chaotische Kraft, die die Schöpfungsordnung stört. Nur in der Freiheit, die aus dem Glauben an die Erlösung kommt, können der Kranke und der Arzt gegen die chaotischen Mächte so ankämpfen, daß sie das scheinbar Sinnlose bis zu einem gewissen Grad zu einem schöpferischen und erlösenden Ereignis gestalten.

f) Heilung und Erlösung

Im Lichte des Glaubens sehen wir auch eine tiefe Verbindung zwischen Heilung und Erlösung. Die heilende Tätigkeit des Arztes und das Mitwirken des Patienten zielen auf die volle Wiederherstellung und Reifung der Freiheit des Patienten, auf eine Freiheit zum Lieben und zum Dienen.

Dieses Heimholen der heilenden Tätigkeit in die Sicht der Erlösung und der Freiheitsgeschichte entbindet selbstverständlich den Arzt in gar keiner Weise von der Ausschöpfung seiner biochemischen Kenntnisse und entsprechender Heilmaßnahmen. Aber sie gibt ihm eine größere Weisheit in seinem Verhalten gegenüber dem Kranken und in der Gesamtorientierung seines heilenden Tuns. Der Kranke wird die Heilung von leiblicher und seelischer Krankheit suchen und annehmen als ein Symbol der Verheißung ewigen Heiles und letzter Befreiung[14].

Das ganze Evangelium bekräftigt die These, daß es falsch wäre, das Kranksein nur im Lichte einer Mystik des Leidens zu sehen. Vor uns steht Christus vor allem als der göttliche Arzt, der Erlöser. Das Heilen der Kranken gehört zu den Hauptkennzeichen der Sendung Christi und des Hereinbrechens des Reiches Gottes (vgl. Luk 4, 16–22; Mt 11, 2–6). Das wiederholte und betonte Heilen von Kranken am Sabbat ist ein Zeichen für die Dringlichkeit, den Kranken Heilung zu bringen und so das Hereinbrechen des ewigen Sabbats anzukündigen. Schon die Propheten beschrieben die messianische Zeit als Zeit der Krankenheilungen und des Friedens (vgl. Is 61, 1–3; Micha 4, 1–4; Jer 33, 6). Doch die Heilungen Jesu bringen noch nicht letzte Vollendung und Seligkeit; sie sind vielmehr nur ein Hinweis auf die Erfüllung der Erlösung. Wir sehen den entscheidenden Sinn der Krankenheilungen im Lichte der Tatsache, daß Jesus durch sein Leiden und seinen Tod hindurch Auferstehung und letzte Heilung bewirkt. Man muß die Einheit sehen zwischen dem Kampf des göttlichen Arztes Jesus gegen die Krankheit mit der Annahme seines Leidens und Sterbens im Blick auf die Auferstehung. Beides gehört zusammen als Weg zu letztem Heil in einer erhofften heilen Welt.

Nur wenn durch den Glauben die Annahme des Krankseins und das Suchen nach Heilung sich in die Opferliebe Christi heimholen lassen, zeichnen sich gerade auch in dieser Situation Erlösung und Befreiung ab. Hier gewinnt die Hilfe und die Hingabe der Liebe aller derer, die den Kranken unterstützen, ihre letzte Bedeutung als Zeichen des Bundes, den Christus in seinem Heilen und in seinem Leiden begründet hat. Im Glaubensgehorsam wirkt der Patient mit dem Arzt zusammen, damit das Heilbare geheilt werde, aber gerade auch im gelassenen Annehmen des Unheilbaren zeigt sich die heilende Kraft des Glaubens auf wahre Freiheit hin[15]. Christus hat letzte Befreiung aller Energien der Liebe im Tod gewirkt, der für alle das Tor zum Leben ist. Das Heilbare wie das Unheilbare gewinnen für den Kranken selbst und durch sein Zeugnis auch für die Umwelt sakramentale Zeichenkraft; sie werden zu einem Realsymbol letzter Erlösung durch das Gebet und in der gläubigen Übergabe an Gott, der allein das Heil wirken

14 Vgl. E. Mark Stern / Bert G. Marino, Psychotheology, New York 1970; Elizabeth O'Connor, Our Many Selves, New York 1971.

15 Vgl. G. Crespy, La guérison par la foi, Neuchâtel 1952.

kann und es wirken will, an dem Menschen, der sich nach Erlösung ausstreckt und auf sein heilendes und erlösendes Tun im Gesamt der Heilsgeschichte eingeht.

2. Seelenleiden und Psychotherapie

Besonders auf dem Gebiet der Neurosen und Psychopathien weist alles auf die Pilatusfrage hin: »Was ist Wahrheit?« Auf die Medizin angewandt heißt das: Was ist der wahre Begriff von Gesundheit? Worauf hat Heilung letztlich zu zielen[16]? Die humanistische Richtung der Psychotherapie und insbesondere die Logotherapie haben dieser Frage eine ganz besondere Aufmerksamkeit zugewandt. Daraus eröffnen sich auch neue Dimensionen im Suchen nach dem Sinn der jeweiligen Krankheit des einmaligen Menschen in seiner einmaligen Situation.

a) Neurose als eine Form des Seelenleidens

Neurose ist ein Leiden vor allem auf der seelischen Ebene und gehört damit offenbar in das Gebiet der Psychopathologie. Begriffsbestimmung und Abgrenzungen der Neurose von anderen Formen von Seelenleiden sind in der modernen Medizin bisweilen ziemlich fließend, dies um so mehr, als die moderne Medizin auch auf diesem Gebiet nicht mehr geneigt ist, ererbte und deshalb unheilbare Geisteskrankheiten und umweltbedingte und darum heilbare Seelenleiden als zwei sauber getrennte Kategorien anzunehmen. Die Neurose als grundsätzlich erworbene Krankheit ist vielfach mitbedingt von und verwoben mit ererbten Dispositionen.
Der Hauptunterschied zwischen Psychose im vollen Sinn und Psychopathien einschließlich den Neurosen besteht darin, daß im ersten Fall die Person sich nicht mehr von der Krankheit zu distanzieren und das eigentliche Feld ihrer Freiheit und Verantwortungsfähigkeit nicht mehr vom Feld der Krankheit zu unterscheiden vermag, während bei bloßen Psychopathien und besonders bei Neurosen ein gewisser Raum der Freiheit ausgespart bleibt und der Kranke noch eine gewisse Möglichkeit besitzt, das Krankhafte als solches zu erleben und sich im Personkern davon zu distanzieren. Mit dem Fortschritt der Psychiatrie wird jedoch die Anzahl der Geisteskrankheiten, in denen eine solche Distanzierung bleibend unmöglich erscheint, immer mehr verringert.
Die neuzeitliche Therapie legt ein wachsendes Gewicht auf die Unterscheidung zwischen endogenen (somatogenen), psychogenen und noogenen Störungen[17]. Dementsprechend besteht ein großer Unterschied z. B. zwischen

[16] Viktor E. Frankl, Ärztliche Seelsorge, Wien [7]1966, 1.
[17] Als *endogen* wird eine im Körper selbst entstehende Krankheit bezeichnet; *psychogen* werden die seelischen und leiblichen Störungen genannt, die ihren

einer endogenen und einer psychogenen Depression, zwischen einer depressiven Psychose und einer depressiven Neurose. Entsprechend dem verschiedenen Ursprung und der Sinnbedeutung des Phänomens wird auch die Behandlung jeweils eine ganz andere sein, obwohl sich auch hierin heute viele Kombinationen und fließende Übergänge nahelegen, die vor zwanzig Jahren noch nicht ins Blickfeld kamen.

Eine Neurose bildet sich im Verlauf der Lebensgeschichte und verweist oft schon auf frühe Kindheitserlebnisse. Sie ist weithin ein Produkt der Umwelt, mit der der neurotisch gewordene Mensch nicht fertig zu werden vermochte. Der Mensch ist ein dialogisches Wesen; deshalb entwickelt sich Krankheit oder entfaltet sich Gesundheit nie im luftleeren Raum. Eine Person, der es nicht gelang, ihre – weithin von der Umwelt bedingten – Schwierigkeiten zu lösen, und die auch nicht den letzten Mut aufbrachte, den Schwierigkeiten ins Auge zu schauen, wird neurotisch, wenn sich der letzte und tiefste Seelengrund eben doch noch nicht mit dem Versagen zufrieden gibt. »Eine Neurose bekommt ein Mensch, welcher sich in unlösbarem Konflikt befindet und unbewußt auf geistige Wandlung drängt. Man begreift, daß es unter Umständen besser ist, eine Neurose zu bekommen, als in untermenschlicher Stumpfheit als Spielball unbeherrschter Gewalten umhergeworfen zu werden. Freilich, der Neurotiker erledigt eine geistige Frage auf einer geringeren Stufe als der, worauf sie gestellt ist[18].« »Eines der wichtigsten Merkmale der Neurose ist, daß sie sich *aus dem Unbewußten herausbildet*. Es gibt keine Neurose, die im vollen Licht des Wachbewußtseins heranwüchse[19].« Wie die meisten Krankheiten psychogener Art entsteht die Neurose vor allem durch Verdrängung nicht gemeisterter Erfahrungen. So siedelt sich der Konflikt im Unbewußten an. Aus jener Tiefe des Unbewußten kommt der wenn auch noch so sehr gestörte Ruf nach Gesundheit und wahrer Freiheit.

Die Erkenntnisse der Tiefenpsychologie erlauben kein moralistisches Herabschauen auf den neurotischen Menschen; ihn zu verurteilen, wäre ein gefährliches Unrecht. Moralisch und seelisch stumpfe Menschen sind weniger anfällig für Neurosen; denn bei ihrem Mangel an Feinfühligkeit bedürfen sie der Verdrängung nicht. Eine Neurose ist besser als eine vitale Wolfsgesundheit, von der Viktor von Gebsattel sagt: »Von der ›Gesundheit‹ läßt sich unter Umständen zeigen, daß sie eine Unheilstiefe der Seele ver-

Ursprung im Seelenleben haben, im Unterschied zu den *somatogenen* Störungen, die organbedingt sind; als *noogen* werden Störungen des Seelenlebens bezeichnet, die ihren Grund im Verfehlen des Lebenssinnes oder im Nichtsuchen-Wollen nach Lebenssinn haben.

18 Viktor von Weizsäcker, Diesseits und jenseits der Medizin, 65.

19 E. Speer, Vom Wesen der Neurose, Stuttgart 1949, 23.

deckt und also nicht Gesundheit ist bis auf den Grund[20].« Es wäre verfehlt, Neurose einfach auf Sünde oder persönliche Schuld zurückzuführen. Aber ihr Wesen und Verlauf legen eine Analogie zum Aufschrei des Gewissens nahe, worin die innerste Tiefe der menschlichen Person vor der Desintegration erzittert, die Folge eines ständigen Handelns gegen bessere Überzeugung ist. Aber während der Gewissensschmerz sich als bewußtes Sehnen nach Heilung durch Bejahung des erkannten Guten äußert, kommt der Ruf der Neurose aus der Sphäre des Unbewußten oder Unterbewußten, macht sich freilich durch eine Reihe von feststellbaren Symptomen deutlich. Es kann auch einen direkten ursächlichen Zusammenhang geben zwischen Gewissen und Neurose, wenn nämlich der Mensch den Gewissensschrei ständig verdrängt hat, anstatt in der Sphäre des bewußten Lebens Lösung und Heilung zu suchen. Aber die Verdrängungen, die zur Neurose führen, sind nicht alle dieser Art.

Nach den Schätzungen der logotherapeutischen Schule von Viktor Frankl sind etwa ein Fünftel aller Neurosen noogener Natur, d. h. die Neurose entwickelt sich in einem »existentiellen Vakuum«. Dies scheint immer mehr die Neurose der materialistischen Wohlfahrtsgesellschaft zu werden, die sich der Sinnfrage des Lebens verschlossen hat. Während die Hippie-Bewegung wenigstens teilweise als ein offener und bewußter Protest gegen ein zwar erfolgreiches, im letzten aber sinnloses Leben verstanden wird, ist die noogene Neurose eine Explosion des Protestes auf der Ebene des Unbewußten und Unterbewußten. Nur die bewußte Hinwendung zur Sinnfrage des Lebens ist ein heilender Prozeß. Schon C. G. Jung wies in die gleiche Richtung wie Frankl, wenn er feststellte: »Es scheint mir, als ob parallel mit dem Niedergang des religiösen Lebens die Neurosen sich beträchtlich vermehrt haben[21].«

Der normal veranlagte Mensch kann sich nicht in einer Sphäre der Sinnleere ansiedeln, ohne krank zu werden.

b) Psychosomatische Erklärung vieler Krankheiten

Eine bisweilen zu Recht beklagte Einseitigkeit einer gewissen psychosomatischen Medizin ist kein Grund, in einer nicht weniger gefährlichen Einseitigkeit einer bloß biochemischen Sicht der Krankheit und Therapie gefangen zu bleiben. Mehr und mehr wird das Prinzip anerkannt, daß jeder Arzt die Pflicht hat, sich die diagnostischen Kriterien anzueignen, um wenigstens zu wissen, wann ein Patient eines erfahrenen Psychotherapeuten bedarf. Er muß wissen, daß viele Krankheiten im Bereich des Somatischen nur einer psychogenen oder noogenen Erklärung zugänglich sind. Jeder Arzt

[20] Viktor von Gebsattel, Christentum und Humanismus, Stuttgart 1947, 53.
[21] Zit. nach: Anima 5 (1950), 25.

muß bis zu einem gewissen Grad die Ganzheit des Menschen verstehen, um seinen Beitrag zur Heilung in die ganzheitliche Sicht einzureihen[22]. Die stets fortschreitende Spezialisierung des Arztes verlangt gebieterisch die Teamarbeit, bei der der Psychotherapeut nicht mehr fehlen darf. Auch der Psychoanalytiker bedarf des praktischen Arztes, der oft leicht aufzeigen kann, daß es sich in gewissen Fällen nicht um eine echte Psychopathologie, sondern um somatogen verursachte oder verschärfte Störungen des Seelischen handelt.

Der Großteil der praktischen Ärzte wird nicht Zeit und Energie finden, um sich im Gebiet der Psychoanalyse zu spezialisieren, aber eine Allgemeinbildung auf diesem Gebiet gehört zur Ausrüstung des modernen Arztes. Arthur Jores empfiehlt eine Art Gruppentherapie, in der die Ärzte unter anderem lernen, ihre eigenen eventuellen Fehlhaltungen in der ärztlichen Praxis, die aus unbewußten Regionen verursacht sind, in den Blick zu bekommen. Durch Lektüre und Teilnahme an Kursen können die Ärzte fähig werden, in vereinfachter Form eine biographische Anamnese durchzuführen. Wagt sich jedoch der praktische Arzt mit einer ungenügenden Vorbildung und Erfahrung auf das eigentliche Gebiet der Psychoanalyse, so kann er großen Schaden anrichten, ganz ähnlich wie der Psychoanalytiker, der vermeint, alle Krankheiten auf psychotherapeutischem Wege heilen zu können. Wo es sich um die seelische Gesundheit des Menschen handelt, muß sich der Arzt in ganz besonderer Weise des Wagnisses und der Grenzen seiner Zuständigkeit bewußt bleiben. Für die normale ärztliche Praxis ist neben genügenden Kenntnissen in der Psychologie entscheidend das Gleichgewicht, die Reife des Arztes und seine Ehrfurcht vor dem Kranken. Es wird sich dabei immer wieder die Weisheit des Paracelsus erweisen, der sagt: »Das beste Heilmittel ist liebende Ehrfurcht[23].«

c) Psychoanalyse und Logotherapie

Teilhard de Chardin sieht die Zielrichtung der gesamten Entwicklung und menschlichen Geschichte in der Entfaltung der höchstmöglichen Form menschlichen Bewußtseins. Dabei denkt er sicher nicht an Selbstbespiegelung. Er glaubt vielmehr, daß Christus der Punkt Omega allen menschlichen Bewußtseins ist, in der einmaligen Synthese seines Wissens, daß er vom Vater kommt und zum Vater zurückgeht, und seines liebenden Einsseins mit allen Menschen. Alles Sehnen und alle schöpferischen Sprünge in der Evolution und Menschheitsgeschichte zielen auf diese Art des Bewußtseins.

Der Entdeckung Sigmund Freuds in bezug auf das Unbewußte und die

[22] Arthur Jores, Vom kranken Menschen, Stuttgart 1960.
[23] A. a. O., 47–49.

Möglichkeit, den Raum des Bewußtseins in einer befreienden Weise auszuweiten, ist diesbezüglich ein bedeutender, wenngleich begrenzter Wert zuzuschreiben. Er fand das elementare Sehnen der unbewußten Sphäre nach Durchlichtung und Erhellung im bewußten Dasein. Nur wenn dieser Durchbruch gelingt, kann Heilung und Befreiung stattfinden. Die Aufmerksamkeit Freuds konzentriert und beschränkt sich auf jenen Teil der unbewußten Sphäre, die sich infolge von Verdrängungen aufgestaut hat. Das dunkle Material der Es-Sphäre soll in das Licht der Ich-Sphäre gehoben werden. So soll sich der Freiheits- und Bewußtseinsraum des Ich, der stellungnehmenden Person ausweiten.

Nach Freud wird sich der Mensch durch die Psychoanalyse des Libido-Charakters seines gesamten Lebens bewußt, besonders insofern es von den im Unterbewußten aufgespeicherten Verdrängungen gelenkt wird. In dieser Deutung spricht sich die besondere Weltanschauung Freuds aus. Die Individualpsychologie Adlers weist demgegenüber auf die besondere Bedeutung der Selbstbehauptung und des Willens zur Macht hin. Durch Bewußtseinslichtung soll das Ich-Zentrum des Menschen in die Lage versetzt werden, diese Energien in die rechten Kanäle verantwortlichen Einsatzes im Sozialbereich zu lenken. Beide Sichtweisen können als komplementär angesehen werden und sollten anerkennen, daß sie noch lange nicht die ganze Dynamik des Seelischen erfassen.

Den Tendenzen einer materialistischen Auslegung und Handhabe der Psychoanalyse stellt die humanistische Richtung der Psychotherapie starke Kräfte entgegen in Richtung einer vollen Vermenschlichung der Sichtweise und Methoden der Psychotherapie. Ich erwähne vor allem Carl Gustav Jung[24] und Viktor von Gebsattel[25], denen ich mich sehr verpflichtet weiß. Hier möchte ich jedoch in erster Linie den Beitrag von Viktor Frankls Logotherapie herausheben[26].

Wie Frankl immer wieder betont, ist es keineswegs seine Absicht, Psychoanalyse durch Logotherapie zu ersetzen. Er will jedoch durch sorgsame Unterscheidungen ihren Anwendungsbereich abgrenzen und durch eine neue Sichtweise ihre Durchschlagskraft vermehren. Eine sorgfältige Diagnose soll jene Fälle ausscheiden, die der Psychoanalyse entweder nicht bedürfen oder aber auf ihrer Ebene nicht gelöst werden können. Wie schon gesagt, wendet er seine Aufmerksamkeit vor allem der noogenen Neurose zu. Er betrachtet sie als die Neurose der Zukunft in einer Gesellschaft, die charakterisiert ist durch die große Krankheit unseres Zeitalters, nämlich durch

[24] Vgl. z. B. C. G. Jung, Die Beziehungen der Psychotherapie zur Seelsorge, Zürich 1932.

[25] Vgl. vor allem Viktor von Gebsattel, Christentum und Humanismus.

[26] Vgl. die ausgedehnte Bibliographie in: Viktor E. Frankl, Ärztliche Seelsorge, 257–264.

Ziellosigkeit, Langeweile, Verlust der Sinnmitte[27]. Ein begrenztes Beispiel ist die »Sonntags-Neurose«, die neurotische Flucht vor der Möglichkeit oder Notwendigkeit des Nachdenkens über den Sinn des Lebens, eine Flucht in immer neue Zerstreuungen.

Wenn Psychoanalyse dem Patienten nicht hilft, seinem Leben Sinn und Zielrichtung zu geben, so ist der Bewußtseinsraum des wahren, zur sinnvollen Freiheit berufenen Ich noch nicht wirklich gewonnen; man ist noch nicht zu jener Tiefe vorgedrungen, aus der die noogene Neurose um Hilfe schreit.

Für Frankl und seine Schule liegt der Angelpunkt der Existentialanalyse in dem doppelten Ziel, den Menschen frei zu machen für das Suchen nach dem Sinn des Lebens und für Erweitern des Freiheitsraums durch das Gewinnen von Sinnfülle. Mit der gesamten Psychoanalyse erkennt die logotherapeutische Schule die Bedeutung der Übertragung, aber Frankl legt besonderen Wert darauf, diesem Phänomen eine personalistische Richtung zu geben als ehrfürchtig-liebende Begegnung, die dem Patienten hilft, seine dialogische, zur Verantwortung gerufene Existenz wahrzunehmen. Während S. Freud in Liebe nur ein Epiphänomen des menschlichen Lebens sieht, steht Frankl auf dem Standpunkt, daß das Ich nur wahrhaft ein befreites Ich wird durch die Begegnung mit dem Du, das in seiner Würde anerkannt und geliebt ist. Nur das Ich, das sich der Sinnfülle der Welt und insbesondere der menschlichen Gemeinschaft in einer selbsttranszendierenden Weise öffnet, kann die Es-Sphäre in das bewußte Leben befreiend heimholen. Das Gemeinte wird wohl am deutlichsten erklärt durch einen Satz von Walter Nigg: »Tersteegen war von der Überzeugung durchdrungen, daß das Ansehen seiner selbst den Menschen nur krank mache, aber in dem Ansehen Gottes seine Genesung liege. Immerhin war er sicher auf der richtigeren Fährte als jene Seelenärzte, die den Patienten stets nur mit sich selbst zu beschäftigen wissen[28].«

Während sich eine Richtung der Psychoanalyse damit zufriedengibt, das ins Unbewußte Verdrängte ins Bewußtsein zu heben, geht die Logotherapie einen entscheidenden Schritt darüber hinaus; sie will den Raum des Bewußten erweitern im Blick auf größere persönliche Verantwortungsbereitschaft und auf ein mutiges und ehrliches Suchen nach dem Sinn der menschlichen Berufung. Sie will das Bewußtsein öffnen für das Du des anderen und die Nöte der Gemeinschaft. Das Tor zu seelischer Gesundheit öffnet sich nach außen hin[29]. »Die eigentliche Neurose bestimmt sich am besten als hartnäckiges Verfangensein im eigenen Ich. Kein Therapeut wird fähig sein, von einer Phobie, einer Ichbesessenheit, von Zwangsgedanken oder von Vorurteilen zu heilen durch einfache Beseitigung. Aber er kann dem

27 A. a. O., 5.
28 Walter Nigg, Große Heilige, Zürich 1949, 334.
29 Viktor E. Frankl, Ärztliche Seelsorge, 39.

Patienten helfen, ein Wertsystem und eine Orientierung zu finden, die den Störfaktor eliminieren können[30].«

Die Logotherapie hat eine Reihe ihrer Gesamtansicht entsprechender Techniken erfunden, um den Patienten von der ungesunden Verklemmung im eigenen Ich zu befreien, z. B. die paradoxale Intention. Es geht dabei um das Finden jenes *Humors,* der dem Kranken graduell erlaubt, sich von sich selbst, von seiner Angst, seiner Obsession, seiner Phobie zu distanzieren, indem er lernt, sich selbst nicht allzu ernst zu nehmen bei gleichzeitig ernsterem Suchen nach seiner ganzheitlichen Berufung. Es geht darum, die erlebte Angst, die Zwangsgedanken usw. als Fremdkörper von sich zu distanzieren, indem man anfängt, über sich selbst, d. h. über dieses besondere Verhalten zu lächeln. Eine wichtige Voraussetzung dafür ist das Erleben des Patienten, vom Arzt als Person absolut ernst genommen zu sein. So wird z. B. ein Patient, der von der ständigen Angst besessen ist, zusammenzufallen oder sich lächerlich zu machen, angeleitet, in gelöstem Humor für sich zu wiederholen: »Jetzt will ich gleich zusammenbrechen«, oder »Jetzt will ich mich wieder einmal lächerlich machen«. Die paradoxale Intention ist ein Transzendieren der neurotischen Fixierung, die nur möglich ist, wenn jene Art der Übertragung gelungen ist, in der der Patient sich als Person erfährt im Ernstnehmen des Du und im Erfahren, daß er vom anderen als Person geehrt wird. Selbstverständlich setzt die Anwendung dieser Technik eine genaue Diagnose voraus. So könnte z. B. bei einer endogenen depressiven Neurose mit Selbstmordgedanken die paradoxale Intention ein grober Kunstfehler sein. Sie ist jedoch wirksam bei einer ganzen Reihe von psychogenen und noogenen Neurosen, z. B. bei bestimmten Formen der Angsterwartung.

d) Gefahren gewisser Richtungen der Psychoanalyse

Der humanistische Zweig der Psychotherapie und besonders die Logotherapie weisen seit langem auf besondere Gefahren und Versuchungen bestimmter Richtungen der Psychoanalyse hin.

1. Nicht selten gibt sich die Psychoanalyse als wertfrei aus, während ihre ganze Handhabung eben doch eine Weltanschauung impliziert und insgeheim dem Patienten oktroyiert. So macht sie sich selbst einer höchst gefährlichen *Verdrängung* schuldig. Die nicht eingestandene Weltanschauung, ein bestimmtes Verständnis des Menschen und der Welt kommen auf unbewußte, verschleierte Weise immer wieder ins Spiel. Demgegenüber bekennt sich die humanistische Psychotherapie und insbesondere die Logotherapie ganz bewußt zu einem bestimmten Begriff von Menschsein und menschlicher Gesundheit. Sie verdrängt diese grundlegende Frage in keiner Weise. Sie

[30] Gordon W. Allport, Personality and Social Encounter, Boston 1960, 173.

bleibt sich aber gleichzeitig bewußt, daß die Beantwortung der Sinnfrage zu der des Menschen, auch des Patienten, höchst eigener Verantwortung gehört. Darum wird der Logotherapeut dem Patienten nie seine eigene religiöse Auffassung oktroyieren. Er begegnet dem Patienten in Ehrfurcht als einer Person, die sich frei entscheidet, nach der Wahrheit zu suchen, oder aber dies verschmäht.

2. Eine weitere Gefahr der Psychoanalyse ist, daß eine unsachgemäße Abhängigkeit vom Psychotherapeuten Tür und Tor für Manipulation öffnet, vor allem wenn der Psychoanalytiker gemäß einer nicht eingestandenen Weltanschauung operiert. Geschieht eine Bindung an den Psychotherapeuten nicht auf der Ebene des gemeinsamen freien Suchens nach echtem Lebenssinn, sondern auf der mehr oder weniger unbewußt gelassenen Ebene der libido-Weltanschauung oder der Macht-Weltanschauung, so wird der Kranke nicht in die eigene Freiheit entlassen. Es kommt zu gefährlichen Veränderungen der Personalität.

3. Besondere Gefahren entstehen aus der Tatsache, daß gewisse Schulen der Psychoanalyse mehr oder weniger unbewußt ganz auf der Ebene eines individualistischen Personbegriffs analysieren. Nun haben aber zahlreiche Neurosen ihre Wurzel gerade in einer Introversion auf das Ich, in einer Art Nabelschau. So hängen z. B. Sexualneurosen nicht selten mit der ungesunden Beschäftigung mit dem eigenen Ich und mit dem eigenen Körper ursächlich zusammen. Ganz ähnlich ist es bei vielen Angstneurosen. Nur wenn über das Phänomen der Übertragung und Bindung an den Therapeuten hinaus durch das bewußte Suchen nach dem Lebenssinn in der ehrfürchtigen Begegnung mit dem Du, in der Verantwortung für das Wir diese Ich-Verklemmung gelöst wird, kann es zu echter Heilung kommen. Die Psychoanalyse Freudscher Herkunft betont einseitig und isoliert die Lust, das Stillen des Verlangens der libido. Demgegenüber hat schon Max Scheler, dem Frankl folgt, immer wieder aufgezeigt, daß Selbstvervollkommnung und Glück sich nur auf dem Rücken des Guten einstellen, in der Offenheit für die Werte, in sinnvoller Begegnung mit dem Nächsten, der Gemeinschaft und der Welt, in der Hingabe an ein Lebensziel; das inhaltsleere Jagen nach Lust ist zur Frustration verdammt.

4. Sehr viele Neurosen und psychogene Krankheiten sind gezeichnet als eine Flucht vor der Verantwortung und vor den Schwierigkeiten des Lebens. Wenn nun der Libidobegriff die ganze Psychoanalyse steuert, besteht die Gefahr, daß der Analytiker vor allem auf eine Herstellung des psychischen Gleichgewichts (in Analogie zur Homöostase) zielt und so praktisch den Patienten von der mutigen Konfrontierung mit der Sinnfrage und den Lebensaufgaben fernhält. Demgegenüber betonen Frankl und seine Schule die große Bedeutung der Noodynamik, im Unterschied zur Psychodynamik. Die Psychodynamik ist nicht im voll menschlichen Sinne Gesundheit ohne

die Noodynamik. Im normalen, gesund sich entfaltenden Menschen besteht immer eine heilsame Spannung zwischen dem verwirklichten Selbst und dem idealen Selbst; der Gegensatz dazu ist die Selbstzufriedenheit, die nach Frankl ein entscheidendes Anzeichen der Pathologie ist[31]. Die Logotherapie und große Teile der humanistischen Psychotherapie suchen zu gegebener Zeit den Mut des Patienten zur Noodynamik zu stärken, d. h. zum Aushalten der Spannung zwischen gegebener Verwirklichung und Ideal. Diese Art der Therapie hat jedoch nichts zu tun mit einer willkürlichen und autoritären Art, moralische Imperative zu geben. Logotherapie ist sanftes Hinführen zum Bewußtsein der eigenen Verantwortung in der Einmaligkeit des Personseins und in der Einmaligkeit der Situation. »An den Willen zum Sinn appellieren heißt den Sinn selbst aufleuchten lassen und es dann dem Willen überlassen, ihn zu wollen[32].« Durch Hinorientierung zur Sinnfrage wird der Patient stufenweise fähig, für sich selbst in seinen Beziehungen zur Umwelt und Mitwelt Verantwortung zu übernehmen. Er wird sich finden im Mut zu verantwortlichen Beziehungen.

e) Ärztliche Seelsorge

Wir haben schon auf die Gefahren hingewiesen, die in der Psychoanalyse lauern, wenn zwar auf Weitung des Selbstbewußtseins hingearbeitet, aber nicht durch die Sinnfrage der Anruf an die moralische Freiheit und an persönliche Verantwortung ins Bewußtsein gehoben wird. Diese Gefahr wird besonders groß, wenn jedes Schulderlebnis rein psychologisch wegerklärt werden soll. Ironisch spricht Gertrud von le Fort von der »Absolution des Psychiaters, vor dem es keine Sünde gibt, die nicht vergeben werden kann, weil es keine Freiheit gibt, die sich Gott versagen kann; und so kommt es zu jenem furchtbaren Frieden, von welchem heute Tausende leben, deren Krankheit nichts anderes ist, als daß sie den Frieden Gottes verschmähten[33].«

Demgegenüber entwickelt V. Frankl die Idee der ärztlichen Seelsorge. Dabei bleibt er den besten Einsichten und Methoden der Psychotherapie unbedingt treu. Er weiß, daß der Psychotherapeut sehr oft zuerst die durch Verdrängungen gehemmten seelischen Kräfte freisetzen muß, bevor der Mensch den Anruf zur Freiheit vernehmen kann. Priester und Therapeut sollten auf diesem Gebiet zusammenarbeiten; aber dabei hat jeder seine eigene Rolle und seinen eigenen Kairos. Praktisch hat jedoch oft der Psychotherapeut die ganze Last zu tragen. Infolge des Prozesses der Säkularisierung und seiner besonderen Kompetenzen vertritt er, wenn auch mit begrenzter Ziel-

[31] Viktor E. Frankl, Ärztliche Seelsorge, 74.
[32] A. a. O., 76 ff.
[33] Gertrud von Le Fort, Das Schweißtuch der Veronika, München 1935, 349.

setzung, für viele Menschen den göttlichen Arzt. Die Logotherapie ist der Versuch einer Heilssorge in der weltlichen Welt, die Sorge um einen heileren Menschen für eine heilere Welt mit einer bewußten Hinordnung des heilenden Verhältnisses zum Patienten auf seine Freiheitsgeschichte, die in vielfältiger Beziehung steht zur Befreiung und Erlösung in Christus. Die ärztliche Seelsorge des Logotherapeuten will kein Ersatz für Religion sein[34]. Sie gründet auf der festen Überzeugung von der Einmaligkeit und absoluten Würde jeder Person, von ihrem Bezogensein auf Sinn und Verantwortung und auf der ganzheitlichen Schau des Wesens der Gesundheit.

Die Hauptgrundsätze der ärztlichen Seelsorge Frankls sind auch lehrreich für priesterliche Seelsorge. Der Psychotherapeut wird niemals dem Patienten seine eigene Weltanschauung oktroyieren; er will ihm nicht die Verantwortung abnehmen, sondern ihm helfen, die Einmaligkeit seines Personseins und seiner Situation zu sehen und den Mut zum Suchen nach dem Lebenssinn und wahrer Verantwortung aufzubringen.

Dabei wird sich das Gespräch verschieden abspielen, je nachdem, ob Psychotherapeut und Patient des gleichen Bekenntnisses sind oder nicht. In jedem Fall ist die absolute Ehrfurcht vor dem eigenen Gewissen des einmaligen Menschen und das sorgsame Anleiten des Patienten zur Wahrnehmung seiner eigenen Verantwortung absolut entscheidend. Die geduldige und stufenweise Hinführung des Patienten zur Sinnfrage entspricht dem Wissen, daß Verantwortung nur aus der eigenen Tiefe des Personkerns erwachsen und aus eigener Überzeugung übernommen werden kann. Der Ausgangspunkt ist immer das, was im Patienten selbst schon lebendig geworden ist und was als Anlage im Unbewußten da ist und nur darauf wartet, von Fesseln gelöst zu werden. In der gleichen Richtung schreibt sich die Hilfe des Logotherapeuten ein, den Patienten selbst in die Lage zu setzen, den Sinn seiner Krankheit zu verstehen, das Unheilbare anzunehmen, mit allen Energien das Heilbare zu heilen und die noch heile Freiheit zum volleren Einsatz zu bringen.

Frankl ist fest überzeugt, daß der Gläubige, der vernehmend und vertrauensvoll vor Gott steht und deshalb antwortbereit den Sinn des Lebens zu verstehen sucht, auch in bezug auf seelische Gesundheit in besserer Lage ist als jener, der nur vor abstrakten Prinzipien steht[35]. Aber weltliche ärztliche Seelsorge sieht ihr Ziel in Sicht, wo immer der Kranke anfängt, sein eigenes kleines Ich in ehrlichem Suchen nach Sinn und Wahrheit des Lebens und in geordneten Beziehungen zum Du zu übersteigen. In dieser Richtung arbeitet der Logotherapeut für eine heilere Welt, für die heilere Innenwelt des Patienten im Blick auf das Tor, das sich zur Außenwelt öffnet.

[34] Viktor E. Frankl, Ärztliche Seelsorge, 223–240.
[35] A. a. O., 73.

f) Einige Beispiele ethischer Probleme auf dem Gebiet der Psychiatrie

Es gehört immer mehr zur allgemeinen Überzeugung, daß es Pflicht des Patienten bzw. seiner Angehörigen oder der Gesellschaft ist, Heilung von ernsten Seelenleiden zu suchen, genauso wie die Therapie leiblicher Krankheiten pflichtgemäß ist. Dabei ist die Wahl des Psychiaters oder Psychotherapeuten von großer Tragweite für die Zukunft der Person. Der Therapeut übt einen ungeheuren Einfluß auf das seelische Leben des Patienten, auf seine Wertvorstellungen und Haltungen und auf seine Beziehungen zur Mitwelt aus. Angesichts der großen Verschiedenheiten der Schulen und Richtungen der Psychiatrie und Psychoanalyse werden sich die Angehörigen, Freunde oder Ratgeber des Patienten zugleich mit ihm oder für ihn gut informieren über die Kompetenz und Vertrauenswürdigkeit des Psychiaters, den sie empfehlen. Die Verantwortung ist auf diesem Gebiet sogar größer als bei der Wahl des Arztes zur Behandlung leiblicher Krankheiten.
Was wir gesagt haben über die Pflicht des Arztes, sein heilendes Tun im Licht der Freiheitsgeschichte zu überprüfen, gilt in ganz besonderer Weise für den Psychiater und Psychoanalytiker. Das entscheidendste Kriterium für alle Behandlungsweisen ist der erhoffte Zuwachs an echter menschlicher Freiheit. Der Psychotherapeut wird größte Ehrfurcht vor dem Gewissen des Patienten zeigen, und zwar auch dann, wenn er dieses Gewissen für irrig hält. Er wird nie etwas anraten, was er selbst für sündhaft hält. Im vollen Wissen um die Zusammenhänge zwischen seelischer Gesundheit und Reifung des Gewissens wird der Therapeut nicht unzeitig auf moralische Pflichten hinweisen, die jetzt und hier noch gar nicht in die Sichtweite des Gewissens des Patienten kommen können. Er wird in allem das Wachstumsgesetz auf sittlichem Gebiet respektieren. Es ist jedoch kein unbilliges Moralisieren, wenn der Therapeut dem Patienten zu gegebener Zeit hilft, sittliche Fehlhaltungen klar zu erkennen und sich zu bemühen, sie zu ändern. Aber der Arzt wird auf an sich bestehende sittliche Imperative nicht hinweisen, wenn sie jetzt und hier nicht im Vorgang der Heilung aktuell werden und der kairos der Freiheit diesbezüglich noch nicht gekommen ist. So wird z. B. der Therapeut einen getrennt lebenden Gatten auf die vielleicht objektiv durchaus bestehende Pflicht der Wiederversöhnung nicht aufmerksam machen, solange er das einfach nicht zu fassen vermag. Oder: Der Therapeut wird den Patienten nicht darauf aufmerksam machen, Masturbation zu vermeiden, solange dies nicht im Bereich der aktuell verfügbaren Freiheit liegt und nicht notwendig ist für den Reife- und Heilungsprozeß.
Es gehört zum anerkannten Standesethos des Therapeuten, daß er sich nicht mit seinem Patienten sexuell einläßt, auch wenn dieser es wünschen sollte. Abgesehen von anderen Problemen moralischer Art würde dies die Heilwirkung der »Übertragung« radikal in Frage stellen.

Die Moraltheologie ist nicht zuständig, zu bestimmen, in welchen Fällen konkrete Methoden angewendet werden sollen; aber der Therapeut ist gehalten, nur in voller Kenntnis der Tragweite und voraussichtlichen Folgen zu handeln und ein unverhältnismäßiges Risiko zu vermeiden, zumal wenn es sich auch um Gefahren moralischer Natur handelt. Der Therapeut wird zum Beispiel seinem Patienten helfen, die ihm anvertrauten Geheimnisse zu wahren, wo er diese nicht ohne Schaden für andere preisgeben kann. Da der Patient sich in der Psychoanalyse weithin dem Therapeuten eröffnet, besteht eine ganz besonders strenge Pflicht der Verschwiegenheit.

Grundsätzlich besteht keine Einwendung moralischer Natur gegen Methoden wie Hypnose oder Elektroschock, wo immer sie medizinisch indiziert sind und vom Fachmann angewendet werden. In den vergangenen Jahrzehnten wurde weitgehend die *Narkoanalyse* als Hilfsverfahren in den Dienst der Psychoanalyse gestellt. Dabei wird der Patient durch fein dosierte Narkotika in einen Schwebezustand zwischen Wachbewußtsein und Schlaf versetzt. Er verliert wenigstens teilweise die Kontrolle über den Ablauf seiner Vorstellungen und Äußerungen, da die sie zusammenhaltenden Willenstendenzen gehemmt werden. Die Fähigkeit zu kritischer Verdrängung der aus dem eigenen Unterbewußtsein aufsteigenden Bilder wird infolgedessen vermindert. Die sachgerechte Handhabung der Narkoanalyse erfordert hohe fachliche Qualifizierung.

Während gegen eine maßvolle Anwendung der Narkoanalyse im Prozeß der Therapie nichts einzuwenden ist, falls der Patient seine Zustimmung gegeben hat oder diese rechtmäßig vermutet werden darf, muß die Anwendung des »Wahrheitsserums« in der Gerichtsmedizin verworfen werden. Es ist ein unerhörter Eingriff in die Freiheit des Menschen, oft eine Erpressung eines Gemisches von wahren und falschen Geständnissen. Kein verantwortungsbereiter Arzt wird zu einer Mitwirkung bereit sein.

Die erstmals 1936 durch DeMartel und Moniz durchgeführte *Psychochirurgie* (Lobotomie, Leukotomie) ist seitdem in Tausenden von Fällen mit wechselndem Erfolg durchgeführt worden. Sie beruht auf der Voraussetzung, daß die einzelnen psychischen Leistungen im Gehirn lokalisiert sind, so daß gewisse psychische Störungen durch die Abtrennung der Stirnhirnrinde vom Talamus behoben werden können. Gewöhnlich wird die Lobotomie mit einer tiefgreifenden psychoanalytischen Behandlung verbunden. Den positiven Aussichten, nämlich einer größeren sozialen Verträglichkeit bislang stark impulsiver Geisteskranker, steht vielfach eine wesentliche Verringerung der Antriebskraft und z. T. auch persönlicher Anteilnahme gegenüber. Gegen diesen tiefgreifenden Eingriff ist unter Voraussetzung der dazu erforderlichen Fachkenntnisse kein zwingendes Bedenken sittlicher Art anzumelden, falls es sich um einen Patienten handelt, der in seiner sittlichen Verantwortungsfähigkeit nach Durchführung der Operation insgesamt vermutlich weniger gehemmt ist als vorher; dann handelt es sich nicht um eine Zerstörung der Persönlichkeitsentfaltung, sondern lediglich um eine Verlagerung psychischer Defekte auf weniger verhängnisvolle Gebiete.

Ob die Durchführung der Psychochirurgie zur bloßen Behebung sehr heftiger Schmerzen als sittlich statthaft bezeichnet werden kann, ist nicht unbestritten. Eine hochgradige Herabminderung der Antriebskraft bei einer bislang sittlicher Entscheidungen fähigen Person ist ein größeres Übel als Schmerzen, vorausgesetzt, daß es sich nicht um einen solchen Grad unbehandelbarer Schmerzen handelt, die ihrerseits die Freiheit noch mehr hemmen würden als die Folgen der Lobotomie.

3. Die Homosexualität und ähnliche Störungen

Die Homosexualität ist hier als eine von der Sexualnorm abweichende Störung behandelt, insofern sie einer Therapie bedarf. Vieles, was hier gesagt wird, gilt in ähnlicher Weise von anderen Störungen des Sexuallebens. In früheren Zeitaltern wurde die Homosexualität einfachhin als Verbrechen gegen die guten Sitten angesehen und äußerst schwer bestraft. Dank des Fortschrittes der Wissenschaft verfügt der Therapeut weithin über diagnostische Kriterien, die ihm erlauben zu unterscheiden zwischen krankhafter Veranlagung, milieubedingten Störungen und homosexuellem Verhalten, das nicht anlagebedingt ist. Bislang hat die Wissenschaft einseitig das Phänomen der männlichen Homosexualität studiert, während sie der weiblichen Homosexualität (lesbischer Liebe) sehr viel geringere Aufmerksamkeit geschenkt hat. Ein Grund dafür ist wohl, daß letztere weniger störend in die Öffentlichkeit tritt.

Fachleute warnen davor, leichthin einen Menschen als homosexuell zu bezeichnen, denn in nicht wenigen Fällen kann eine unbegründete Furcht, ein Homosexueller zu sein, bedeutenden Schaden anrichten[36]. Eine Phobie ist alles andere als ein heilsames Schutzmittel. Sowohl der Arzt wie der Seelsorger müssen sehr darauf bedacht sein, nicht eine solche Furcht hervorzurufen oder zu bestärken. Aus sozialpädagogischen Gründen raten Fachleute ab, jene, die zwar eine größere Anziehungskraft von seiten der Vertreter des eigenen Geschlechts spüren, jedoch kein homosexuelles Verhalten an den Tag legen, als Homosexuelle zu bezeichnen. Man hat vorgeschlagen, hier nur von Homophilie zu sprechen, solange die Beziehungen zu Personen des eigenen Geschlechtes nicht über die Grenzen einer erotisch gefärbten Freundschaft hinausgehen.

Sporadische Vorkommnisse homosexueller Betätigung, vor allem in der Reifezeit, sind in keiner Weise ein Hinweis auf eine homosexuelle Veran-

[36] A. Massone, Cause e terapia dell'omosessualità, Varese 1970, 83.

lagung oder gar Fixierung. Solche vereinzelte Akte sind oft durch Neugier ausgelöst, die nicht selten durch eine übermäßige und angstvolle Überwachung provoziert sein kann. Auch im Leben von Erwachsenen kann es Episoden homosexueller Betätigung geben, z. B. bei Matrosen, die von jeder Beziehung zu Personen des anderen Geschlechtes abgeschnitten sind. Sobald sie in normalen Verhältnissen leben, kehrt ihr Sexualverhalten zur heterosexuellen Norm zurück.

Die Verführung Jugendlicher kann jedoch eine Fixierung verursachen, wenn schon eine gewisse Prädisposition oder Ambivalenz vorliegt und insbesondere auch in Fällen, in denen eine erzieherische Abhängigkeit durch längere Zeit hindurch mißbraucht wird. Dies ist einer der Gründe, warum auch heute noch die meisten staatlichen Gesetzgebungen die Jugendlichen durch Verhängung schwerer Strafsanktionen vor Verführung und Mißbrauch durch Erwachsene schützen. Da der Anteil der jugendlichen Bevölkerung, bei dem eine latente oder ambivalente Veranlagung zur Homosexualität vorhanden ist, relativ hoch liegt (manche Schätzungen liegen bei 20 % der männlichen Jugend), ist der Schutz der Jugendlichen pflichtgemäß.

In nicht seltenen Fällen betätigen sich Personen homosexuell, obwohl sie nicht homosexuell veranlagt sind oder bei einer ambivalenten Veranlagung, die ihnen ebensogut Erfüllung in heterosexueller Liebe gestatten würde. In einer solchen Situation ist die Aufgabe des Therapeuten relativ leicht zu lösen, falls der Patient wirklich bereit ist, seine homosexuelle Betätigung aufzugeben und die Umwelt ihm dies nicht allzu schwer macht. Eine glückliche Ehe ist in solchen Fällen eine gute Lösung, während es bei ausgesprochen homosexuell veranlagten Personen verfehlt wäre, eine Ehe anzuraten, solange nicht eine Heilung stattgefunden hat. Sehr oft verbindet sich jedoch eine homosexuelle Tendenz mit verschiedenen Formen von Psychopathien oder Neurosen. Dann kann nur eine Gesamtbehandlung das Phänomen der Homosexualität sachlich unter Kontrolle bringen.

In den letzten Jahren ist die Frage akut geworden, ob man homosexuelle Veranlagung als Krankheit bezeichnen soll.

Eine ganze Reihe von Veröffentlichungen stellt sich entschieden auf den Standpunkt, daß Homosexualität, trotz ihrer Abweichung von der Sexualnorm, nicht als Krankheit klassifiziert werden darf[37]. Im Blickpunkt unserer ganzheitlichen, personalistischen Sicht menschlicher Gesundheit sind Homosexualität und andere sexuelle Abweichungen von der Norm, die der Entfaltung eines normalen geschlechtlichen Lebens in der Ehe oder

[37] Eine gute Übersicht über die englisch geschriebene Literatur, die diese Auffassung vertritt, findet sich im Artikel von John P. Rush, Reforming Pastoral Attitudes Toward Homosexuality, in: Union Seminary Quarterly Review XXV (1970), 439–455.

einem ausgeglichenen Leben in Ehelosigkeit als unüberwindliche Hindernisse im Wege stehen, als sehr ernste Krankheiten anzusehen.
Vom Standpunkt der menschlichen Gesundheit und medizinischer Ethik unterscheiden wir scharf zwischen jenen Fällen, in denen eine Heilung des homosexuellen Verhaltens bzw. einer homosexuellen Fixierung durch sittliche Anstrengung der Person möglich ist, von jenen anders gelagerten Fällen, die unbedingt der Therapie bedürfen. Bei dem heutigen Stand der Forschung ist es eine unstatthafte Vereinfachung, zu behaupten, die Homosexuellen seien ebenso wie die heterosexuell veranlagten Menschen fähig, die Äußerungen ihres Sexualinstinktes zu beherrschen[38]. Dies gilt nur in jenen Fällen, in denen eine homosexuelle Veranlagung nicht mit Psychopathien oder Neurosen verbunden ist. Sehr viele Patienten, die beim Arzt Hilfe suchen, leiden äußerst schmerzlich unter der Erfahrung ihrer Unfähigkeit, ihre Situation unter Kontrolle zu bringen und zu einer normalen heterosexuellen Erfüllung in einer geordneten Ehe zu gelangen. Auch hier gilt eines der oft wiederholten Grundprinzipien: Das Ziel der Therapie ist, das zu heilen, was geheilt werden kann, und im übrigen dem Patienten zu helfen, das Unheilbare zu tragen und Sinnerfüllung seines Leidens zu suchen. Ein moralistisches Aburteilen jenen gegenüber, die ohnehin schwer unter ihrem Versagen leiden, ist ebenso schädlich wie ungerecht.
Die Therapie der Homosexualität hat sehr viele Aspekte und Möglichkeiten zu berücksichtigen, nicht zuletzt auch die Soziopathologie. Mit dem allmählichen Fortschritt der Diagnose verbessern sich auch die Aussichten der Therapie. Neu ist z. B. die Bestimmung des Genotyps der Sexualanlage durch Untersuchung des Chromosomensatzes[39]. Es scheint, daß ein gewisser, wohl ziemlich begrenzter Anteil der Homosexuellen durch den Genotyp des Chromosomensatzes feststeht[40]. Eine Reihe von Fällen steht wohl auch im Zusammenhang mit ererbten Anomalien des zentralen Nervensystems[41]. Aber die weitaus meisten Fälle gehen entsprechend den neuen Untersuchungen entweder ganz oder doch in der Verschärfung des Leidens auf falsches Verhalten der Umwelt zurück. Der Großteil der Homosexuellen, die Gegenstand von wissenschaftlichen Studien waren, ist das Opfer gestörter Gattenbeziehungen und infolgedessen gestörter Beziehungen zwischen Mutter und Sohn, Vater und Sohn. Die meisten Eltern homosexuell Veranlagter litten schwer unter Gemütsstörungen. Besonders häufig ist der Fall, daß die Mutter ihren Sohn total in Beschlag nehmen wollte und dadurch auch seine Beziehungen zum Vater tiefgehend störte. Der Homosexuelle

38 Vgl. Michael J. Buckley, Homosexualität und Moral, Düsseldorf 1964, 174.
39 A. Massone, Cause e terapia, 112.
40 A. a. O., 117–118.
41 A. a. O., 133.

trägt schwer an der Bürde des elterlichen Konfliktes[42]. Erst in den letzten Jahrzehnten hat die Psychoanalyse durch eine wesentlich verbesserte Anamnese diese Ursächlichkeit aufgedeckt und damit auch neue Wege der Therapie eröffnet. In Fällen, in denen die Störungen von Kindheit an sehr tiefgehend waren, bedarf es jedoch einer lang dauernden und gründlichen Psychoanalyse. Irving Bieber dürfte wohl gezeigt haben, daß jene Homosexuelle, bei denen die Ursächlichkeit im gestörten Verhältnis zu den Eltern liegt, geheilt werden können, wenn sie wirklich die Heilung suchen und mit dem Psychotherapeuten mitwirken[43].

Die Vielfalt und Komplexität der ursächlichen Zusammenhänge verlangen eine gründliche Diagnose und in zahlreichen Fällen eine multidimensionale Behandlung. So wichtig auch die Psychoanalyse ist, so falsch wäre es, sie als einzige Therapie anzuwenden[44]. In nicht wenigen Fällen liegt die Wurzel nicht so tief, so daß es nicht einer kompletten Psychoanalyse bedarf, sondern auch einfachere Methoden der Anamnese zum Ziel führen können. Dabei darf es wirklich als Heilerfolg angesehen werden, wenn aus einer offenen Homosexualität eine latente wird, und zwar so, daß wirklich die Fähigkeit zu heterosexueller Liebe nunmehr besteht[45]. Die Beständigkeit des Heilerfolges hängt dann freilich auch von verschiedenen Faktoren ab, vor allem von treuer Mitwirkung des Patienten.

In manchen Kulturen, in denen Homosexualität sehr verbreitet ist, stammt sie nicht so sehr von gestörten Eltern-Kind-Beziehungen als vielmehr von einer verfehlten Sexualerziehung, die das andere Geschlecht vor allem als Gefahr darstellt. Die Defensivreaktionen gegenüber dem anderen Geschlecht kristallisieren sich in einem überstarken System der Selbstverteidigung, das zu einer selbstischen Aufmerksamkeit auf Partner des gleichen Geschlechtes lenkt. Die Anamnese, die diesen psychologischen Mechanismus aufdeckt, kann viel zu einer Heilung beitragen.

Der Übergang von homosexueller zu heterosexueller Veranlagung vollzieht sich in der Therapie vielfach nicht ohne moralische Schwierigkeiten und Krisen. Der Therapeut wird weder heterosexuelle Betätigung nahelegen noch auch durch einen exzessiven Moralismus jenen pädagogischen Fehler wiederholen, der das andere Geschlecht vorzüglich als Gefahr darstellte. Vielfach kann nur die Logotherapie weiterführen. Der Patient muß selbst

[42] Edeltraud Meistermann-Seeger, in: Michael J. Buckley, Homosexualität und Moral, 220.

[43] Vgl. Irving Bieber, Homosexuality. A Psychoanalytic Study of Male Homosexuals, New York 1963.

[44] Vgl. Jacques Decourt/Paul Guinet, Les états intersexuels, Paris 1962. Die Hypothese dieser Verfasser, daß Psychoanalyse allein helfen kann, wird in den letzten Jahren mehr und mehr aufgegeben.

[45] A. Massone, Cause e terapia, 197.

nach dem Sinn der Sexualität und der menschlichen Berufung in Ehe und Familie suchen, um schließlich Erfüllung in echter ehelicher Liebe zu finden. Die einzelnen Phasen der Transformation dürfen nicht moralistisch statisch beurteilt werden, sondern in dem Licht einer Moralität der allmählichen Heilung, des Wachstums und der ständigen Bekehrung. Eine einseitig statische Sicht moralischer Prinzipien würde in vielen Fällen eine Heilung praktisch unmöglich machen.

4. Therapie der Rauschgiftsüchtigen und Alkoholiker

Die bisher erarbeitete Gesamtschau von Gesundheit und Therapie unter besonderer Betonung der Gesamtfreiheit des Menschen kommt zu einem Knotenpunkt in dem Problem der Suchtgefahren. Wohl kein anderes Phänomen sprengt so sehr wie dieses die Grenzen einer rein individualistischen, somatischen und symptomatischen Therapie. Hier wird es ganz besonders offenbar, daß es stets gilt, den gesamten Lebensraum und die Gesamtsituation des Kranken zu sehen. Zudem hat das Problem heute solche Ausmaße angenommen, daß es nicht mehr nur darum geht, die schon Süchtigen zu heilen; vielmehr sind alle verantwortlichen Kräfte der Gesellschaft und ganz besonders die ärztliche Berufsgemeinschaft aufgerufen, konstruktive und prophylaktische Lösungen zu finden. Nicht nur bedarf der einzelne Patient meistens einer multidimensionalen Therapie, die allen psychosomatischen Ursächlichkeiten und Phänomenen gerecht zu werden sucht, sondern vielfach bedarf auch die Familie und der gesamte Lebensraum einer Therapie; denn wir stehen hier vor einer enormen Sozio-Pathologie.

a) Verschiedene Formen der Suchtkrankheiten

Eine ganze Anzahl von Genußmitteln und Heilmitteln, die bei vernünftigem Gebrauch Gesundheit und Lebensfreude stärken können, werden bei besonderen psychischen Veranlagungen und Umweltbedingungen Anlaß zu enormen Suchtgefahren. Die Jugend, die sich neuen Rauschgiften zuwendet, antwortet auf Kritiken, Anschuldigungen und Warnungen, daß die Welt der Erwachsenen heuchlerisch sei, daß sie doch weithin in Alkohol und Nikotin gewisse Rauschgifte längst institutionalisiert habe. Die weitest verbreitete Sucht ist die der Kettenraucher. Maßloses Rauchen vermehrt nicht nur die Anfälligkeit für Lungenkrebs, sondern vermindert ganz generell die Lebenserwartung, führt sehr oft zu einer Verminderung der Spannkraft und Freiheit. Dennoch ist zu sagen, daß der Nikotinmißbrauch bei weitem nicht die gleichen negativen Auswirkungen auf die ganze Persönlichkeitsstruktur hat wie Alkoholismus und der Mißbrauch von Heroin und LSD und dergleichen. Der Alkoholismus war und ist zum Teil heute noch die Rauschgiftsucht der Armen und Verzweifelten; heute wird es immer

mehr das Laster der Reichen, die im Verfehlen ihres Lebenssinnes ziellosen Genuß oder Betäubung suchen. Selbstverständlich ist scharf zu unterscheiden zwischen einem gelegentlichen Rausch und einem Verfallensein an den Alkoholgenuß.
Der Genuß von Rauschgiften hat eine tragische Geschichte hinter sich. Eines der traurigsten Kapitel ist der Opiumkrieg Großbritanniens gegen China, der im Namen des freien Handels Dutzende von Millionen Chinesen und anderer Völker des Fernen Ostens zu Sklaven des Opiums machte. Vielleicht ist die Entnervung von Millionen der bürgerlichen Schicht Chinas durch den Opiummißbrauch mit eine Ursache für den Siegeszug des Kommunismus, der, wie es scheint, diesem Übel ein Ende gemacht hat. Der Genuß von Marihuana und anderer berauschender Kräuter brachte Millionen von südamerikanischen Indios zu deren sprichwörtlichen Apathie und Untätigkeit, ein Übel, ohne das die Unterentwicklung breiter Zonen Lateinamerikas wohl nicht erklärt werden könnte. Ähnliches gilt für mehrere arabische Länder und auch für Afghanistan, wo der Haschisch-Mißbrauch weit verbreitet ist. Millionen von Jugendlichen der westlichen Welt beginnen mit dem Genuß von Marihuana und Haschisch, bevor sie sich den härteren Rauschgiften wie Opiaten, Morphium, LSD, Heroin und Kokain zuwenden. Alle diese Mittel führen sehr leicht und oft schnell zur Süchtigkeit mit einem enormen Verlust an Freiheit und schließlich zu ernsten Gehirnschädigungen. Ein Großteil moderner Kriminalität hängt mit Rauschgiftsucht zusammen. Der skrupellose Rauschgifthandel ist gewöhnlich mit zahlreichen anderen schweren Verbrechen gekoppelt. Das Verfallensein an die Sucht treibt oft zu Diebstahl und Raub. Die internationalen Verbrecherorganisationen, die aus dem Rauschgifthandel enorme Gewinne ziehen, bringen die Süchtigen vielfach unter ihre Kontrolle, was eine Heilung außerordentlich schwierig macht.

b) Unterscheidung zwischen Verbrechen und Krankheit

Die Rauschgiftsüchtigen können sich oft gerade deshalb nicht befreien, weil sie Bestrafung oder Diskriminierung fürchten. Die Eltern wagen nicht, ihre Kinder zum Arzt zu bringen, weil sie sich scheuen, ein »Verbrechen« der Kinder aufzudecken. Die Gesetzgeber vieler Länder, unter anderem auch der Bundesrepublik Deutschland, ziehen darum neuerdings eine scharfe Grenze zwischen dem Verbrechen des Rauschgifthandels einerseits und den Rauschgiftsüchtigen als Kranken anderseits. Vom Standpunkt ärztlicher Ethik ist es ungeheuer wichtig, die Süchtigen als Kranke und nicht als Verbrecher zu behandeln. Das schließt nicht aus, daß viele von ihnen selbst einen Teil der moralischen Schuld für ihren Zustand tragen. Die Behandlung wird zwar auch an ihre Freiheit appellieren müssen, aber so, daß es sich um einen heilenden Anruf und nicht um ein richtendes Aburteilen han-

delt. Es gilt, die Ursachen diagnostisch aufzudecken und dementsprechend die geeigneten Heilmittel zu finden.
Die Frage, ob Verbrechen oder Krankheit, stellt sich nicht nur für den Einzelfall, sondern vor allem auch für das Massenphänomen der Süchtigkeit, vor allem unter den Jugendlichen zahlreicher Nationen. Wir stehen vor einer massiven Soziopathologie. Unsere Gesellschaft wird zu Recht von der Jugend als pharisäisch angeklagt, wenn sie das ganze Phänomen der Suchtgefahren einseitig oder vorzüglich mit den Mitteln der Repression, scharfer Strafsanktionen oder wenigstens harter Diskriminierung zu lösen versucht. Man muß wohl unserer Gesellschaft von heute noch weithin das harte Wort sagen, daß sie die eigene Schuld leichten Herzens auf jene abschiebt, die infolge ihrer besonderen Anfälligkeit, aber auch aufgrund der besonderen Mißstände süchtig und Gesetzesbrecher werden. Die Gesellschaft ist noch nicht gewillt, ihre eigenen Strukturen, Sitten, sozialgebilligten Verhaltensweisen, Ideologien und Vorurteile zu überprüfen, ob sie nicht für viele Anlaß zur Süchtigkeit und im Gefolge zu vielen Gesetzesübertretungen werden.

c) Sozial- und Individualdiagnose der Ursachen

Die Ursachen für die Süchtigkeit, die in individuellen Kranken liegen, sind fast unlösbar mit den Ursachen verwoben, die im näheren oder breiteren Milieu angesiedelt sind. Einige der hauptsächlichen äußeren Ursachen sind: die leichte Zugänglichkeit zu den Rauschgiften, das Ausmaß, gemäß dem in der Gemeinschaft oder Subkultur ein Genußmittel oder Rauschgift als harmlos angesehen wird, und nicht zuletzt der Druck der Umwelt, die den Konformismus im Genuß dieser Dinge verlangt. Diesem Druck sind insbesondere zahlreiche Jugendliche ausgesetzt. In Konformismus mit ihrer Gruppe fangen sie mit scheinbar harmlosen Drogen an, und wenn ihre nächste Umwelt es so will, experimentieren sie dann weiterhin mit den härtesten Drogen[46]. Ist der Jugendliche einmal in dem Netz einer Rauschgift konsumierenden Gruppe gefangen, so folgt er der Tendenz der Gruppe, durch immer stärkere Rauschgifte die Sinne aufzupeitschen.
Suchen wir die ganz persönlichen Gründe der Anfälligkeit, so stoßen wir fast immer auf gestörte Beziehungen zur Umwelt, traumatische Erlebnisse, Ehe- oder Familienkonflikte, unbewältigte Erlebnisse, die zu Unsicherheits- und Angstkomplexen führen. Jeder hat jedoch seine eigene Weise, der Suchtkrankheit zu verfallen. Jugendliche, die der Langeweile der Wohlstandsgesellschaft entgehen wollen, suchen stimulierende Drogen. Von Angst bedrückte Menschen beginnen mit der Entdeckung, daß Alkohol, Barbiturate oder andere Drogen ihnen helfen, einen Augenblick die Not und Angst

[46] G. Claridge, Drugs and Behaviour, London 1970, 226–228.

zu vergessen. Zum Gebrauch der starken Rauschgifte schreiten gewöhnlich jene weiter, die ganz besonders schwere persönliche Probleme haben und vom Leben hart mitgenommen werden. Unter den chronischen Alkoholikern und jenen, die starken narkotischen Rauschgiften verfallen sind, finden sich vor allem Menschen, die nie zu persönlicher Selbständigkeit und Reife gekommen sind, sich auf sexuellem Gebiet als Versager erlebt haben oder nie zu echten persönlichen Beziehungen mit anderen gefunden haben. Darum suchen sie ihr »Glück« in der Traumwelt des Alkohols oder der Rauschgifte[47].

Die weite Verbreitung der Rauschgiftsüchtigkeit unter den jugendlichen steht zweifellos in Zusammenhang mit der kollektiven noogenen Neurose, von der wir oben gesprochen haben. Die Gruppen von Jugendlichen, die besonders anfällig sind, kommen aus einer Umwelt, die bei allem Wohlstand durch Langeweile, Sinnlosigkeit des Lebens, Verfangenheit in äußerem Erfolgsstreben gekennzeichnet ist. Die Kinder erhalten so ziemlich alles, was sie wollen, ausgenommen Ehrfurcht, Liebe und ansprechende Ideale. Gegen diese Welt lehnen sich die Jugendlichen auf.

Dieses Phänomen ist im Zusammenhang mit den Protestwellen der Jugendlichen gegen das Establishment, gegen den Leerlauf vieler gesellschaftlicher Einrichtungen zu sehen. Während nun jene Jugendlichen, die aus einem relativ gesunden Familienraum kommen, nicht nur im Protest tapfer ausharren, sondern auch konstruktive Wege suchen, erlahmen und ermüden jene Jugendliche, die in einem Milieu aufgewachsen sind, in dem die kollektive noogene Neurose der Langeweile und der Sinnlosigkeit angesiedelt ist. Trotz allen Protestes sind diese Jugendlichen irgendwie der Krankheit schon verfallen: Wenn ihr anfänglicher Protest aussichtslos zu sein scheint, suchen sie schnell billigen Trost in den Illusionen, die von den Rauschgiften oder vom Alkohol hervorgerufen werden. Sie haben nicht den Mut und nicht die psychische Kraft, im Suchen nach der Wahrheit und in einem konstruktiven Konflikt durchzuhalten. Sie greifen zu LSD, weil sie so hoffen, ohne die nötigen Anstrengungen zu tieferen Erfahrungen zu kommen. Ein Großteil der Verantwortung fällt auf die Eltern, die ihren Kindern nie etwas zu versagen wußten. Sie wollten sie glücklich sehen, ohne daß sie selbst fähig gewesen wären, ihnen den wahren Weg zum Glück durch hohe und anziehende Ideale zu zeigen.

In den verschiedenen Formen des Protests der Jugend offenbart sich ein echtes Sehnen nach einem sinnerfüllteren Leben. Der Protest begann nicht mit der Zuflucht zu Drogen. Er begann mit ehrlichem Suchen nach neuem Lebenssinn, und sei es auch auf die seltsame Weise der Hippie. Er begann mit Hoffnung, daß die Situation der Gesellschaft sich ändern lasse. Der

[47] Peter Laurie, Drugs, London 1967.

relative Immobilismus des Establishments und eine weithin heuchlerische Reaktion der Erwachsenenwelt gegenüber diesen Protesten entmutigte viele Jugendliche. In der nunmehr massenweise einsetzenden Flucht in die Rauschgiftsucht zeigt sich, wie sehr ein Teil der Jugendlichen schon von jener Welt angekränkelt ist, gegen die sie ausgezogen sind zu protestieren.

Die Massenerscheinungen der Rauschgiftsüchtigkeit Jugendlicher hat viele Gründe. Man denke an die langen Jahre wirtschaftlicher Abhängigkeit vom Elternhaus bei dem modernen Bildungsprozeß, die ungesunden Lebensbedingungen in den großen städtischen Anballungen, das Überschüttetwerden mit Skandalgeschichten, Vorführungen von Gewalttaten und Ausschweifungen, eine nihilistische Philosophie und Literatur, der viele Jugendliche ausgesetzt sind, all das führt zu heftigen Ausbrüchen noogener Neurose, sogar bei jenen, die grundsätzlich nach wahrer Liebe suchen, aber nicht vorbereitet sind, es in durchhaltender Tapferkeit und im Mut zum Leiden zu tun. Das Ungesunde im Protest verhärtet sich dann noch, wenn eine heuchlerische Gesellschaft über die Anfälligkeit von Jugendlichen für Rauschgiftsüchtigkeit von oben herab urteilt, anstatt sich zu gründlichen Reformen und zu einer umfassenden Neubesinnung zu entschließen.

Dazu kommt die Problematik religiöser Erziehung. Religion hat diese Jugendlichen oft wegen einer einseitig begrifflichen und juridischen Orthodoxie nicht angesprochen. Die einseitige Betonung stereotyper Formen des Gottesdienstes läßt die schöpferischen Kräfte und die Energien, die vom Unterbewußten aufsteigen könnten, brach liegen. Genauere Forschungen auf diesem besonderen Gebiet sind unbedingt notwendig. Gelänge es uns, den Jugendlichen von heute, die so oder so gegen eine oberflächliche Wohlstandsgesellschaft protestieren, ein zündendes, zugkräftiges Ideal anzubieten und glaubwürdig vorzuleben, würden wir ihnen helfen, den Geist des Ganzen zu finden, dann würde voraussichtlich das Massenphänomen Süchtigkeit unter den Jugendlichen weithin verschwinden und sich wieder in den Winkel der Anormalen zurückziehen[48].

d) Therapie

In ernsten Fällen der Suchtkrankheiten genügen die Kräfte der Überredung und Motivierung allein keineswegs. Es bedarf einer multidimensionalen Behandlung, die sowohl auf die Entgiftung des Körpers wie auf psychische Heilung zielt. Die Methoden haben sich in den letzten Jahren sehr entwikkelt; der Arzt wird sich deshalb ständig auf dem Laufenden halten über die neuesten Einsichten und Erfahrungen.

[48] Giacomo Perico, Giovani e allucinogeni, in: Civiltà Cattolica 121 (1970), 417–433.

Es ist eine alte Erfahrung, daß starke Gewohnheitsraucher und Alkoholiker nur letztlich geheilt werden können, wenn sie sich zu totaler Abstinenz entschließen. Das gleiche gilt mit noch größerer Dringlichkeit bezüglich der Heilung von Rauschgiftsüchtigen. Die Ärzte sind sich noch nicht einig, ob in gewissen Fällen ein sofortiger oder nur ein stufenweiser Entzug der Rauschgifte angezeigt ist. Die Heilung einer ausgesprochenen Narkomanie ist in den meisten Fällen nicht möglich ohne Hospitalisierung. Während des langen Zeitraums der Behandlung sollte dem Patienten unbedingt die Möglichkeit zur Fortbildung gegeben werden. Der zum therapeutischen Team gehörende Sozialfürsorger wird mit der Familie Kontakt aufnehmen, die nicht selten einer Neuorientierung, vielleicht in der Form der Gruppentherapie, bedarf, da die Heilung des Patienten nicht andauern wird, wenn er nicht in ein heileres Milieu zurückkehren kann.
Diesbezüglich sind die Erfahrungen der »Anonymen Alkoholiker« (eine Vereinigung vom Alkoholismus Geheilter, die sich in den Dienst der Heilung anderer stellen) sehr lehrreich. Ein Teil ihres Erfolges beruht auf Gruppentherapie mit einem hochentwickelten Sinn für Mitverantwortlichkeit. Sie betonen besonders gegenseitige Ehrfurcht und Vertrauen. In den letzten Jahren entstanden in Nordamerika zahlreiche Gemeinschaften von rehabilitierten Rauschgiftsüchtigen, die sich die Erfahrungen der Vereinigung der »Anonymen Alkoholiker« zu eigen machten[49].
Das vielleicht schwierigste Problem der Therapie ist die stufenweise Wiedereingliederung des Patienten in die Gesellschaft, in seine Familie, in die Berufswelt und die Sorge um eine heilere Gemeinschaft. Hier kommen wir zurück zu unserer früheren These: Heilung der individuellen Person ist nicht denkbar ohne ein Sich-Bemühen um eine heilere Gesellschaft, um eine heilere Umwelt. Die ganze Gesellschaft ist zu prophylaktischen Maßnahmen aufgerufen.

5. Illustrierung der Verantwortung des Arztes gegenüber dem Patienten

Der ganzheitliche Begriff von Gesundheit und Heilung, der die Voraussetzung einer ethischen Sicht ist, bestimmt auch die Einmaligkeit der Beziehungen zwischen Arzt und Patient. Das Verhältnis zwischen Arzt und Patient fordert von beiden ein Höchstmaß an Verantwortungsbereitschaft. In dieser Sicht behandeln wir einige typische Fragen. Der Patient erwartet von seinem Arzt ein Höchstmaß an Zuverlässigkeit, Vertrauenswürdigkeit und Verschwiegenheit. Der Arzt zeigt, wie sehr er den Patienten als Person ernst nimmt, durch verantwortliche Information über Aussichten und Risi-

49 Vgl. J. Durand-Dassier, Psychothérapies sans psychothérapeute. Communauté de drogués et de psychotiques, Paris 1970. Das Buch berichtet vor allem über die Erfahrungen von Daytop, einem der ersten Zentren dieser Art.

ken einer Methode. Eine klare Wertskala und der Geist der Verantwortung für den einzelnen und für die Gemeinschaft bestimmen Bereitschaft zum ärztlichen Dienst und das System von Prioritäten, falls die Ärzteschaft nicht allen Anforderungen aller Patienten gerecht werden kann.

a) Einzigartigkeit des Arzt-Patienten-Verhältnisses

Der bekannte protestantische Ethiker Paul Ramsey gibt seinem Buch über ethische Probleme in der Medizin den bezeichnenden Titel »Der Patient als Person«[50]. Damit ist ein Hauptkriterium medizinischer Ethik angesprochen und die Einzigartigkeit der Beziehungen zwischen Arzt und Patienten begründet. Nicht nur das Ethos des Arztes, sondern auch die gesamte Gestaltung der Therapie, ihre Ausrichtung und ihre Erfolgschancen hängen zu einem großen Teil von der sachgerechten menschlichen Beziehung zwischen Arzt und Patient ab. Zwischen ihnen besteht eine Art Bündnis, das an den biblischen Begriff des Bundes erinnert. Das ärztliche Tun läßt sich nicht auf unpersönliche Sachleistungen reduzieren. Es läßt sich nicht von den persönlichen Beziehungen wie Zuverlässigkeit, Verschwiegenheit, Einfühlungsvermögen, Ehrfurcht und Aufrichtigkeit loslösen. Es handelt sich um ein gegenseitiges Treueverhältnis, das an beide hohe menschliche Anforderungen stellt. Der Arzt kann den Erwartungen des Kranken nur gerecht werden, wenn er ihn in seiner Einmaligkeit, seiner unverletzlichen Personwürde und so auch in seinen Beziehungen zu Gott, zum Nebenmenschen, zu Familie und Gesellschaft ernst nimmt. So drückt sich in der Verantwortung und Treue gegenüber dem Patienten immer auch schon das Ernstnehmen seiner Mitverantwortung innerhalb seines Lebensraums und innerhalb der ganzen Gesellschaft aus.

Dabei mag es für den Arzt nicht immer leicht sein, die Interessen seines Patienten mit denen der Gesellschaft voll abzumessen und auszugleichen. Das Dilemma scheint bisweilen in der ärztlichen Ethik unlösbar zu sein, weil man auf der einen Seite den Patienten nur als Individuum sieht, nicht aber als einmalige Person, die ihre eigene Erfüllung nur in der Mitverantwortung findet, auf der andern Seite aber von Ansprüchen ausgeht, die die Gesellschaft stellt, ohne die einmalige Person voll ernstzunehmen. Entscheidend ist meines Erachtens für viele Probleme, daß man als Ausgangspunkt den Patienten selbst nimmt in seinen ihm wesentlichen Bezügen und den daraus erwachsenden Verantwortungen. Die Ansprüche der Gesellschaft wird man ernst nehmen, insoweit sie selbst ein Ernstnehmen jeder einzelnen Person ausdrücken. Der Arzt verstößt dann in keiner Weise gegen den Treuebund mit dem Patienten, wenn er seinen selbstischen und verantwortungslosen Wünschen nicht nachgibt und gemäß der dem Patienten selbst

[50] Paul Ramsey, The Patient as Person, New Haven 1970.

zukommenden Verantwortlichkeit gegenüber den anderen handelt, in schweren Fällen eventuell sogar gegen seinen Willen, wenn dies im Blick auf das Allgemeinwohl unumgänglich ist.

Über die Aufrichtigkeit des Arztes in der Grenzsituation der Todeserwartung haben wir bereits gesprochen. Nochmals sei hervorgehoben, daß sein Verhalten in diesem entscheidend wichtigen Moment seine gesamten Beziehungen zum Patienten beeinflusse. Umgekehrt kann der Patient nur dann in der letzten Grenzsituation volle Wahrhaftigkeit vom Arzt erwarten, wenn dieser auch sonst durchgehend *aufrichtig* ist. Hier stehen wir offenbar vor einem noch nicht zufriedenstellend gelösten Problem der Ärzteschaft. Bei einer im Juli 1970 in Österreich durchgeführten Untersuchung sprachen 84 Prozent der Befragten von der Bedeutung, die sie dieser Qualität des Arztes zumessen, aber nur 43 Prozent meinten, daß sie bei den heutigen Ärzten in hohem Maße zutreffend sei[51].

b) Ärztliche Verschwiegenheit

Für das so grundlegende Vertrauensverhältnis zwischen Arzt und Patient galt immer schon die Verschwiegenheit, die Wahrung des Berufsgeheimnisses als eine wesentliche Voraussetzung[52]. Schon im hippokratischen Eid heißt es: »Was ich bei der Behandlung sehe oder höre oder was ich an Dingen, die man nicht weitersagen darf, auch außerhalb der Behandlung im Leben der Menschen erfahre: Schweigen will ich bewahren und als heiliges Geheimnis will ich es betrachten.« Die ärztlichen Standesordnungen fast aller Länder widmen dieser Pflicht des Arztes größere Aufmerksamkeit als irgendeiner anderen Frage der medizinischen Ethik. Um die Einhaltung des Berufsgeheimnisses möglichst zu schützen, werden Ausnahmefälle, in denen eine Mitteilung möglich oder pflichtgemäß sein kann, genauestens umschrieben. So bestimmt die Berufs- und Facharztordnung für die deutschen Ärzte von 1956 und 1965 in § 2, 4: »Der Arzt ist zur Offenbarung befugt, aber nicht verpflichtet, soweit er von der Verpflichtung zur Verschwiegenheit entbunden worden ist oder soweit die Offenbarung zum Schutze eines höheren Rechtsgutes, insbesondere zur Abwehr schwerer gesundheitlicher Gefahren von dem Patienten oder einem anderen erforderlich ist. Letzteres gilt auch für Aussagen in einem gerichtlichen Verfahren.« In § 2, 5 ist gesagt: »Eine Verpflichtung zur Offenbarung besteht nur, soweit dies durch Gesetz für Ärzte bestimmt ist.«

In fast allen Ländern besteht eine Meldepflicht in bezug auf ansteckende Gefahren. Diese Bestimmung ist durchaus gerecht. Über die offizielle Mel-

51 Arzt in der Umfrage: Ergebnisse und Interpretationen, in: Arzt und Christ 17 (1971), 77.

52 Vgl. das ausgezeichnete Sonderheft: »Schweigepflicht« – Mitteilungspflicht des Arztes, der Zeitschrift: Arzt und Christ 10 (1964), Heft 2, 64–102.

dung hinaus soll der Arzt den Patienten anspornen, Sorge zu tragen, daß niemand unnötig der Ansteckungsgefahr ausgesetzt ist. Dies ist z. B. immer noch aktuell in bezug auf offene Tuberkulose. Die pflichtgemäße Absonderung und insbesondere auch die Verhinderung, daß diese Kranken die allgemeinen Verkehrsmittel benützen, könnte sehr wirksam zur Überwindung dieser Seuche beitragen[53]. Es ist zunächst Sache des Patienten, seiner eigenen Verantwortung gegenüber der Umwelt nachzukommen. Der Arzt wird ihn gegebenenfalls durch klare Auseinanderlegung des Sachverhaltes und der möglichen Folgen seines Verhaltens dazu motivieren. Dann darf der Arzt vom mündigen Patienten erwarten, daß er verantwortungsbewußt handelt. Wenn jedoch der Patient selbst nicht gewillt oder nicht in der Lage ist, Gefährdung anderer zu vermeiden, so wird der Arzt gemäß dem Grundsatz der Subsidiarität das ihm mögliche tun, um sowohl die Gesellschaft wie auch seinen Patienten vor unangenehmen Folgen zu schützen[54]. Es bedarf freilich dabei stets einer sorgfältigen Güterabwägung. Oft ist es schwer, zu einem klaren Urteil zu kommen, ob es besser ist zu schweigen, wo an sich durch Mitteilung Schaden von Dritten abgewendet werden könnte, oder aber durch Information das für die Therapie generell so notwendige Vertrauensverhältnis zum Patienten zu gefährden.

Um sich ein Bild von der Tragweite solcher Entscheidungen zu machen, genügt es z. B. an einen Syphiliskranken zu denken, von dem befürchtet werden muß, daß er seine Frau bzw. seine Braut anstecken werde. Nur der Arzt, der allgemeine Menschenkenntnis und Klugheit besitzt und die konkrete Lage abzuschätzen vermag, kann die Entscheidung treffen. Auf dem Spiele steht nie allein das Vertrauensverhältnis des Arztes zu einem einzigen Patienten. Könnte nicht generell von den Ärzten ein hohes Maß an Verschwiegenheit erwartet werden, so würde dies das Vertrauensverhältnis zwischen Arzt und Patienten generell in Gefahr bringen. Macht jedoch ein Arzt von seinem Wissen Gebrauch in jenen äußersten Fällen, in denen es offensichtlich notwendig ist, um andere von schweren Gefahren zu schützen und dem Patienten selbst für später schwere Selbstvorwürfe zu ersparen, so kann das das Vertrauen vernünftiger Menschen zum Arzt nicht mindern. Ganz im Gegenteil. Es muß dem Patienten genügen zu wissen, daß der Arzt nie ohne schwerwiegende Gründe und nie im Widerspruch zu den Pflichten und Rechten seines Patienten von dem Gebrauch machen wird, was er in Ausübung seines Berufes erfährt. Das Amtsgeheimnis darf nie zu einem Tabu werden. Die Verschwiegenheit des Arztes muß verstanden werden in Analogie zu dem Worte des Herrn: »Der Sabbat ist für den Menschen da,

[53] R. Arnoldt, Seuchenhygienisch bedenkliche Verschwiegenheit bei ansteckungsfähiger Lungentuberkulose, in: Praxis der Pneumologie 22 (1968), 176–182.

[54] Vgl. Henry A. Davidson, Professional Secrecy, in: Ethical Issues in Medicine, hg. von E. F. Torrey, Boston 1968, 193.

und nicht der Mensch für den Sabbat.« Verschwiegenheit und Amtsgeheimnis müssen so ausgelegt werden, wie es das Wohl aller beteiligten Personen verlangt.

Die Verschwiegenheit erstreckt sich auf alles, was dem Arzt aus beruflichen Gründen zur Kenntnis gelangt ist, nicht nur auf das, was ihm vom Patienten oder seinen Angehörigen anvertraut wurde, sondern auch auf das, was er gesehen, gehört oder intuitiv erfaßt hat. Er kann grundsätzlich von diesem Wissen nur Gebrauch machen, soweit es für das Wohl seines Patienten notwendig ist oder soweit sein unterscheidungsfähiger und wohl unterrichteter Patient ihm das ausdrücklich gestattet hat. Wo die Zustimmung des Kranken nicht rechtmäßig vorausgesetzt werden kann, muß der Arzt das Stillschweigen sogar gegenüber den Familienangehörigen bewahren. Eine Ausnahme besteht nur gegenüber den Eltern unmündiger Minderjähriger.

Schweigepflicht und Schweigerecht des Arztes ist von fast allen Gesetzgebungen geschützt. Wird der Arzt vor Gericht gerufen, um auszusagen, was ihm in Ausübung seines Berufes zur Kenntnis kam, kann er sich auf die Schweigepflicht berufen. Er wird nur sprechen, soweit dies zum Nutzen seines Patienten notwendig ist und mit ausdrücklicher Billigung desselben. Im Fall des Psychotherapeuten sollte das Recht zur Verweigerung der Aussage vor Gericht absolut sein. Folgende Gründe scheinen mir überzeugend zu sein: Das Verhältnis zwischen Psychotherapeut und Patient verlangt einen ganz ungewöhnlich hohen Grad von Vertrauen und darum von Verschwiegenheit; »der Psychiater hat überhaupt keine sachdienliche Information; was ihm sein Patient mitgeteilt hat, ist eine Ansammlung von Begriffen, Eindrücken und Empfindungen, welche infolge ihres höchst subjektiven Charakters etwas gemein haben können mit der Art objektiver Wirklichkeit, die man vor Gericht sucht, oder auch nicht[55].« Der Psychotherapeut und Psychiater sollte auch dann nicht vor Gericht aussagen, wenn ihn sein Patient dazu ermächtigt hat, da dieser bei seiner seelischen Lage die Auswirkungen nicht abschätzen kann.

Wo es das Wohl des Patienten oder seiner Angehörigen verlangt, kann jedoch der Psychotherapeut mit jenen sprechen, denen sein Patient anvertraut ist. So kann z. B. eine Aussprache mit dem Gatten eines psychisch schwer gestörten Patienten über die Aussichten einer Fortsetzung der Ehe und eventuelle schwere Gefahren für die Familie eine Pflicht sein. Soweit dies möglich ist, wird jedoch der Arzt zuerst die Ermächtigung von seinem Patienten erbitten.

[55] Paul F. Slawson, Patient-Litigant Exception, in: Archives of General Psychiatry 21 (1969), 351–352.

c) Pflichtgemäße Information des Patienten

Das Vertrauensverhältnis zwischen Arzt und Patient verlangt eine je nach Umständen mögliche und dem Patienten zumutbare Information über das Ausmaß der Risiken und Aussichten einer geplanten Behandlung. Der Arzt wird sich zuerst selbst gründlich überlegen, welchen Vorschlag er dem Kranken machen soll; denn würde er eine Reihe von Möglichkeiten sozusagen indifferent dem Patienten vorlegen, so würde das diesen überfordern. Wo immer jedoch eine besondere Behandlungsweise oder ein Eingriff ein hohes Maß an Risiko mit sich bringt, sollen der Patient und evtl. seine Angehörigen sachgemäß aufgeklärt werden. Wo eine volle Information über die Situation und die Risiken der Behandlung die gesundheitliche Situation des Patienten wesentlich verschlechtern würde, muß der Arzt nicht selten die Verantwortung allein auf sich nehmen. Im Notfall darf der Arzt bei einem Minderjährigen oder bei anderen nicht voll Selbständigen und wenn es unmöglich ist, rechtzeitig die Zustimmung des gesetzlichen Vertreters einzuholen, all seine Kenntnisse und alle proportionierten Mittel anwenden, die ihm zur Abwehr der drohenden Gefahr zur Verfügung stehen.

Der Arzt wird weder neue und unerprobte noch auch außergewöhnlich teure Mittel verwenden, wenn bewährte oder weniger aufwendige Behandlungsweisen die gleichen oder sogar bessere Aussichten gewährleisten. Er wird einem Kranken nie eine außergewöhnlich teure Behandlung empfehlen, ohne ihm oder seiner Familie die Kosten klarzumachen und die Erfolgsaussichten zu schildern. Besteht nach Ausschöpfung aller gewöhnlichen Mittel nur noch die Möglichkeit der Anwendung äußerst kostspieliger Behandlungsweisen, aber ohne eine echte Aussicht auf Erfolg, so sollte der Arzt gewöhnlich die Entscheidung nicht den Angehörigen oder dem Patienten selbst zumuten, wenn immer zu fürchten ist, daß diese nicht die innere Freiheit besäßen, ein klares Nein zu sagen, während sie innerlich nicht zustimmen.

d) Möglichste Vermeidung von Behandlungsweisen, die sittliche Gefahren für den Patienten hervorrufen können

Die Verantwortung des Arztes gegenüber seinem Patienten ist besonders groß, wenn Behandlungsweisen infrage kommen, welche in Anbetracht des besonderen Charakters desselben, z. B. bei Vorliegen von Abulie oder Willensschwäche, ernste sittliche Gefahren mit sich bringen könnten. So wird er z. B. auf eine sonst indizierte Hormonbehandlung verzichten, wenn vorauszusehen ist, daß der Patient nicht in der Lage wäre, einen gesteigerten sexuellen Drang zu meistern.

Glaubt der Therapeut, Hypnose als Behandlungsmethode anwenden zu sollen, so muß er den Patienten eindeutig befragen; denn man übergibt sich nicht in einer so totalen Weise der Verfügung des Therapeuten, ohne ganz besonderes Vertrauen ihm gegenüber und ohne eine eigene verantwortliche Entscheidung. Der Arzt selbst wird sich fragen, ob er wirklich dadurch dem Fortschritt der moralischen Freiheit des Patienten dienen kann.

Besondere Vorsicht ist geboten beim Gebrauch von starken Beruhigungsmitteln, die bei der Veranlagung und Vorgeschichte des Patienten eine Suchtgefahr mit sich bringen könnten.

Der Arzt sieht sich heutzutage nicht selten vor einem schweren Dilemma, wenn unverheiratete Frauen und besonders junge Mädchen ihn um ein Rezept zur künstlichen Geburtenkontrolle bitten. Bisweilen kann er voraussehen, daß, sollte er der Bitte willfahren, dies die Person einer erhöhten Gefahr sittlicher Leichtfertigkeit aussetzen könnte. Auf der anderen Seite steht nicht selten die Voraussicht, daß im Falle der Verweigerung von Geburtenkontrollmitteln die Person angesichts einer unerwünschten Schwangerschaft nicht zögern würde, eine Abtreibung zu begehen. Die Entscheidung ist bisweilen nicht leicht. Kann ein ärztliches Gespräch die Person nicht von ihrem Vorhaben bezüglich außerehelichen Verkehrs abbringen, dann wird der Arzt in manchen Lagen eben versuchen, das geringere Übel zu wählen. Wo das Gesetz im Falle minderjähriger Mädchen die Erlaubnis der Eltern voraussetzt, wird sich der Arzt daran halten. Aber auch wenn keine gesetzlichen Bestimmungen bestehen, wird der Arzt die Verantwortung gegenüber der Familie beachten.

e) Wer hat den Vorrang?

Als Sanitäter bei der kämpfenden Truppe stand ich oft vor der harten Wahl, welchem Hilferuf ich zuerst antworten soll. Einmal waren fünf Männer gleichzeitig schwer verwundet. Ich konnte nur einem nach dem anderen helfen. Der letzte war fast föllig verblutet, bis ich zu ihm kam. Ähnlich, wenn auch gewöhnlich weniger drastisch, ist die Entscheidung des Arztes, wenn er nicht allen, die der Hilfe bedürfen, eine wirksame Behandlung angedeihen lassen kann. In den meisten Ländern, sogar in den höchst entwickelten, fehlt es an einer genügenden Zahl sowohl von Fachärzten wie von praktischen Ärzten. Die Zahl der Betten der Krankenhäuser reicht vielfach nicht aus, so daß Kranke, die dringend einer Behandlung bedürfen, oft ungebührlich lange warten müssen. Weiterhin besteht oft ein sehr fühlbarer Mangel an Apparaturen. Stünden z. B. genügend künstliche Nieren und Herz-Lungen-Maschinen zur Verfügung, so könnte manches Leben gerettet werden.

Die erste Reaktion auf diese Situation sowohl von seiten der Ärzteschaft wie aller verantwortlichen Kräfte der Gesellschaft muß eine Anstrengung sein, die sanitäre Versorgung der gesamten Bevölkerung besser zu sichern.

Denn solange die gegenwärtige Situation andauert, wird immer wieder Gefahr bestehen, die ärmeren Schichten der Bevölkerung wesentlich zu benachteiligen. In einer kapitalistischen Gesellschaft wird es auch dem einzelnen Arzt nicht leicht sein, unparteiisch und ohne Rücksicht auf Gewinn, sondern nach rein ärztlichen und humanitären Gesichtspunkten seinen so bedeutsamen Dienst zu leisten. Die entscheidenden Kriterien müssen sowohl für den Arzt wie für die leitenden Stellen der Krankenhäuser sein: die Dringlichkeit und die Erfolgsaussicht der Behandlung; in etwa ist jedoch auch die soziale Bedeutung einer Person in Anschlag zu bringen. So wird z. B. bei vernünftiger Erfolgsaussicht der Behandlung einer Mutter von Kleinkindern oder des Vaters, der der Ernährer einer großen Familie ist, Vorzug gegeben werden gegenüber einer älteren Person, die für niemanden Verantwortung trägt. Die Art und Weise, wie diese Fragen entschieden werden, zeigt, ob man den Patienten wirklich als Person betrachtet und behandelt[56]. Wie wenig sich auch ein Teil der Ärzteschaft und jener, die die öffentliche Meinung beeinflussen, dieser Norm bewußt sind, offenbarte sich dramatisch nach der Legalisierung des Schwangerschaftsabbruches im Staate New York. Man drängte auf sofortige Bereitstellung von Plätzen und Möglichkeiten zur Durchführung dieses Eingriffes, während man sich nicht viel darum kümmerte, daß die Situation der Kranken, vor allem der ärmeren Bevölkerung, dadurch wesentlich verschlechtert wurde.

Bei den gegenwärtig immer noch geringen Erfolgsaussichten der Herztransplantation fragt man sich wohl mit Recht, ob die ungeheuren Anstrengungen und Aufwendungen nicht nur an Geld, sondern auch an genialer Kunst nicht dringenderen und aussichtsvolleren medizinischen Aufgaben zugeführt werden sollten.

Ein Arzt wird sich z. B., solange dringendere Heilpflichten auf ihn warten, nicht auf unnötige »Schönheitsoperationen« konzentrieren. Versteht man jedoch unter diesen Operationen die Beseitigung von Muttermalen und anderen Defekten, die die gesunde phsychische Entfaltung oder die Chance auf eine glückliche Verheiratung mindern könnten, so handelt es sich bisweilen um einen dringlichen ärztlichen Dienst zum Wohl der Person.

6. Das Experiment in der Humanmedizin

Menschliches Leben vollzieht sich in einem ständigen Prozeß des Lernens und Experimentierens, das irgendwie die lange Vorgeschichte der Evolution mit ihrem Vortasten und mit vielen schöpferischen Sprüngen fortsetzt. Das gesamte Dasein in der gegenwärtigen Schöpfungsordnung ist nicht anders denkbar. Der einzigartige Fortschritt der Medizin mit all ihren Wohl-

[56] Vgl. Paul Ramsey, The Patient as Person, 250.

taten für die gesamte Menschheit ist nicht loszulösen vom Experimentieren. Doch nicht jedes Experimentieren bedeutet wirklichen Fortschritt. Das ist der kultivierten Welt ganz besonders deutlich geworden anläßlich des Nürnberger Prozesses gegen jene nationalsozialistischen Ärzte, die Schwachsinnige, politische Gefangene und Angehörige »unerwünschter Rassen« willkürlich und z. T. grausam mißbrauchten zu medizinischen Experimenten, die, obwohl sie einige wissenschaftliche Resultate erhoffen ließen, insgesamt einen radikalen Rückschritt der Menschheit bedeuteten.

a) Ärztlicher Kodex in bezug auf medizinische Experimente

Anläßlich des Nürnberger Prozesses hat man als Grundlage des Verfahrens gegen die an unberechtigten Experimenten mitbeteiligten Ärzte einen ärztlichen Kodex aufgestellt. Man muß dem Nürnberger Kodex über die Grenzen zulässiger Experimentation zugestehen, daß er ein sehr hohes Berufsethos ausdrückt, vielleicht zu hoch, um als Maßstab für Strafsanktionen rückwirkend zu dienen. Die Ärzteschaft der ganzen Welt hat sich seitdem, gerade auch unter dem Druck eines erschütterten Weltgewissens, sehr nachdrücklich mit diesen Fragen beschäftigt. Reflexion und Diskussion fanden schließlich einen ausgewogenen und ausgereiften Ausdruck in der Deklaration von Helsinki »Richtlinien für Ärzte in klinischer Untersuchung«, verabschiedet von der 18. ärztlichen Weltversammlung im Juni 1964. Die Deklaration ist ein Grundpfeiler der Standesordnungen der Ärzteschaft aller Länder. Die Deklaration unterscheidet scharf zwischen der dem individuellen Patienten zugewandten therapeutischen Experimentation und der klinischen Forschung, deren Ziel rein wissenschaftlich ist, ohne therapeutischen Wert für die Person, die sich dem Experiment unterzieht. Es geht der Deklaration vor allem darum, die wissenschaftliche Experimentation nicht direkt therapeutischer Natur gegen jeden Mißbrauch abzuschirmen und die teilnehmenden Personen gegen Gefahren, soweit nur irgend möglich, zu schützen.

b) Entscheidende ethische Gesichtspunkte

Die medizinische Standesordnung über Experimente erlangt ihre volle Wirksamkeit nur, wenn sie einen breiten Rückhalt in der öffentlichen Meinung findet und vor allem zu einer starken Überzeugung bei den Ärzten führt. Dazu gehört, daß alle, die sich an wissenschaftlicher Experimentation in der Humanmedizin beteiligen, sich über Sinn und Grenzen derselben absolut klar sind und den höchst möglichen Grad der Verantwortung für Würde und Freiheit aller Beteiligten an den Tag legen. Vieles hängt ab vom konkreten Verständnis sowohl wissenschaftlichen Fortschritts wie insbesondere des Sinnes der Heilkunst. Als Fortschritt kann letztlich nur gelten, was sich positiv in die Gesamtgeschichte der menschlichen Freiheit und

der Ehrfurcht vor der Personwürde jedes Menschen einschreibt. Die Befreiung der Menschheit oder bestimmter Teile derselben von gefährlichen Seuchen ist zweifellos sehr wichtig. Würden jedoch die zu diesem Ziel gewählten Methoden in die Richtung einer tiefen Entwürdigung der Menschheit und der Verachtung der Einzelperson führen, so wäre das Gesamtergebnis nicht ein wahrer Fortschritt. Sicher kann die Bekämpfung von sehr gefährlichen Krankheiten und Seuchen zeitweilig eine sinnvolle Beschränkung der Freiheit einzelner und ganzer Gruppen auferlegen, aber sie kann nie die Herabwürdigung der menschlichen Person zum bloßen Mittel rechtfertigen. Der Arzt wird auch in der klinischen Forschung nie das Gesamtziel menschlicher Entfaltung aus den Augen verlieren: die Vollentfaltung der Person in ihrer Verantwortungsbereitschaft und Liebesfähigkeit.
Das medizinische Experiment dient dem vollmenschlichen Fortschritt, wenn es sowohl Ausdruck der Gesamtsolidarität mit der leidenden Menschheit ist wie auch voller Ausdruck der Freiheit aller, die sich in irgendeiner Form in den Dienst der Forschung stellen. Wer sich freiwillig durch Teilnahme an sinnvollen Experimenten in den Dienst der Gemeinschaft stellt, zeigt eine entfaltete Persönlichkeit. Wer dagegen rein wissenschaftliche Leistungen erzielen will, ohne sich zu fragen, wie sie letztlich der Menschheit dienen, und ohne in der Durchführung die Personwürde anderer zu respektieren, zerstört auch seine eigene Personwürde. Der Mitmensch ist immer unendlich mehr als ein Versuchsobjekt.

c) Das ärztliche Experiment am eigenen Patienten

Die einmalige Beziehung zwischen Arzt und Patient und das für die Therapie grundlegend notwendige Klima des Vertrauens und der Ehrfurcht erlauben in keiner Weise, den Patienten als bloßes Versuchsobjekt zu behandeln. Wie die Deklaration von Helsinki betont, kann es dem Arzt nicht benommen sein, in der Therapie auch neue Wege zu beschreiten, aber nur insofern, als dies wirklich im Dienste des Patienten geschieht. Ein entscheidendes Kriterium ist dabei die rechte Proportion zwischen Hoffnung auf Erfolg und Gefahr etwaigen Schadens. Der Arzt darf nicht nur nie den Patienten gegen seinen Willen zu nicht-therapeutischen Experimenten benützen, sondern er sollte auch nie einen Patienten einladen, als Freiwilliger bei Experimenten mitzuwirken, die nicht im Interesse seiner eigenen Heilung sind. Die volle Auswertung aller therapeutischen Pionierarbeit könnte eine ganze Anzahl von nicht-therapeutischen Experimenten überflüssig machen. Für die freilich auch oft sehr nützlichen nicht-therapeutischen Forschungen sollte jedoch jegliche Versuchung ausgeschlossen sein, das Arzt-Patienten-Abhängigkeitsverhältnis irgendwie auszunützen.

d) Bedingungen für das nicht-therapeutische Experiment in der Humanmedizin

Die verschiedenen ärztlichen Standesordnungen verlangen für nicht-therapeutische Experimente vor allem folgende Bedingungen: Alle denkbaren Vorstudien und das Tierexperiment sollen zuerst voll ausgeschöpft werden. Die Experimente sollen nur von besonders qualifizierten Teams durchgeführt werden. Die Proportionen zwischen Risiken und erwartetem Fortschritt für die Menschheit müssen strengstens eingehalten werden. Es wäre sinnlos, ein beachtliches Risiko zu wagen bei voraussichtlich mageren Resultaten. Das Programm muß gründlich geplant und möglichst von anderen Ärzten, die nicht umittelbar am Experiment beteiligt sind, vorgeprüft und womöglich ständig kontrolliert werden.
In der Geschichte des medizinischen Fortschrittes spielt die Experimentation des Arztes an sich selbst eine nicht geringe Rolle. Man darf für sich selbst im Einsatz der eigenen Gesundheit zum Wohl der leidenden Menschheit ein größeres Risiko übernehmen, als man andern durch Einladung zur Mitwirkung zumuten darf. Die Experimentation an sich selbst ist jedoch den Ärzten nicht immer möglich und führt nicht immer zum gewünschten Ziel, zumal wenn Reihenuntersuchungen Voraussetzung für die klare Erprobung der Wirksamkeit einer neuen Methode sind. Aber als Kriterium dürfte doch gelten: Der Experimentator sollte nie andere einladen, sich Experimenten zu unterziehen, wenn er nicht selbst bereit wäre, sich unbesorgt dem Risiko auszusetzen. Generell darf man heute wohl sagen, daß das Risiko aller gemäß den Standesordnungen der Ärzteschaft durchgeführten Experimente in der Humanmedizin bei weitem nicht so hoch ist wie bei verschiedenen modernen Sportarten wie z. B. Boxkämpfen und Autorennen. Da das medizinische Experiment ein sehr viel bedeutsamerer Dienst ist als viele andere Unternehmen mit größerem Risiko, so dürften im allgemeinen hier keine moralischen Bedenken geltend gemacht werden, solange die Grundbedingungen eingehalten werden.
Ganz entscheidend für den ethischen Wert und die sittliche Rechtfertigung ist die freie Zustimmung aufgrund hinreichender Information. Dies wird z. B. von dem anläßlich der Nürnberger Strafprozesse ausgearbeiteten Kodex nachdrücklich betont. Es muß unbedingt sichergestellt sein, daß die Versuchspersonen ihre freie Wahl treffen ohne jeden Druck und ohne jede Form von Täuschung und Vorspiegelung. Die Versuchsperson sollte genaue Kenntnis über das Ziel des Experiments, über den Vorgang, die voraussichtliche Dauer und selbstverständlich ganz besonders über das eventuelle eigene Risiko haben. Der Experimentator hat selbst die moralische und gesetzliche Pflicht, den Versuchspersonen all dies genau auseinanderzulegen; er kann diese Pflicht auf keinen anderen abwälzen. Nur wenn das experi-

mentierende Team völlig überzeugt ist vom Wert menschlicher Freiheit und freier Zustimmung, werden sie die Informationen so geben, daß jede der Versuchspersonen wirklich aus innerster Freiheit und in klarer Kenntnis entscheidet. Das Forscherteam sollte die Versuchspersonen ermutigen, sich mit ihrem eigenen Vertrauensarzt oder einem Gewissensfreund zu beraten.

Neurotiker und Psychopathen sollten im allgemeinen als Versuchspersonen nicht in Frage kommen, da ihre Zustimmung vermutlich nicht den nötigen Grad von Freiheit und Einsicht erreichen kann. An der Freiheit der Zustimmung entstehen leicht auch Zweifel, wenn die Versuchspersonen in einem Abhängigkeitsverhältnis zum Forscher stehen, z. B. als seine Studenten. Die Heranziehung von Strafgefangenen als Versuchspersonen wurde in den vergangenen Jahren viel diskutiert. Meines Erachtens besteht kein Grund, sie unter allen Umständen und unbedingt auszuschließen. Falls sie wirklich und zu recht das Erlebnis haben, freiwillig an einer großen Aufgabe für die Menschheit mitzuwirken und sich dabei ernstgenommen fühlen, ist für sie der seelische Gewinn gewöhnlich größer als das Risiko, solange die Bedingungen der ärztlichen Standesordnungen eingehalten werden. Selbstverständlich muß jede unehrliche Art und jeder psychische Zwang ausgeschlossen sein. Gerade auch ihnen gegenüber gilt es, die Personwürde und Freiheit zu wahren.

Als äußerst problematisch gilt die Benützung von Geistesschwachen als Versuchspersonen in nicht-therapeutischen Experimenten, denn sie sind ohnehin schon in mißlicher Lage und können keine auf wirklicher Kenntnis der Sachlage beruhende freie Zustimmung geben. Darum besteht, falls man sie als Versuchspersonen heranzieht, eine besondere Gefahr, sie als bloßes Mittel zu gebrauchen. Über die Heranziehung von armseligen Geschöpfen, die jeglichen menschlichen Bewußtseins mangeln und auch nie dazu gelangen können, läßt sich jedoch diskutieren. Denn hier kann es sich nicht um einen Einbruch in Bewußtsein und Freiheit handeln, da diese nicht existieren.

Der schon genannte evangelische Ethiker Paul Ramsey führt gegen das Verwenden von Kindern als Versuchspersonen in nicht-therapeutischen Experimenten zahlreiche und teilweise sehr beachtliche Gründe ins Feld. Die meisten ärztlichen Standesordnungen verlangen lediglich freiwillige, auf hinreichender Information beruhende Zustimmung von seiten der Eltern oder Vormünder. Ich glaube Ramsey verdient Zustimmung, wenn er das Recht der Eltern und gesetzlichen Vertreter in Frage stellt, »bezüglich eines anderen die Zustimmung zu geben, daß dieser Versuchsperson in Experimenten werde, denen es in erster Linie um die Ansammlung wissenschaftlicher Erkenntnisse geht[57]«. Nach Ramsey dürfen Eltern oder Vormünder

57 A. a. O., 20.

vom moralischen Gesichtspunkt her nur dann die Zustimmung geben, daß die ihnen anvertrauten Kinder als Versuchspersonen zu wissenschaftlichen Experimenten herangezogen werden, wenn eine eindeutige Beziehung zur therapeutischen Behandlung des einzelnen Kindes und eine wirkliche Aussicht auf einen Vorteil für es besteht. Obwohl ein solcher Grundsatz dem medizinischen Experiment mit Kindern als Versuchspersonen scharfe Grenzen setzt, glaube ich doch, daß Ramsey unsere volle Zustimmung oder doch sehr ernste Beachtung verdient. Geht jedoch die These unseres Autors so weit, in der Zustimmung von seiten der Eltern oder Vormünder auch dann eine Verletzung der Personwürde der Kinder zu sehen, wenn offenbar kein sichtbares Risiko besteht[58], so meine ich, daß es doch Gründe gibt, anderer Meinung zu sein. Aber grundsätzlich müssen Eltern und Vormünder und auch die Ärzteschaft darüber wachen, daß nie ein Kind zu Fremdzwecken gebraucht wird. Jene, die für die volle Entfaltung der Freiheit und Verantwortungsfähigkeit der Kinder verantwortlich sind, dürfen sie nicht im Dienste anderer einem Risiko aussetzen, das der Erwachsene für sich selbst nur in voller Kenntnis und Freiheit auf sich nehmen kann.

[58] A. a. O., 39.

Bibliographie

Allgemeine Bibliographie:

ALLWOHN, ADOLF, *Evangelische Pastoralmedizin,* Stuttgart 1970.
CLOW, ARCHIE (Hg.), *Morals and Medicine: Five Discussions from the BBC Third Programme,* London 1970.
CURRAN, CHARLES E. (Hg.), *Absolutes in Moral Theology?,* Washington 1968.
DE WOLF, L. HAROLD, *Responsible Freedom,* New York 1971.
EDMUNDS, VINCENT / SCORER, C. GORDON (Hg.), *Ethical Responsibility in Medicine. A Christian Approach,* Edinburgh/London 1967.
GEBSATTEL, VIKTOR VON, *Christentum und Humanismus,* Stuttgart 1960.
GOLLWITZER, HELMUT, *Krummes Holz – aufrechter Gang,* München 1970.
HÄRING, BERNHARD, *Das Gesetz Christi,* München [8]1967.
HÄRING, BERNHARD, *Morality is for Persons,* New York 1971.
JAKOBOVITZ, IMMANUEL, *Jewish Medical Ethics,* New York 1959.
JOHNSON, PAUL, *Psychologie der pastoralen Beratung,* Wien 1969.
JORES, ARTHUR, *Die Medizin in der Krise unserer Zeit,* Stuttgart 1966.
JORES, ARTHUR, *Um eine Medizin von Morgen,* Bern 1969.
JORES, ARTHUR, *Worte für Kranke,* Bern 1969.
MCFADDEN, CHARLES J., *Medical Ethics,* Philadelphia 1967.
NIEDERMEYER, ALBERT, *Handbuch der speziellen Pastoralmedizin,* 6 Bde., Wien 1949–1952.
NIEDERMEYER, ALBERT, *Allgemeine Pastoralmedizin,* 2 Bde., Wien 1954.
RAMSEY, PAUL, *The Patient as Person,* New Haven 1970.
REAGAN, CHARLES E., *Ethics for Scientific Researchers,* Springfield/Ill. [2]1971.
REGAU, TH., *Medizin auf Abwegen. Der Einbruch der Technik in die Heilkunst,* München 1960.
SIEBECK, R. / WEIZSÄCKER, V. v., *Die Medizin in der Verantwortung,* Tübingen 1947.
SMITH, HARMON L., *Ethics and the New Medicine,* Nashville 1970.
THIELICKE, HELMUT, *Wer darf leben? Ethische Probleme der modernen Medizin,* München 1970.
TORREY, E. FULLER (Hg.), *Ethical Issues in Medicine: The Role of the Physician in Today's Society,* Boston 1968.
TOURNIER, PAUL, *Krankheit und Lebensprobleme,* Basel 1965.

Zum ersten Kapitel:

CASTIGLIONI, A., *A History of Medicine,* New York 1947.
COGGESHALL, L., *Progress and Paradox on the Medical Scene,* Chicago 1966.
LANATA, GIULIANA, *Medicina magica e religione popolare in Grecia fino all'età di Ippocrate,* Rom 1967.
SCHUMACHER, J., *Antike Medizin,* Berlin [2]1963.
SIGRIST, H. E., *History of Medicine,* 2 Bde., New York, I: *Primitive and Archaic Medicine,* 1951; II: *Early Greec, Hindu and Persian Medicine,* 1961.

Zum zweiten und dritten Kapitel:

AUER, ALFONS, *Autonome Moral und Christlicher Glaube,* Düsseldorf 1971.
GODAN, HANS, *Theologische Konstanten in Naturwissenschaften und Medizin,* Darmstadt 1971.
HÄRING, BERNHARD, *Personalismus in Philosophie und Theologie,* München 1969.
HIGGINS, T. J., *Ethical Theories in Conflict,* Milwaukee 1967.
LONG, EDWARD L. / HANDY, ROBERT T. (Hg.), *Theology in Times of Change,* Philadelphia 1970.
SIEWERTH, GEORG, *Der Mensch und sein Leib,* Einsiedeln 1953.

Zum vierten Kapitel:

Bücher:

AMERICAN MEDICAL ASSOCIATION, *Principles of Medical Ethics,* Boston 1962.
GALDSTON, IAGO, *The Meaning of Social Medicine,* Cambridge/Mass. 1954.
MASSACHUSETTS MEDICAL SOCIETY, *Code of Ethics,* Boston 1962.
SAVATIER, R., *La responsabilité médicale,* Paris 1948.
TIBERGHIEN, P., *Médicine et morale. Les devoirs généraux du médicin,* Paris/Tournai/Rome 1952.

Aufsätze:

Arzt und Christ 8 (1962), 1–34: *Die ärztlichen Gelöbnisse.*
Arzt und Christ 17 (1971), 1–41: *Zum deontologischen Gehalt ärztlicher Standesordnungen.*
ENTRALGO, P. LAIN, *Das Christentum und die medizinische Technik,* in: *Arzt und Christ* 6 (1960), 129–140.
MÜLLER, ALOIS, *Die Selbsteinschätzung in des Arztes Begegnung mit kirchlicher Lehre,* in: *Arzt und Christ* 14 (1968), 199–204.

Zum 5. Kapitel:

Bücher:

CARUSO, I. A., *Bios, Psyche, Person,* Freiburg/München 1957.
HANDLER, PHILIP (Hg.), *Biology and the Future of Man,* New York 1970.
HESCHEL, ABRAHAM J., *Who is Man?* Stanford 1965.
HUXLEY, ALDOUS, *Brave New World* and *Brave New World Revisited,* New York 1965.
MÖLLER, JOSEPH, *Zum Thema Menschsein,* Mainz 1967.
MYNARECK, H., *Der Mensch – Sinnziel der ganzen Schöpfung. Das Bild des Menschen in einem dynamischen Universum,* Paderborn 1967.
PATERSON, DAVID (Hg.), *Genetic Engineering,* London 1969.
RAHNER, KARL / GÖRRES, ALBERT, *Der Leib und das Heil,* Mainz 1967.
RAMSEY, PAUL, *Fabricated Man: The Ethics of Genetic Control,* New Haven 1970.
ROHRER, WOLF, *Ist der Mensch konstruierbar?* München 1966.
RORVIK, DAVID M., *Brave New Baby: Promise and Peril of the Biological Revolution,* Garden City N. Y. 1971.
ROSENFELD, ALBERT, *The Second Genesis: The Coming Control of Life.* Engelwood Cliffs N. J. 1969.

Aufsätze:

CURRAN, CHARLES E., *Moral Theology and Genetics,* in: *Cross Current* 20 (1970), 64–82.

KAUTZKY, RUDOLF, *Der Arzt und der menschliche Leib,* in: *Arzt und Christ* 13 (1967), 135–148.

RAHNER, KARL, *Experiment Mensch,* und: *Zum Problem der genetischen Manipulation,* in: *Schriften zur Theologie* VIII, Einsiedeln 1967.

ROTTER, HANS, *Die Manipulation des Menschen,* in: *Arzt und Christ* 16 (1970), 21–29.

THIELICKE, HELMUT, *Ethische Fragen der modernen Medizin,* in: *Langenbecks Archiv für klinische Chirurgie* 321 (1968), 1–34.

Zum 6. Kapitel:

Bücher:

AUCLAIR, *Das tödliche Schweigen. Eine Umfrage über die Abtreibung,* Olten/Freiburg 1964.

BLECHSCHMIDT, *Vom Ei zum Embryo,* Reinbek 1970.

CALLAHAN, DANIEL, *Abortion: Law, Choice and Morality,* New York 1970.

CURRAN, CHARLES E. (Hg.), *Contraception. Authority and Dissent,* New York 1969.

DÖPFNER, JULIUS / DIETZFELBINGER, HERMANN, *Das Gesetz des Staates und die sittliche Ordnung; zur öffentlichen Diskussion über die Reform des Eherechts und des Strafrechts.* Mit einem Vorwort hg. von Julius Kardinal Döpfner und Landesbischof D. Hermann Dietzfelbinger, Gütersloh/Trier 1970. Vgl. SCHMIDT, H. G. (Hg.), *Das Gesetz der Moral und die staatliche Ordnung. Gegenschrift zur »gemeinsamen christlichen Aussage« von Julius Kardinal Döpfner, Landesbischof Hermann Dietzfelbinger und deren Autorenkollektiv,* Wuppertal 1971.

GRANFIELD, DAVID, *The Abortion Decision,* Garden City 1969.

GUARDINI, ROMANO, *Das Recht des werdenden Menschenlebens. Zur Diskussion um § 218 des StGB,* Stuttgart/Tübingen 1949.

HÄRING, BERNHARD, *Krisis um Humanae Vitae,* Bergen-Enkheim 1968.

HEISS, H., *Die künstliche Schwangerschaftsunterbrechung und der kriminelle Abort,* Stuttgart 1967.

MAYER, A., *Schwangerschaftsunterbrechung als Not und Schuld,* Wien 1962.

NOONAN, JOHN T. Jr., *Empfängnisverhütung. Ihre Beurteilung in Theologie und Kirchenrecht von den Aposteln bis zur Gegenwart,* Mainz 1969.

NOONAN, JOHN T. Jr. (Hg.), *The Morality of Abortion,* Cambridge Mass. [2]1972.

OVERHAGE, PAUL / RAHNER, KARL, *Das Problem der Hominisation,* Freiburg 1961.

SIEBEL, W. / MARTIN, N. / STUMPF, K. / WALDMANN, P. / WERTH, M., *Soziologie der Abtreibung,* Stuttgart 1971.

WICKLER, WOLFGANG, *Sind wir alle Sünder? Naturgesetze der Ehe,* München/Zürich 1969.

Aufsätze:

AUER, ALFONS, *Die Erfahrung der Geschichtlichkeit und die Krise der Moral – Nach dem Erscheinen der Enzyklika ›Humanae Vitae‹,* in: *Theologische Quartalschrift* 149 (1969), 4–22; 75–85.

AUER, ALFONS, *Zur Diskussion über Schwangerschaftsabbruch. Versuch einer ethischen Orientierung,* in: *Theol. Quartalschrift* 151 (1971), 193–213.

BÖCKLE, FRANZ, *Sittengesetz und Strafgesetz in katholischer Sicht*, in: *Zur Strafrechtsreform*, hg. von H. GIESE (Beiträge zur Sexualforschung 43), Stuttgart 1968, 5–24.

BÖCKLE, FRANZ, *Um den Beginn des Lebens*, in: *Arzt und Christ* 14 (1968), 65–73.

DÖLGER, F. J., *Das Lebensrecht des ungeborenen Kindes und die Fruchtabtreibung in der Bewertung der heidnischen und christlichen Antike*, in: *Antike und Christentum*, Münster 1934, IV, 1–61.

DONCEEL, J. F., *Immediate Animation and Delayed Hominization*, in: *Theological Studies* 31 (1970), 76–105.

GRÜNDEL, JOHANNES, *Unterbrochene Schwangerschaft*, in: *Theologie der Gegenwart* 13 (1970), 202–207.

HÄNDEL, K., *Schwangerschaftsunterbrechungen; neues englisches Gesetz*, in: *Medizinische Klinik* 64 (1969), 1137–1144.

HARTMANN, A., *Die ethische Indikation*, in: *Stimmen der Zeit* 171 (1962), 116–137.

HELLEGERS, A. E., *Fetal Development*, in: *Theological Studies* 31 (1970), 3–9.

Herderkorrespondenz 24 (1970), 435–441: *Zur Reform des Abtreibungsstrafrechts.*

KOHLHAAS, M., *Lebensrettung wider Willen?*, in: *Münchener Medizinische Wochenschrift* 42 (1967), 2163–2177.

KRAMANN, H., *Umstrittene Heilmethoden in der Gynäkologie*, in: *Arzt und Christ* 5 (1959), 200–206.

MCCORMICK, A., *Past Church Teaching on Abortion*, in: *Proceedings of the Catholic Theological Society of America* 23 (1968), 131–151.

MELSEN, ANDREAS VAN, *Individuation und Personalisation*, in: *Theol. Quartalschrift* 151 (1971), 228–237.

MITTERER, A., *Die Beseelung des menschlichen Embryos nach dem Weltbild des hl. Thomas und der Gegenwart*, in: *Arzt und Christ* 3 (1957), 15–18.

POUSSET, E., *Être humain déjà*, in: *Études* (1970), 502–519.

ROTTER, HANS, *Die Geistbeseelung im Werden des Menschen*, in: *Zeitschrift für katholische Theologie* 93 (1968), 168–181.

RUFF, WILFRIED, *Das embryonale Werden des Menschen*, in: *Stimmen der Zeit* 93 (1968), 327–337.

RUFF, WILFRIED, *Individualität und Personalität im embryonalen Werden*, in: *Theologie und Philosophie* 45 (1970), 24–59.

RUFF, WILFRIED, *Die Menschwerdung menschlichen Lebens. Anthropologische Reflexionen über Individualentwicklung*, in: *Arzt und Christ* 17 (1971), 129–138.

SAUSER, G. / VODOPIVEC, M., *Mediko-theologische Anmerkungen zum Problem der Humanontogenese*, in: *Gott in Welt* (Festgabe für Karl Rahner) II, Freiburg 1964, 850–872.

VODOPIVEC, MIRAN, *Eine pastoralmedizinische Anmerkung zum Problem Humanontogenese*, in: *Theol. Quartalschrift* 151 (1971), 193–213.

VOUIN, ROBERT, *Le problème des avortements licites*, in: *Cahiers Laënnec* 31 (1971), 5–16.

Zum 7. Kapitel:

Bücher:

AHLBRECHT, ANSGAR, *Tod und Unsterblichkeit in der evangelischen Literatur der Gegenwart*, Paderborn 1963.

Archives of the Foundation of Thanatology, New York 1969, 1970, 1971 (mit reicher Bibliographie).

Beauvoir, Simone de, *Ein sanfter Tod*, Reinbek 1965.
Boros, Ladislaus, *Mysterium mortis*, Freiburg 1962.
Bowers, Margaretta K. u. a., *Wie können wir Sterbenden beistehen*, München/Mainz 1971.
Caruso, Igor, *Die Trennung der Liebenden. Eine Phänomenologie des Todes*, Bern 1968.
Fuchs, W., *Todesbilder in der modernen Gesellschaft*, Frankfurt 1969.
Godin, André (Hg.), *Mort et presence*, Brüssel 1971.
Hahn, A., *Einstellungen zum Tod und ihre soziale Bedingtheit*, Stuttgart 1968.
Jüngel, Eberhard, *Tod*, Stuttgart 1971.
Kramp, W., *Der letzte Feind*, München 1969.
Rahner, Karl, *Zur Theologie des Todes*, Freiburg [2]1958.
Papport, Felix T. / Dausset, Jean (Hg.), *Human Transplantation*, New York 1968.
Ruff, Wilfried, *Organverpflanzung. Ethische Probleme aus katholischer Sicht*, München 1971 (153–170 Bibliographie).
Scheler, Max, *Tod und Fortleben*. Schriften aus dem Nachlaß, Bern 1957, I, 9–64.
Vernon, Glenn M., *Sociology of Death: An Analysis of Death-related Behavior*, New York 1970.

Aufsätze:

American Medical Association House of Delegates, Statement on Heart-Transplantation, in: *Journal of the American Medical Association* 207 (3. März 1968), 1704–1705.
Casper, B., *Der Tod als menschliches Phänomen*, in: *Arzt und Christ* 15 (1969), 150–165.
Goulon, M. / Babinet, P., *Le coma dépassé*, in: *Cahiers Laënnec* 30 (1970), 5–14.
Kautzky, Rudolf, *Der Arzt vor dem Phänomen des Todes*, in: *Arzt und Christ* 15 (1969), 129–138.
Pompey, H., *Gehirntod und totaler Tod*, in: *Münchener Medizinische Wochenschrift* 13 (1969), 736–741.
Pompey, H., *Die ethische Einschätzung der Herztransplantation*, in: *Arzt und Christ* 16 (1970), 211–223.

Zum 8. Kapitel:

Bücher:

Allport, Gordon W., *Personality and Social Encounter*, Boston 1960.
Balint, Michael, *Der Arzt, sein Patient und seine Krankheit*, Stuttgart [3]1970.
Bieber, Irving, *Homosexuality. A Psychoanalytic Study of the Male Homosexuals*, New York 1963.
Borg, Gérard, *Le voyage à la drogue*, Paris 1970.
Buckley, Michael J., *Homosexualität und Moral*, Düsseldorf 1964.
Chauchard, Paul, *Une morale des médicaments*, Paris 1966.
Claridge, Gordon, *Drugs and Human Behaviour*, London 1970.
Clark, Walter Houston, *Chemische Exstase, Drogen und Religion*, Salzburg 1971.
Durand-Dassier, Jacques, *Psychothérapies sans psychothérapeute* (Communautés des drogués et psychotiques), Paris 1970.

Erikson, Erik H., *Insight and Responsibility. Lectures on the Ethical Implications of Psychoanalytic Insight,* New York 1964.
Fleckenstein, Heinz, *Persönlichkeit und Organminderwertigkeiten,* Freiburg 1938.
Frankl, Viktor E., *Ärztliche Seelsorge,* Wien [6]1962.
Fromm, Erich, *Psychoanalyse und Religion,* Konstanz 1966.
Grinspoon, Lester, *Marihuana Reconsidered,* Cambridge Mass. 1971.
Guirdham, A., *Krankheit als Schicksal,* Freiburg 1960.
Jores, Arthur, *Der Mensch und seine Krankheit. Grundlagen einer anthropologischen Medizin,* Stuttgart [4]1970.
Jünger, Ernst, *Annäherungen. Drogen und Rausch,* Stuttgart 1970.
Knapp, Guntram, *Mensch und Krankheit,* Stuttgart 1970.
Laurie, Peter, *Drugs,* London 1967.
Leary, T. / Metzner, R. / Alpert, R., *Psychedelische Erfahrungen,* Weilheim 1971.
Massone, Agostino, *Cause e terapia dell'omosessualità,* Varese 1970.
Mausner, Bernard / Platt, Ellen, *Smoking: A Behavioral Analysis,* Elmsford N. Y. 1971.
Menninger, Karl, *Das Leben als Balance,* München 1968.
Milbauer, Barbara, *Drug Abuse and Addiction,* New York 1970.
Mutrux, S., *Déviations sexuelles masculines,* Paris 1965.
O'Connor, Elizabeth, *Our Many Selves,* New York 1971.
Pompey, Heinrich, *Bedeutung der Medizin für die kirchliche Seelsorge im Selbstverständnis der sogenannten Pastoralmedizin,* Freiburg 1968.
Ringel, E., *Einführung in die Grundprobleme der Neurose,* Wien 1959.
Rudin, J., *Psychotherapie und Religion. Seele – Person – Gott,* Mainz 1960.
Schmidt, E., *Brennende Fragen des ärztlichen Berufsgeheimnisses,* München 1951.
Stern, E., *Arzt und Patient in der Gegenwart,* München/Basel 1958.
Stern, E. Mark / Marino, Bert G., *Psychotheology,* New York 1970.
Sborowitz, Arie / Michel, Ernst (Hg.), *Der leidende Mensch. Psychotherapie in anthropologischer Sicht,* Darmstadt 1969.
Székély, Fr., *TBC: Seelische Probleme und ihre Überwindung,* Wien 1957.
Thomas, Klaus, *Die künstliche gesteuerte Seele,* Stuttgart 1970.
Tweedie, Donald F., *The Christian and the Couch. An Introduction to Christian Logotherapy,* Grand Rapids 1963.
Wiebel, Bernhard, *Das Berufsgeheimnis in den freien Berufen. Untersuchungen zur Soziologie und Geschichte der Berufe des Arztes, Rechtsanwalts und Strafrichters,* Köln/Opladen 1970.

Aufsätze:

Arnoldt, R., *Seuchenhygienisch bedenkliche Verschwiegenheit bei ansteckender Lungentuberkulose,* in: *Praxis der Pneumologie* 22 (1968), 176–182.
Cicewski, W., *Schweigepflicht – Schweigerecht,* in: *Arzt und Recht* 94 (1969), 495–505.
Huth, Werner, *Religiöse Erfahrung und Drogen,* in: *Stimmen der Zeit* 188 (1971), 291–310.
Schäfer, Hans, *Probleme der Leistungsfähigkeit des Menschen,* in: *Arzt und Christ* 12 (1966), 207–215.
Zilinski, Helmut, *Notwendigkeit und Grenzen des Experimentierens in der Medizin,* in: *Arzt und Christ* 17 (1971), 90–98.